Eğitim bilimci Dr. Özgür Bolat, Boğaziçi Üniversitesi Eğitim Fakültesi'nden mezun olduktan sonra, Türk Eğitim Vakfı ve Fulbright bursuyla Harvard Üniversitesi Eğitim Fakültesi'nde yüksek lisans yaptı. Doktora derecesini Cambridge Üniversitesi Eğitim Fakültesi'nden aldı. Doktorasının bir yılını MIT Sloan School of Management'ta geçirdi ve bu sırada MIT Liderlik Merkezi'nde araştırmacı olarak çalıştı. Uluslararası bir konferansta "En İyi Genç Araştırmacı" ödülünü aldı.

hurriyet.com.tr'de köşe yazarlığı yapan Dr. Özgür Bolat, Gelişen Aile Akademisi ve Öğretmen Liderliği Akademisi kurucusu olarak araştırmalarına, eğitimlerine ve konuşmalarına devam etmektedir.

www.ozgurbolat.com.tr

Beni Ödülle Cezalandırma

BENİ ÖDÜLLE CEZALANDIRMA

Yazan: Dr. Özgür Bolat
Editör: Neclâ Feroğlu

1. baskı / Eylül 2016
105. baskı / Kasım 2017 / ISBN 978-605-09-3702-2
Her 2000 adet bir baskı olarak kabul edilmektedir.
Sertifika no: 11940

Kapak tasarımı: Ve Ötesi Yazılım-Tasarım-Ajans (www.veotesi.com)
Baskı: Mega Basım Yayın San. ve Tic. A.Ş.
Cihangir Mah. Güvercin Cad. No: 3/1
Baha İş Merkezi. A Blok Kat: 2
34310 Haramidere-İstanbul
Tel. (212) 412 17 00
Sertifika no: 12026

Doğan Egmont Yayıncılık ve Yapımcılık Tic. A.Ş.
19 Mayıs Cad., Golden Plaza, No. 3, Kat 10, 34360 Şişli - İSTANBUL
Tel. (212) 373 77 00 / Faks (212) 355 83 16
www.dogankitap.com.tr / editor@dogankitap.com.tr / satis@dogankitap.com.tr

Beni Ödülle Cezalandırma

Dr. Özgür Bolat

DK DOĞAN KİTAP

Bu kitabı biricik aileme ithaf ediyorum.

İçindekiler

1. kısım

Ödül çocukları nasıl etkiler?

1. bölüm

Çocukları ödülle cezalandırmayın

1950'lerde çok büyük yabancı bir şirket, Türkiye Enerji Bakanı'na cazip bir teklifle gelir. Türkiye için büyük bir projelerinin olduğunu, bu projeyle Türkiye'nin bölgede etkin bir güç haline geleceğini ve ekonomide sınıf atlayacağını söyler. Bakan teklifi ilgiyle dinler ve notlar alır. Projeyi çok beğenir, yine de düşünmek için biraz zaman ister. İki hafta boyunca danışman ve uzmanlarıyla proje üstünde çalışır. Sonunda Türkiye için çok önemli olduğuna kanaat getirip projeyi onaylamaya karar verir ve şirket yetkililerini çağırır. Şirket yetkilileri gelirler, otururlar, çaylarını içerler. Bakan, kararını tam açıklamak üzereyken, yetkililerden biri, "Bakanım bu proje sizin için de çok iyi olacak" diyerek, rüşvet verme imasında bulunur. Bakan, "Bu rüşvet teklifi de nereden çıktı?" diye düşünür ve kafasında birden bir soru işareti oluşur. Hemen oracıkta kararını değiştirip, "Beyefendiler, proje teklifiniz için çok teşekkür ederim, ama şu anda ülke olarak bu projeyi onaylamamız zor" diyerek, projeyi reddeder. Bakan aslında projenin ülke için önemli olduğuna kanaat getirmişti. Rüşvet teklifini reddedip, projeyi onaylayabilirdi. Ama yapmadı. Acaba bu rüşvet, bakana projeyle ilgili ne tür mesajlar verdi? Bakanın kafasında ne tür soru işaretleri oluştu?

* * *

Yıl sonu geldiğinde, Fatma öğretmen çok sevinçliydi. Çünkü kütüphane kayıtlarına baktığında, istisnasız her öğrencisi yaz tatili için kütüphaneden kitap almıştı. Tatil boyunca, bu sevincini içinde yaşadı. Öğrencilerine kitap okumayı sevdirmek onun için çok önemliydi. Eylülde okullar açıldı. Öğrenciler sıralarına geri döndü. Ama gördükleri karşısında Fatma öğretmen tüm sevincini kaybetti. Çünkü öğrencilerinin çoğu en ince kitapları almıştı. Dahası kitapların çoğu çocukların seviyelerinin çok altındaydı. Öğretmeni daha da üzen, çok kitap okuyan öğrencilerinin bile en ince ve basit kitapları seçmiş olmasıydı. Bunu o an önemsemeden çocuklarla okudukları kitapları tartışmaya karar verdi. İlk sorusunu sordu: "Çocuklar okuduğunuz kitaplarda ana karakterin yaşadığı en büyük çatışma neydi?" Çocuklardan yanıt gelmedi. "Ana karakter için dönüm noktası neydi?" Yine yanıt gelmedi. Daha basit bir soru sordu: "Hikâye nerede geçiyordu?" Neyse ki bu soruya birkaç yanıt geldi. Fatma öğretmen durumu anlamıştı. Çocuklar kitaptaki olayları ve karakterleri hatırlıyorlardı ama kitabı anlamamış ve yaşamlarıyla bağlantı kuramamışlardı. Yani, okuma çok yüzeysel olmuştu. Bir an düşündü ve çocukların neden en ince ve basit kitapları aldığını ve neden anlamadan okuduğunu anladı. Büyük bir hata yapmıştı. Neydi bu hata?

* * *

Yıl 1970. Davranışçı ekolün en güçlü olduğu yıllar. Pavlov'dan ve Thorndike'dan etkilenen Harvard profesörü Skinner, ödül vererek farelere ve güvercinlere birçok davranış öğretir. Örneğin güvercinler, ödülle masa tenisi oynamayı öğrenir. Skinner o yıllarda o kadar ünlenir ki Amerikan ordusu ona bir teklifle gelir: Güvercinlere füzeleri ateşlemeyi öğretebilir misin? Skinner teklifi kabul eder ve askeriyeden bir araştırma fonu alır. Güvercinlere, radarda yabancı madde gördükleri an, füzeyi ateşleyecek düğmeye basmayı öğretir. Nasıl mı? Güvercin, radardaki noktayı görüp, düğmeyi gagaladığı an, ona ödül olarak buğday tanesi verir. Bir süre sonra da güvercinler ödül almak için noktayı görür görmez, düğmeyi gagalar. Neredeyse sıfır hatayla düğmeye basmayı öğrenen güvercinler, kısa sürede savaşta kullanılmaya hazır hale gelir. Ama son anda proje askeriye tarafından riskli bulunarak uygulamaya konmaz. Proje uygulanmasa da Skinner hedefine ulaşır. Teorisi ve yöntemi en üst düzeyde kabul görür.

Ama bu aynı zamanda eğitim dünyasında bir sonun da başlangıcı olur. Ödülün hayvanlarda işe yaradığını gören eğitimcilerin aklına dâhiyane (!) bir fikir gelir: Ödül, hayvanlara belirli davranışları mükemmel şekilde öğretiyorsa, aynı yöntemi biz okullarda çocuklar üzerinde niye kullanmıyoruz? Böylece davranışsal ekol okullara girer ve okullarda ödül kullanımı başlar. Aslında ödül kullanımı okullarda 1800'lerde zaman zaman uygulanmaktadır ama Skinner ile beraber sistematik olarak eğitim aracı olarak yaygınlaşır. Hatta o kadar ki okullarda bir ödül ekonomisi oluşur. Ama tam bu sırada iki psikolog, Rochester Üniversitesi'nden Prof. Edward Deci ve Stanford Üniversitesi'nden Prof. Mark Lepper, ödülün etkili bir eğitim yöntemi olmadığını, tam tersi çocuklara çok zarar verdiğini savunur. İşin enteresan yanı Deci, Skinner ile aynı okuldan mezun olmuş ve onun fikirlerini çok yakından takip etmektedir. Her iki psikolog da ödülün insan motivasyonunu açıklamada çok yetersiz olduğunu iyi bilmektedir. Tezlerini ispatlamak için kolları sıvarlar. Peki, başarılı olurlar mı?

* * *

Doktora tezim sırasında öğretmenlerin, öğrenci tutumları üzerindeki etkisini araştırdım. Bu sırada Alfie Kohn'ın *Punished by Rewards* (Ödülle Cezalandırılan) kitabıyla tanıştım. Kohn, "Tutumları olumsuz etkileyen en büyük etken, öğretmenlerin ve ailelerin kullandığı ödül ve övgü mekanizmasıydı" diyordu. Sınıf gözlemleri yapmaya başladım ve ödülün kullanımını sınıfta direkt gözlemledim. Tam da Kohn'un dediği gibi gördüm ki bu yöntemler yarardan çok zarar veriyordu. İşe yaradığı durumlar oluyordu ama o zaman da yanlış bir nedenle işe yarıyordu. Öyleyse, yetişkinler neden ödül kullanıyordu? Ödül ne için işe yarıyordu, ne için işe yaramıyordu? Motivasyonu nasıl etkiliyordu? Psikoloji, sosyal psikoloji, antropoloji, eğitim bilimleri, ekonomi ve sinirbilim alanlarında son yetmiş yılın tüm bilimsel literatürünü taradım ve bu soruların yanıtlarını araştırdım. Bu doğrultuda öğretmen eğitimlerine başladım. Öğretmenlerle yol alıyorduk ama çocuğun gelişimi evde duruyordu. Dahası veli ile öğretmen çatışıyordu. Veli, çocuğunun öğretmenini arıyor ve çocuğu için ödül talep ediyordu. Bunun üzerine veli eğitimlerine başladım. Seminerlerde ve çalıştaylarda ödülsüz eğitimin prensiplerini anlattım ve velilerle ve öğretmenlerle uygulamalar yaptık. Bu uygulamalarda gördük ki en etkili eğitim, ödülsüz eğitim. Peki, ödül vermek yerine ne yaptık? Ödül işe yaramıyorsa, ne işe yarıyordu? Bu kitapta tüm bu soruları yanıtlayacağız. İlk önce ödülün zararlarını irdeleyeceğiz, alternatif yöntemleri işleyeceğiz ve başarılı ve mutlu bir çocukluk için "koşulsuz eğitim"in temellerini atacağız. İlk soruyla başlayalım: Ödül nedir?

Ödül nedir?

Ödül, bir koşula bağlı olarak verilen ve verilen kişi tarafından cazip görünen bir obje ya da etkinliktir. Bir objeyi ödül yapan onun "koşul" olarak verilmesidir. Koşul olarak verilmeyen bir obje ödül olmaz. Bir anne, "Ben çocuğuma sınıfı geçince, tablet alacağımı söylemiştim. Almayayım mı?" diye sordu. Ben de, "Şimdi buradan çıkınca bir tablet alın ve bak oğlum sana bir hediye aldım, deyin" dedim. Sınıfı geçince tablet alacağım dediğiniz an, tableti bir koşul olarak sunmuş olursunuz. O zaman tablet, ödül olur. Ama içinizden gelerek tablet alıyorsanız, bu ödül değil, hediye olur. Bu da çocuğa zarar vermez. (Tabii en doğru olan çocuğun kendi harçlığını biriktirerek tabletini almasıdır. Bu durumda çocuk emek vermeyi öğrenir. O ayrı bir konu.)

Emek karşılığında verilen obje ya da para da ödül değildir. Ay sonunda verilen maaş veya iş karşılığında verilen para, emeğin karşılığıdır. Ama para koşul olarak verilirse, ödül olur. Örneğin, maaşına ek olarak, en çok satışı yapan satış elemanı ekstra bir para, bonus ya da prim alırsa, bu ödül olur. Çünkü bu ekstra para, en çok satışı yapma koşuluna bağlıdır. Bölüm 7'de primlerin şirketlere de nasıl zarar verdiğini de irdeleyeceğiz.

Koşul açısından baktığımızda ödül dörde ayrılır. Bu türleri birbirinden ayırt etmek önemli çünkü ödülün türüne göre, zararı farklılık gösterir. Her ödül türü aynı etkiyi yaratmaz.

Tip 1	Tip 2	Tip 3	Tip 4
Katılım koşulu: "Kitap kulübüne üye olanları, geziye götüreceğim" derseniz, bu katılım ödülü olur. Ödülü alması için kitap okumasına gerek yok. Sadece katılması yeterlidir.	**Bitirme koşulu:** "Kitap kulübüne üye olup, kitap okuyanları geziye götüreceğim" derseniz bu bitirme koşulu olur. Çocuk hem etkinliğe katılmalı hem de kitap okumalı.	**Performans koşulu:** "Kitap kulübüne üye olup, en az on kitap okuyanı geziye götüreceğim" derseniz, yani ödülü belirli bir performans ölçütüne bağlarsanız, bu performans ödülü olur. Örneğin, çocuk kulübe üye olursa ve sadece sekiz kitap okursa geziye gidemez.	**Kazanma koşulu:** "Kitap kulübüne üye olup, en çok kitap okuyanı geziye götüreceğim" derseniz, bu da kazanma koşulu olur. Bu durumda öğrencilerden sadece bazıları ödül alabilir. Çoğunluk ödül alamaz. İleride göreceğimiz gibi en tehlikelisi de budur.

Bir de "sosyal ödül" olarak adlandırılan davranışlar vardır. Bunlar da cesaretlendirme, takdir etme, övme gibi davranışları içerir. Sosyal ödül de övgüye bağımlılık ve onaylanma ihtiyacı yarattığı için tehlikelidir. Her insanın kabul görmeye ihtiyacı vardır ama bu yargısız olmalıdır. Sosyal ödül, içinde yargı içerirse çocuğa zarar verir. Yargı içermezse zaten bu ödül değil, geribildirim olur. Övgünün zararını başka bir kitapta daha detaylı irdeleyeceğim. Geribildirimi de Kısım II'de irdeleyeceğiz.

Yukarıdaki örneklerde de görüldüğü gibi ödül farklı ölçütlere göre koşul koyar. Koşul da zararlıdır. Peki, koşul neden zararlıdır? Çocukta nasıl bir etki bırakır? Deci ve Lepper ödülün zararını ispatlamada başarılı olmuş mudur? Skinner'ın tezi okullarda çürümüş müdür?

Ödül gerçekten işe yarar mı?

Yıl 1971. Edward Deci ve Mark Lepper, birbirlerinden habersiz, ödülün zararını ispatlamak için çalışmalara başlıyor. Prof. Deci, bir deney tasarlıyor. Üniversite öğrencilerini iki gruba ayırıyor, her iki gruba da legolar veriyor. Ama aralarında bir fark var. İlk gruba legolarla oluşturdukları her anlamlı şekil için ödül olarak para veriyor, ikinci gruba ise hiçbir şey vermiyor. Öğrenciler legolarla uğraşırken, süre tutuluyor. Acaba hangi grup legolarla daha çok uğraşacak? Tahmin ettiği gibi ödül alan grup legolarla daha çok vakit harcıyor.

Deneyin bir de ikinci kısmı var ki aslında gerçek deney de bu kısım. Deci, bu ilk turdan sonra öğrencileri başka bir odaya alıyor ve onlara tekrar legolar veriyor. Birinci kısımdan farklı olarak odaya ayrıca farklı nesneler ve dergiler koyuyor. İsterlerse, legolarla oynayabilir, sıkılırlarsa da dergileri okuyabilirler. Ama bu sefer her iki gruba da ödül yok. Ödülün olmadığı durumda, hangi grup legolarla daha çok oynayacak? Bu defa işler değişiyor. Sonuç çok net: ödül alan grup legolarla çok az oynarken, hiç ödül almayan grup çok daha uzun oynuyor.

Deci, yetişkinlerle bu araştırmayı yaparken, Mark Lepper de benzer bir deneyi çocuklarla yapıyor. Lepper, anaokulu çocuklarını üç gruba ayırıyor ve onlara renkli boya kalemleri veriyor. Onlardan bir resmi çizmelerini istiyor. Birinci ve ikinci gruba, ödül olarak kurdeleli ve yıldızlı sertifikalar veriyor. Birinci gruba boyama yaptıklarında ödül vereceğini söylüyor ama ikinci gruba söylemiyor. İkinci gruba etkinlik sonrası ödülü sürpriz olarak veriyor. Üçüncü gruba ise hiçbir şey vermiyor. Lepper de aynı Deci gibi görüyor ki ödül alan çocuklar daha çok resimle uğraşıyor. Ama aynı şekilde deneyin bir de ikinci kısmı var.

İki hafta sonra bu çocuklara serbest zaman veriliyor, önlerine boyama kalemleri ve farklı oyuncaklar konuluyor. Bu sefer hiçbir gruba ödül yok. Lepper de gizli cam bölme arkasından çocukları izliyor. Acaba çocuklar ne yapacak? Ödül olmadığı zaman resim yapmaya devam edecekler mi yoksa diğer oyuncaklarla mı oynayacaklar? Çok net görüyor ki ödül alan her iki grup da boyamaya çok ilgi göstermiyor. Ama üçüncü grup hâlâ aynı heyecanla boyama yapıyor.

Bu iki deney, psikoloji ve eğitim dünyasında büyük bir tartışma yaratıyor. Çünkü bu deneyler davranışçı ekolün temel prensiplerini temelden sarsıyor. Davranışçı ekol ödül işe yarar derken, bilişsel ekol tam tersi sonuçlar ortaya koyuyor. Bu deneyler çok tepki alıyor ve iki ekol arasında amansız bir savaş başlıyor. Çok geçmeden Waterloo Üniversitesi'nden Prof. Michael Ross, deneyi tekrarlıyor. Çocukları bir odaya alıyor ve onlardan davul çalmalarını istiyor. Bir gruba davul çalmaları karşılığında ödül veriyor, diğer gruba sadece davul çalmanın keyfini çıkartın, diyor. Bir süre sonra ödül alan grup, ödül ortadan kalkınca davul çalmayı bırakıyor. Bu deneyden sonra yapılan birçok deney aynı sonuçlara ulaşıyor.

Bu üç araştırma da gösteriyor ki ödül olduğu zaman çocuk, o işe daha çok ilgi gösteriyor ve o işle daha çok zaman harcıyor. Hatta ödüllendirilmek çocuktaki heyecanı da üst seviyeye çıkarıyor, ama ödül ortadan kalkınca, çocuk da o işi yapmayı bırakıyor. Neden? Çünkü, o işi ödül için yapmıştı. Ödül ortadan kalkınca, o işi yapmasına gerek yok. İşin ilginç yanı, ödül davranıştan önce de vaat edilse, davranıştan sonra sürpriz olarak da verilse sonuç değişmiyor. Bunu örneklendiren çok güzel bir hikâye var.

Bir okulun yanı başında yaşayan yaşlı bir adam varmış. Okuldan çıkan çocuklar, onun evinin önünden geçerken, ellerindeki değnekleri balkonun demirlerine sürtermiş. Demirlerden çıkan "dırrttttttt" sesinden de büyük mutluluk duyarmış ama yaşlı adam bu gürültüden çok rahatsız olurmuş. Çocuklara kızsa veya ceza verse olmayacak. Onları bu davranıştan vazgeçirmek için, aklına çok güzel bir fikir gelmiş. Çocukları yanına çağırmış ve şöyle demiş: "Çocuklar çıkardığınız ses çok güzel. Onun için size her gün bu sesi çıkarmanız için 1 lira vereceğim." Çocuklar da, "Biz bunu zaten seviyoruz. Bir de üzerine para alacağız" diyerek sevinçle bu teklifi kabul etmiş.

Yaşlı adam çocuklara her gün 1 lira vermiş. İkinci hafta olmuş. Yaşlı amca çocukları bir defa daha çağırmış. "Çocuklar param azaldı. Onun için size 1 lira değil, 50 kuruş verebileceğim" demiş. Çocuklar biraz bozulmuş ama, "Tamam olsun. Hiç yoktan iyidir" diyerek kabul etmiş. İkinci hafta da böyle geçmiş. Üçüncü hafta gelmiş. Yaşlı amca çocukları son defa çağırmış. "Çocuklar maalesef param kalmadı. Onun için size para veremeyeceğim" demiş. Çocuklar da para yoksa "dırrttttttt" da yok, demiş, değnekleri demirlere sürtmeyi bırakmış.

Yaşlı adam ne yaptı? Çocuklar başta bu işi severek yapıyordu. Bir çocuk bir işi sevdiği için ya da ilgisinden dolayı yaparsa, buna "iç motivasyon" diyoruz. Ama sevdiği için değil de dışardan bir zorlamayla ya da taleple yaparsa, buna da "dış motivasyon" diyoruz (5. Bölüm'e bakınız). Örneğin bir çocuk, öğrenme isteğiyle ödev yaparsa onu iç motivasyonla, öğretmenden korktuğu için yaparsa dış motivasyonla yapmış olur. Yaşlı adam, çocuklara ödül vererek, onların iç motivasyonunun (keyif) yerine, dış motivasyonu (ödül olarak para) koydu. Dış motivasyon aracı (ödül) ortadan kalkınca, davranış da ortadan kalktı. Kısacası, ödülle çocuk işi yapar ama ödül kalkınca, davranış da ortadan kalkar. Ödül, hava kaçıran bir tekerleğe sürekli dışarıdan hava vermeye benzer. Siz dışarıdan hava (ödül) verirsiniz, tekerlek şişer ve yola devam eder. Ama bir süre sonra havası kaçar ve yola devam etmez. Bu durumda tekerleğe tekrar hava (ödül) vermeniz gerekir. Bu da sürdürülebilir değildir.

Hedonistik adaptasyon

Bir seminerde, veli dedi ki, "Hocam ödülle de olsa ben, çocuğumun her zaman ödevini yapmış olarak okula gitmesini isterim. Çünkü ödevi yapması ve yüksek not alması, üniversiteye girmesi için çok önemli. Yapsın da, nasıl yaparsa yapsın. Üniversiteye girsin de ondan sonrası kolay. Onun için ödülle iş yaptırmakta sorun görmüyorum." Yani veli demek istiyor ki, "Tamam kabul. Ödül ortadan kalkınca, davranış da kalkar. Bu durumda ben de sürekli ödül vererek çocuğumun motivasyonunu canlı tutarım." Bu gerçekten böyle mi? Sürekli ödül vererek çocuğa iş yaptırmanız mümkün mü? Sürekli ödül vererek, çocuğun motivasyonunu canlı tutabilir misiniz?

Cambridge Üniversitesi'nden Prof. Wolfram Schultz'un tesadüfen yaptığı keşif tüm sinirbiliminin gidişatını değiştiriyor. Schultz, parkinson hastalığına tedavi bulmak için dopamin molekülü üzerinde çalışıyor. Dopamin, insanların zevk aldıkları davranışlardan hemen önce ve bu davranışlar gerçekleşirken salgılanan bir hormon. Onun için aynı zamanda "keyif hormonu" olarak da bilinir. Schultz, deneylerini fMRI makinesine bağlı maymunlarla yapıyor.

Bir gün tesadüfen kafesin önüne elma koyuyor. Maymun elmayı görür görmez, beyni birden dopamin salgılamaya başlıyor. Schultz çok şaşırıyor. Çünkü dopamin, maymun elmayı yerken değil, elmayı görünce salgılanıyor. Yani dopamini salgılatan elmayı yeme eylemi değil, elmayı yeme "beklentisi". Dopamin ile "beklenti" arasında ilişki olmalı diye varsayıyor ve araştırmasını derinleştiriyor.

Maymuna, ilk önce bir sarı ışık yakıyor, sonra elma veriyor. Maymunun beyni, sarı ışığa çok tepki göstermiyor. Tekrar sarı ışık yakıyor ve hemen sonrasında elma veriyor. Maymunun beyni yine tepki vermiyor. Ama birkaç denemeden sonra maymun, elmanın sarı ışıktan sonra geldiğini öğreniyor. Bu sefer sarı ışık yanar yanmaz, beyni dopamin salgılıyor. Sarı ışık, elmanın geleceğini işaret eden "tetik" görevini üstleniyor. Schultz dopaminin görevini böylece buluyor. Dopamin, keyif veren davranış (elma yeme) sırasında çok az, tetiği (sarı ışık) görünce çok salgılanıyor. Yani dopamin davranış öncesinde önceden salgılanarak, organizmayı harekete geçiriyor. Buraya kadar sorun yok.

Ancak birkaç denemeden sonra, Schultz yine beklenmedik bir şeyle karşılaşıyor. Bir süre sonra maymun sarı ışığı görünce, artık beyni dopamin salgılamıyor. Çünkü maymun, sarı ışık-elma ilişkisine alışıyor. Sarı ışık ile elma bağlantısı kurulduktan, yani öğrenme gerçekleştikten sonra, beynin tekrar dopamin salgılamasına gerek yok. Çünkü dopamin, heyecan veren bir beklenti olduğu zaman salgılanıyor, bilindik ve sıradan durumlarda salgılanmıyor. Beyin enerjisini çok ekonomik kullanıyor. Schultz maymun için yeni bir heyecan yaratmaya karar veriyor. Sarı ışıktan sonra elma bekleyen maymuna, elma yerine üzüm veriyor. Maymun beklenmedik bir şeyle karşılaştığı için beyni hemen tekrar dopamin salgılıyor. Ama bir süre sonra maymun üzüme de alışıyor. Beyin dopamin salgılamayı yine bırakıyor.

Bu deney, sürekli ödül vererek çocuğu neden motive edemeyeceğimizin yanıtını da bize veriyor. Siz çocuğa ödülle iş yaptırttığınız an, çocuk heyecanlanır ve ödül için o işi yapar. Ama o ödüle kısa bir süre sonra alışır. Artık heyecanlanmaz. İş yaptırmak için bu sefer ona daha büyük bir ödül vermeniz gerekir. Örneğin, sınıfı geçince, tablet alırsanız, seneye daha büyük bir ödül almanız gerekir. Bunun da sonu yoktur.

Bunun izdüşümlerini gerçek hayatta da bulmak mümkün. Milli piyangodan büyük ikramiye kazanan kişiler ikramiyeyi kazandıktan hemen sonra çok mutlu olur. Ama bir süre sonra mutluluk seviyeleri ikramiyeyi kazanmadan önceki seviyeye döner. Neden? Çünkü insanlar sahip olduklarına hemen alışır. Örneğin, siz yeni bir araba alırsanız, bir süre sonra ona alışırsınız ve daha iyi bir araba almak istersiniz. Ev alırsanız, bir süre sonra daha iyi bir ev istemeye başlarsınız. İnsanların, sahip oldukları şeylere alışıp, o şeylerden daha az keyif almalarına, psikologlar "hedonistik adaptasyon" diyor.

Hedonistik adaptasyondan dolayı insanlar ödüllere alıştıklarından aynı ödülle motive olmazlar. Ödülün miktarını sürekli artırmak gerekir. Bunu da yapmak mümkün değildir. Bunu okullarda çok net gözlemliyorum. Anaokullarında çocuklara bir iş yapınca ya da iyi davranınca ödül olarak yıldız veya kurdele veriliyor ama bir süre sonra çocuklar bunlara alışıyor ve yıldız veya kurdele onları motive etmemeye başlıyor. Öğretmen de ya bunların sayısını artırmak ya da farklı ödüller bulmak zorunda kalıyor. Peki, bu şekilde ne zamana kadar devam edebilirsiniz? Çok edemezsiniz. Çocuğuna ödülle iş yaptırtan bir aile, kendini bir girdabın içine sokar.

Bunu madde bağımlısı olan kişilerin beynine benzetebiliriz. Bağımlı kişilerin beyinleri keyifli anlarda dopamin üretir. Kişi madde bağımlısı haline gelince, kullandığı madde beyindeki dopamin miktarını artırır. Beyin de dışarıdan oluşturulan bu artıştan dolayı, kendi başına daha az dopamin üretmeye başlar ve der ki, "Şu anda çok fazla dopamin var, ben daha az üreteyim." Zamanla beyin dopamin üretme kapasitesini kaybeder, normal durumlarda çok daha az üretebilir hale gelir. Kişi bu sefer de aynı dopamin oranına ulaşabilmek için kullandığı maddenin dozunu artırmak zorunda kalır. İşte bundan dolayı bağımlılarda, doz sürekli artmak zorundadır. Aynı şekilde çocuğa dışarıdan sürekli ödül (dış motivasyon) verilirse, isteği (iç motivasyon) azalır. Bir süre sonra kendi kendi başına karar verme ve harekete geçme (motive etme) becerisini de kaybeder. Dahası aynı seviyede motivasyon üretmek için sizin de ödülü mütemadiyen artırmanız gerekir; bağımlıların kullandığı maddenin dozunu artırdığı gibi. Bu da sürdürülebilir bir durum değildir. Görüldüğü üzere ödül beynin hem iç motivasyonunu öldürür hem de kişinin kendini motive etme kapasitesini azaltır. Onun için çocuklara, davranış kazandırmak ya da gerçek öğrenmeyi sağlamak için ödülle iş yaptırmak yanlıştır.

İşten geç çıkan anne, evdeki çocuğunu arıyor ve "Oğlum, yemekleri ısıtır mısın?" diyor. Çocuk da "Isıtırsam ne vereceksin?" diyor. Çocuk bunu neden söylüyor? Çünkü anne onu ödülle iş yapmaya alıştırmış. Çocuk da ödül olmayınca iş yapmıyor. Her çocuk ailenin bir üyesidir ve sorumlulukları vardır. Bu sorumluklarını hiçbir ödül olmadan yerine getirmelidir. Anne her iş için çocuğa ödül vererek aslında, "Evdeki işler senin sorumluluğunda değildir" mesajı vermekte, başka bir deyişle çocuğuna sorumsuzluğu öğretmektedir (Sorumluluk ile ödül ilişkisini ileride daha detaylı irdeleyeceğiz).

Peki, ne yapmamız gerekiyor? İlk önce tek tek ödülün zararlarına değineceğim. Ne yapılmalı konusunu da kitabın ikinci kısmında detaylı irdeleyeceğim. Ödülün zararlarını anlamadan, çözüme geçmek kalıcı sonuç doğurmaz. Ama burada daha da önemli bir soru var. Ödül ortadan kalkınca, çocuk o işi neden bırakıyor? Çocuk sevdiği bir işi yapıyorsa ve biz de ona ödül veriyorsak ödül kalksa bile, o işi sevdiği için yapmaya devam etmesi gerekmez mi? Acaba ödül, çocuğun iç motivasyonunu öldürüyor mu? Öldürüyorsa da neden?

Özet

- ✔ Ödül vererek bir çocuğu motive edebilirsiniz. Çocuk o işi yapar, hatta heyecanla yapar ama ödül vermeyi bırakınca, çocuk da o işi yapmayı bırakır.
- ✔ Çocuğun o davranışı bırakmaması için sürekli ödül vermeniz gerekir. Bir süre sonra hedonistik adaptasyondan dolayı çocuk o ödüle alıştığından ödül de işe yaramaz hale gelir.
- ✔ Ödüle alışan çocuğun beyni dopamin salgılamayı bırakır. Yani, o ödülden zevk almamaya başlar.
- ✔ Çocuğu tekrar motive etmeniz için de ödülü değiştirmeniz ya da daha büyük bir ödül vermeniz gerekir ki bu da sürdürülebilir bir motivasyon aracı değildir. Bir noktadan sonra tıkanırsınız. Çocuk da ödül olmayınca, o işi yapmayı bırakır.
- ✔ Çocuk ödülle iş yapmaya alışırsa, kendi sorumluluğunda olan işler için bile sizden ödül talep eder. Sorumsuzluk bilinci gelişir.

Ödül iç motivasyonu nasıl etkiler?

Deci'nin ve Lepper'in deneyleri bir şey daha gösteriyor. Çocuğun bir etkinliğe karşı ilgisi (iç motivasyonu) varsa, ona bir de ödül (dış motivasyon) eklenirse, o çocuğun motivasyonu daha da artmıyor. Tam tersi, ilgisi (iç motivasyonu) azalıyor. Çocuk severek yaptığı işi, ödül aldıktan sonra daha az seviyor, hatta o işe karşı olumsuz tutum geliştiriyor. Daha önceki örneklerdeki gibi legoyla oynamayı seven çocuk da, boyamayı seven de, davul çalmayı seven de ödül aldıktan sonra etkinliklere eskisi kadar ilgi göstermiyor. Yani ödül, var olan iç motivasyonu öldürüyor. Acaba, aynı mekanizma gerçek hayatta da bu şekilde çalışıyor mu?

Columbia Üniversitesi'nden Prof. Harriet Zuckerman, Nobel ödülü kazanmış elli bilim insanını inceliyor ve çok şaşırtıcı bir sonuçla karşılaşıyor. Kendilerini bilime adamış ve iç motivasyonları çok yüksek olan bilim insanlarının bile, Nobel aldıktan sonra ortalamadan daha az araştırma yapmaya başladığını görüyor. Hatta DNA'nın yapısını bulan Prof. Watson, Nobel ödülü aldıktan sonra çok az bilimsel araştırma yaptığını söylüyor. İnanabiliyor musunuz? İç motivasyonu en yüksek olan bilim insanları bile, ödülden sonra araştırmaya daha az ilgi duyuyor. Ödül, iç motivasyon için işte bu kadar zararlı. Ödülün kendisi sürdürülebilir bir motivasyon kaynağı yaratmadığı gibi, halihazırda var olan iç motivasyonu da öldürür.

Her ödül verdiğinizde, çocuğunuzun o işe ilgisi azalacak, onu daha az sevmeye başlayacaktır. Peki, çocuğun bir işe zaten ilgisi yoksa en azından ödül vererek iç motivasyon oluşturamaz mıyız? Yani ödül vererek ona o işi sevdiremez miyiz?

Penn State Üniversitesi'nden Profesör Leann Birch şu soruyu merak ediyor: Acaba çocuk bir yemeği sevmiyorsa, ona ödül vererek sevdirebilir miyim? Bu soruyu yanıtlamak için çocukları üç gruba ayırıyor. Onları tek tek odaya alıyor. Hepsinin önüne birer şişe kefir koyuyor. Birinci gruba (ödül grubu), "Bu kefiri içersen, sinema bileti kazanacaksın" diyor. İkinci gruba (övgü grubu), "Bu kefiri dene" diyor ve içtikten sonra onları övüyor. Üçüncü gruba (iç motivasyon grubu), sadece "Bu kefiri dene" diyor. Acaba hangi grup daha çok kefir içecek? Tabii ki ödül grubu daha çok içiyor. Bir şişe kefiri içecek ve hemen bileti kazanacak. Ne dedik? Çocuklara ödülle iş yaptırtabilirsiniz, buraya kadar sorun yok. Ancak bir hafta sonra Prof. Birch bu çocukları buluyor ve onlara basit bir soru soruyor. "Kefiri ne kadar seviyorsun?" Bu sefer işler değişiyor. Kefiri en az "ödül grubu", en çok "iç motivasyon grubu" seviyor. Neden? Çünkü ödül grubu, kefiri sinema bileti için içti. Ama diğer grup, kefiri sadece denemek için içti. Burada da tekrar görüyoruz ki ödülle bir çocuğa işi yaptırtabilirsiniz ama olumlu tutum ve iç motivasyon geliştiremezsiniz. Dahası iç motivasyon varsa da onu öldürürsünüz. Bir işi severek yapmak neden önemli, Bölüm 5'te göreceğiz.

Bir insanın bir şeyi sevip sevmediğini nereden anlarız? Kefir araştırmasında olduğu gibi insanlara sorarız ve "söylemlerine" bakarız. İkinci olarak "davranışlara" bakarız. Yukarıda bahsettiğim araştırmalar söylenenlere bakmadan, davranışlara bakıyor. Acaba ödülün iç motivasyonu öldürdüğünü, beyin hareketlerine bakarak ispatlayabilir miyiz? Sonuçta beyin yani insan bedeni asla yalan söylemez.

Beyin ödüle nasıl tepki gösterir?

Münih Üniversitesi'nden Murayama ve arkadaşları, 28 deneği iki ayrı gruba ayırıyor. Onlara birer tane kronometre veriyor. Yapmaları gereken de kronometre çalışırken uygun zamanda basmak ve kronometreyi tam 4,95 ile 5,05 arasında durdurmak. Bir grup, bunu başardıkları her seferde iki dolar kazanacak. Diğer grup bir şey kazanmayacak. Bu grup sadece eğlenmek için oynayacak. Deneyin en enteresan kısmı, deneklerin beyin hareketlerinin fMRI makinesi içerisinde kayıt altına alınması. İki grup da kronometreyle bir süre oynuyor. Sonra deney bitiyor ve denekler beklemeye alınıyor. Ama isterlerse bekleme süresince de kronometreyle oynayabilirler. Daha sonra iki grup da tekrar fMRI makinesine alınıyor ve kronometreyle tekrar oynuyorlar. Ama bu sefer iki gruba da ödül yok. Araştırma bittikten sonra deneklerin beyin etkinlikleri yine analiz ediliyor. Sonuçlar çok ilginç.

İlk seansta her iki grup da başardıkça, "striatum"un, yani beynin zevki yöneten bölgesinin aktif olduğu görülüyor. Peki bu bölge hangi grupta daha fazla aktif oluyor? Yani hangi grup başarmaktan daha çok keyif alıyor? Ödül alan grup daha çok zevk alıyor. Ödül olmamasına rağmen, ikinci grup da etkinlikten keyif alıyor. Demek ki başarmak da, ödül olmadan da tek başına keyif veren bir şey. Buraya kadar her şey normal. Ödülü verdik, kişiyi mutlu ettik.

Peki, ikinci seansta ne oluyor? Bizim için önemli olan seans bu. Çünkü bu seansta her iki gruba da ödül yok. Yani, ödülle iş yapan çocuğa ödül vermeyi bırakırsak ne olur onu göreceğiz? Oyun sırasında ilk grubun "striatum" bölgesindeki aktivasyonu inanılmaz derecede düşerken ödül almayan grubunki artıyor (Aşağıdaki şekle bakınız). Yani ödül olmayınca ilk grup çok az keyif alıyor. Peki ikinci grup neden daha çok keyif alıyor? Çünkü daha da uzmanlaşıyor ve başarı hissi artıyor. Fizyolojik olarak da ispatlıyoruz ki ödül ortadan kalkınca, kişi yaptığı işten eskisi gibi keyif almıyor. Deneyin daha da ilginç bir sonucu var.

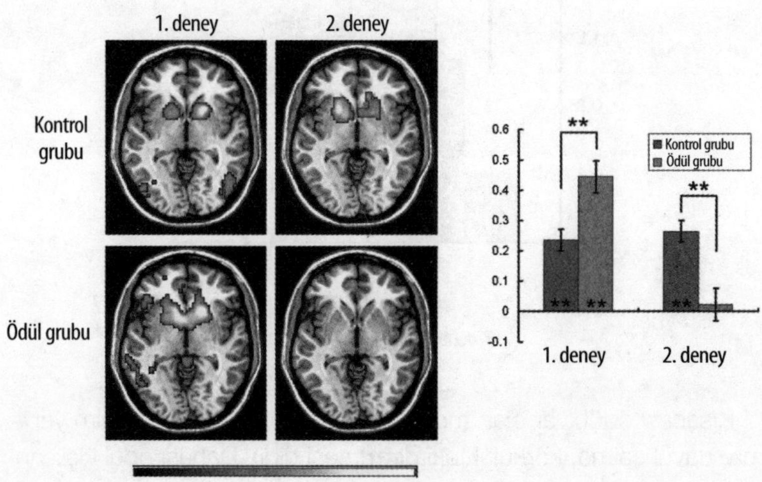

Siz bir işi yapmak için kendinizi motive etmeye çalışırsanız, yani işe başlamadan önce kendinizi psikolojik olarak hazırlarsanız, beyninizin LPFC (Lateral Prefrontal Cortex) bölgesi aktive oluyor. Ama ilgi duymadığınız bir işi yapmadan önce, kendinizi hazırlamıyorsunuz ve bu bölge aktive olmuyor. O zaman ben bir iş yapmadan önce sizin LPFC bölgenizin aktivasyonunu ölçerek, sizin bir işi yapmaya ne kadar istekli olduğunuzu anlayabilirim. Muroyama ve arkadaşları her seanstan önce kişilerin LPCF bölgesine bakarak onların bu iş için ne kadar istekli olduklarına da bakıyor. Sizce hangi grup, hangi seanstan önce isteklidir?

Birinci seansta (ödüllü seans) ödül alan grubun LPFC bölgesi daha çok aktive oluyor. Yani ödül alan grup daha istekli. Ama ikinci seansta bu grubun LPFC bölgesi neredeyse hiç aktive olmuyor. Bu ne demek? Ödül yok, motivasyon yok. Denekler o işi yaparken, o işten zevk almadığı gibi, o işi yapmak için de öncesinde heyecanlanmıyor.

Ama ikinci grubun (ödül almayan grup) LPFC bölgesi her iki seansta da aynı şekilde etkin oluyor. Her iki durumda da onlar işi yapmak için çok istekli (Aşağıdaki şekle bakınız). Onları motive eden ne? Başarma hissi. Ödül, başarma hissinden gelen motivasyonu bile olumsuz etkiliyor.

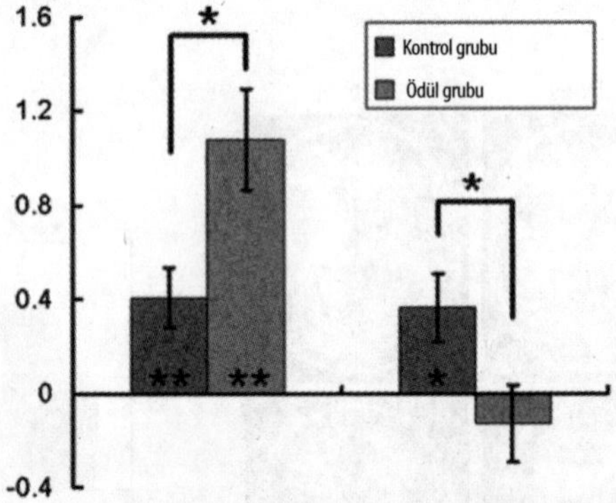

Kısacası ödül, var olan motivasyonu öldürüyor (lego, resim yapma, davul çalma, korkuluktaki dırrrrt sesi gibi). Dahası ödül kişilerin olumlu tutum (kefiri ve kronometre oyununu sevme) geliştirmesini engelliyor. Peki ama neden? Bir kişiye ödül verdiğimiz zaman, neden onun iç motivasyonu ölüyor?

Ödül ve bilişsel çelişki arasındaki ilişki

Bu soruyu yanıtlamak için Princeton Üniversitesi'nden Prof. Ronald Comer ve Prof. James Laird çok enteresan bir deney yapıyor. Adı, "solucan yeme" deneyi. Denekleri tek tek odaya alıyor ve deneyden önce bazı deneklere bir anket veriyor. Ankette birçok ifade var. İfadelerin biri de "Kendimi cesur bir kişi olarak görürüm" ifadesi. Daha sonra deneklere solucan yeme deneyinin iptal olduğunu ve evlerine gidebileceklerini söylüyor.

Asıl deney şimdi başlıyor. Diğeri sadece bir kurgu. Ortada solucan deneyi diye bir deney yok. Prof. Comer denekler tam odadan çıkarken, "Şu anda devam eden başka iki deney var. Hazır gelmişken, isterseniz onlara katılabilirsiniz" diye teklifte bulunuyor. Deneyin bir tanesinde bilişsel becerilerini ölçen bir test çözecekler, diğerinde ise kendilerine elektrik şoku uygulayacaklar. Deneklerin hemen hepsi iki deneyden birini seçip kalmayı kabul ediyor. Şimdi soru şu: acaba deneklerin yüzde kaçı elektrik şoku deneyini (işkenceyi) seçmiştir? İlginç bir şekilde grubun büyük bir bölümü elektrik şoku deneyini seçiyor. Acaba hangi denekler elektrik şoku deneyini seçmiştir? Neden bir insan durduk yere ve seçim hakkı varken, kendisine işkence yapar ki?

Prof. Comer, deneyden önce deneklere verdiği anketleri inceleyince görüyor ki "Kendimi cesur bir kişi olarak görürüm" diyenlerin büyük bir çoğunluğu elektrik şoku deneyini seçmiş. Anket yapılmayan bir grup var. O gruptan bir kişi bile şok deneyini seçmemiş. Arada bu kadar büyük bir fark var. Peki, neden anketi yapanların çoğu şok deneyini seçiyor?

Bunun temelinde ünlü psikolog Leon Festinger tarafından geliştirilen "Bilişsel Çelişki Kuramı" yatıyor. Bir kişi kendisiyle ilgili bir tutum geliştirdiği an, o tutumla tutarlı davranışlar sergiler. "Tutum" ile "davranış" örtüşmezse, kişi bilişsel çelişki yaşar. Bir kişi, "Ben cesurum" derse ama cesur davranmazsa, o zaman bilişsel çelişki başlar, endişe kaçınılmaz olur. Kişi de bu çelişkiyi çözmek için tutumunu ya da davranışını değiştirmek zorunda kalır.

Deneyde yaşanan da tam olarak bu. Ankette kendilerini cesur olarak ilan edenler (tutum), bilişsel çelişki yaşamamak için cesur davranmak zorunda hissetmiş ve elektrik şoku deneyini (davranış) seçmiştir. Burada çok net görüyoruz ki tutum, davranışı belirler.

Peki, ortada bir tutum yoksa ne olacak? Davranış, tutum üzerinde belirleyici olabilir mi? Başka bir deyişle, kişi ilk önce bir "davranışı" sergileyip, ondan sonra tutarlı olmak için o davranışla ilgili "tutumunu" değiştirebilir mi?

Araştırmacılar Jonathan Freedman ve Scott Fraser, bu soruyu yanıtlamak için gerçek yaşamın içinde bir deney yapıyor. Bir mahalledeki ev sahiplerini iki gruba ayırıyor: A grubu ve B grubu. Birkaç genç gönüllüyle anlaşıyor ve onları tek tek her iki gruptaki evlere gönderiyorlar. Gönüllüler ev sahiplerinden, "DİKKATLİ ARABA KULLANIN" yazan bir dev panoyu bahçelerine dikmelerini istiyor. Gönüllüler, pano o kadar büyük, normalde hiçbir ev sahibi kabul etmez diye düşünürken, A grubundaki ev sahiplerinin % 76'sı bunu kabul ediyor. Ama B grubundakilerin sadece % 17'si kabul ediyor. Acaba bu iki grup arasında ne fark var?

Fark şu. Deneyden iki hafta önce Freedman ve Fraser, A grubuna başka gönüllüler göndermiş ve onlardan ev sahiplerine küçük bir kart vermesini istemiş. Kartta da "DİKKATLİ SÜRÜCÜ OLUN" yazıyor. A grubundaki ev sahipleri bu kartları almış (davranış). Almalarında bir sakınca yok çünkü herhangi bir zahmete girmeyecekler. Bu kartı alanların % 76'sı büyük panoyu bahçelerine dikmeyi kabul etmiş. Neden? Bunun da temelinde bilişsel çelişki yatıyor. Bir kişi için küçük bir kartı kabul etmek (davranış), çok basit ve zahmetsiz bir iş. Ama bu "davranışı" gösterdiği an kişi, kendisiyle ilgili olarak "Ben duyarlı bir insanım" tutumunu geliştiriyor. Daha sonra da oluşturduğu bu tutumla tutarlı davranışlar (büyük panoyu bahçeye dikmek) sergiliyor.

Bu yöntemi Kore Savaşı sırasında Çinliler, Amerikalı esir askerler üzerinde sıkça kullanmış. Amerikalı bir askerin komünist Çin'e karşı tutumu olumsuzdur. Peki, Çinliler bunu nasıl değiştiriyor? Bilişsel çelişki prensibini kullanarak. Amerikalı askerlerden ilk önce çok basit ve zahmetsiz bir davranış sergilemelerini istiyorlar. Şu cümleleri söyler misiniz: "Amerika mükemmel değil" veya "Komünist bir ülkede işsizlik sorunu yok." Gittikçe cümleler değişiyor ve komünizmle ilgili olumlu şeyler söylemeye başlıyorlar. Bu cümleleri söyleyen (davranış) Amerikan askerleri, tutumlarını da değiştirmeye başlıyor ve şöyle düşünüyor: "Ben komünizm hakkında bu olumlu cümleleri söylüyorsam, tutumum da olumlu olmalı. Görüldüğü üzere, tutum ve davranış arasında bir etkileşim var. İkisi birbirini etkiliyor. Tutum davranışı değiştirdiği gibi, davranış da tutumu değiştiriyor.

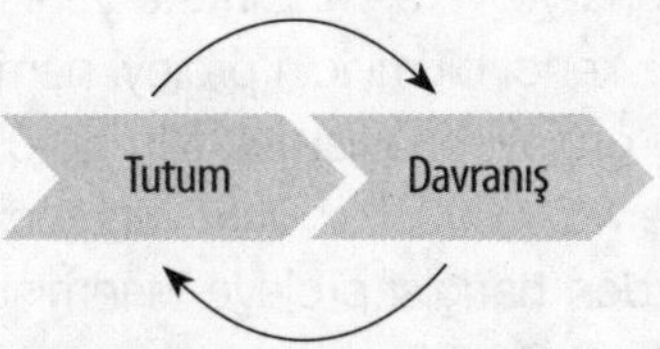

Bilişsel çelişki prensibini hayatımızın her kesiminden görmek mümkün. Çok para verdiğimiz yemekleri (davranış) daha çok severiz (tutum). Okulu sevmeyen (tutum) ama okula giden çocuk (davranış), bilişsel çelişki yaşar. Bunu çözmek için ya okulu bırakır ya da gitmek zorunda olduğum için gidiyorum, der. Kısacası, insanların endişe yaşamaması için, tutumları ile davranışları tutarlı olmak zorundadır.

Ödüle geri dönersek, acaba ödül bilişsel çelişki yaratır mı? Kesinlikle. Bir çocuk bir işi ödülle yapıyorsa, bilişsel çelişki yaşar ve o işten soğur. Nasıl mı? Çocuğa, "Oyun oynarsan ödül vereceğim" demeyiz. Çocuk için oyun zaten çekicidir. Çocuk onu severek yapar. Aynı şekilde, "Çizgi film izlersen, ödül vereceğim" demeyiz. Çizgi film zaten çekicidir. Çocuk onu severek yapar. Çocuk bilir ki çekici işler için aile ödül vermez. Kocası kadına, "Benimle tatile gelirsen ödül vereceğim" demez. Çekici işleri insanlar kendi iradeleriyle ve isteyerek (iç motivasyonla) zaten yapar. Ama anne, ödül veriyorsa, çocuk bilinçaltında şöyle düşünür: "Ben bu işi neden yapıyorum? Çekici olduğu için olamaz. Çekici olduğu için olsaydı, ben zaten yapardım, annemin de ödül vermesine gerek olmazdı. O zaman ben bu işi ödül için yapıyorum. Öyleyse, bu iş çok çekici değil." Çocuk çelişki yaşamamak için o işten soğur. Böylece de ödül, iç motivasyonu öldürür.

Ödül insanları kontrol eden bir manipülasyon aracıdır. Kişi bir işi kendi iradesiyle ve isteyerek (iç motivasyonla) değil de dışarıdan bir kontrol mekanizmasıyla yapıyorsa, o işten soğur. Kontrol etmek ne demek? Dışarıdan bir gücün kişinin ne yapacağına karar vermesi demek. Aile, ödül vererek çocuğun ne yapması gerektiğine karar veriyor. Aile, "Ödevini yaparsan dışarıya çıkabilirsin" dediği an, çocuğun gün içinde ne yapacağını kontrol ediyor demektir. "Kefir içersen, sinema bileti alırsın" diyen kişi, çocuğu kefir içmeye zorlamış oluyor.

Size şöyle bir senaryo versem: Şirkete yeni bir proje sunuluyor. Pazarlama müdürü kendi birimi için projeyi hemen onaylıyor; insan kaynakları müdürü projeyi onaylamak için 50.000 TL bütçe istiyor ve satış müdürü de "200.000 TL bütçe verirseniz onaylarım", diyor.

Sizce bu müdürlerden hangisi projeye inanmıştır? Pazarlama müdürü dersiniz. Neden? Çünkü pazarlama müdürü kabul etmek için bütçe istemiyor. Ama insan kaynakları ve satış müdürü projeyi inandıkları için değil, ek bütçe için kabul etmiştir, diye düşünürsünüz. İnansalardı, zaten yaparlardı, ek bütçe istemezlerdi. Size başka bir senaryo vereyim.

Senaryo 1: Müdürünüz sizi çağırıyor ve bir teklifte bulunuyor: "Çok önemli bir projemiz var. Şirketteki çoğu kişi bu projede çalışmak istiyor ama ben seni uygun gördüm. Projede çalışmak için ayda bir gün cumartesini ayırman gerekecek. Çalışmak ister misin?"

Senaryo 2: Müdürünüz sizi çağırıyor ve bir teklifte bulunuyor: "Çok önemli bir projemiz var. "Projede çalışmayı kabul eden kişilere ekstra bonus vereceğim. Bu proje için ben seni uygun gördüm. Ama projede çalışmak için ayda bir gün cumartesini ayırman gerekecek. Çalışmak ister misin?" Müdürünüzün hangi teklifle gelmiş olmasını tercih ederdiniz?

Çoğu kişiye bu soruyu sorduğumda birinciyi seçiyor. Neden?

Çünkü ikinci teklifte ekstra bonus verilmesi projenin olumsuz ya da işin özünde kötü olduğu mesajını veriyor. Okullarda ve işyerlerinde bu hatalar çokça yapılıyor. Öğrencilere ödül olarak teneffüs veriliyor. Bu da ders sıkıcı mesajı veriyor. Çalışana ödül olarak tatil veya izin veriliyor. İş sıkıcıdır mesajı veriliyor. Kitabın en başında bahsettiğim bakan da tam bu nedenle projeye onay vermemiştir. Bakan şöyle düşünmüştür: "Bu proje için bana rüşvet teklif ettiler. Bu proje iyi olsaydı, bana rüşvet teklif etmezlerdi. Öyleyse, bu projede bir bityeniği var." Rüşvet, bakanda bilişsel çelişki yaratıyor. İşin değerini düşürüyor. Bakan, rüşveti reddedip projeyi yapabilirdi ama rüşvetten dolayı projede kendisinin göremediği bir sakınca olduğunu düşündü. Projeye olan inancı azaldı. Kendi iradesiyle evet diyecekken, kontrol mekanizmasından (ödül olarak rüşvet) dolayı reddetti.

Ödül de aynı şekilde bir rüşvet. Anne, çocuğuna diyor ki "Ödevini yaparsan, bilgisayarda oyun oynayabilirsin." Çocuk da aynı bakan gibi şöyle düşüyor: "Hmmm, bu işte bir bityeniği var. Ödev zaten benim sorumluluğum. Acaba annem bana neden rüşvet teklif ediyor? Acaba, ödev kötü bir şey mi? Yoksa benim becerime mi güvenmiyor?" Ödül, çocuğun kafasında birçok olumsuz düşünce oluşturur.

Kısacası, insanlara sevdikleri şeyleri ya da sorumluluklarını yapmaları için dışarıdan ödül vermeye gerek yoktur. Ödül verilirse, kişi bilişsel çelişki yaşar, o iş kendi içinde değerli değildir algısı oluşur. Bundan dolayı da o işten soğur ve ilgisi azalır. Peki ne yaparsak kişiye bir işi sevdirebiliriz? Bunu Kısım II'de irdeleyeceğiz.

Ödül, sorumluluk bilincini geliştirir mi?

Bir anne, çocuğunun ödev yapma isteğini (motivasyonunu) artırmak için, çocuğuyla bir anlaşma yapıyor. Çocuğun ödev yapma süresi, her gün not ediliyor. Örneğin çocuk ödevini o gün 20 dakikada bitiriyorsa, bu süre ödül çizelgesine yazılıyor. Cuma günü bu süre toplanıyor ve çocuk o hafta sonu o süre kadar bilgisayarla oynama hakkı kazanıyor. Sizce bu uygulama çocuğun ödev sorumluluğunu nasıl etkiler?

Bu anne, bir süre sonra çocuğun severek değil, ödül için ödev yaptığını fark etmiş. Dahası çocuk hafta sonu daha fazla zaman kazanmak için ödev süresini uzattıkça uzatıyormuş. Anne bunu fark edince çocuğunu çağırmış, "Artık o uygulamayı kaldırıyoruz, sana ödev için ödül vermeyeceğim" demiş. Çocuk "Neden ki?" diye sormuş. Anne, "Senin öğrenci olarak zaten sorumluluğun olan bir şey için, ben sana ödül vermek zorunda değilim" deyince, çocuk, "Off, abuk sabuk seminerlere gidip saçma sapan fikirlerle geliyorsun" diyerek protesto etmiş. Ama sonunda ödülsüz ödev yapmaya da başlamış.

Kısacası ödül, bir kontrol aracıdır. Kontrol aracı olduğu için bilişsel çelişki yaratır ve çelişki de bir işi yapma isteğini (iç motivasyonu) öldürür. Tabii burada hemen aklımıza başka bir soru geliyor. Ödül, kontrol ettiği için iç motivasyonu düşürüyorsa, zorlama, ceza, denetleme veya yarışma gibi tüm kontrol mekanizmalarının da iç motivasyonu düşürmesi gerekmez mi? Acaba diğer kontrol mekanizmaları da aynı sonucu doğurur mu? Çocuk kontrol edildiğinde, iç motivasyonu düşer mi?

Özet

- Bir çocuk bir işi isteyerek (iç motivasyonla) yapıyorsa ve ona ödül verilirse, çocuk o işten soğur.
- Çünkü ödül çocuğun davranışını kontrol eden bir mekanizmadır. Ödülle iş yapan çocuk, kontrol edilmiş hisseder.
- Ödül kontrol mekanizması olduğu için, çocuk bir işi ödül için yaptığında, bilişsel çelişki yaşar. "Ben bu işi ödülle yapıyorsam, bu işi sevmiyor olmalıyım" diye çıkarım yapar ve o işe olan ilgisi azalır. Çocuk bilir ki keyifli işler (oyun, çizgi film, sinema) için zaten ödül verilmez.
- Çocuğun ödülle yaptırılan işten soğuduğunu, hem söylediklerinde, hem davranışlarında hem de beyin hareketlerinde görebiliriz.
- İnsanlara bir iş bir davranış için ödül verilince ve sonra o ödül kaldırılınca, kişinin o işten çok daha az keyif aldığını beyninde görebiliriz. Beynin keyif bölgesi ödül kalkınca, aktive olmaz. Yani, kişi başta ödül sebebiyle keyif aldığı o işten artık keyif almaz hale gelir.
- Ödül verildiği ve sonra kaldırıldığı zaman, yine beyin etkinlikleri gösteriyor ki kişi o işe başlamaya istekli olmaz.
- Ödül çocuğun sorumluluk bilincini öldürür ve muhakeme becerisini köreltir.

Ödül bir kontrol mekanizması mıdır?

Yıllar önce bir basketbol oyuncusu (adı Bülent olsun), bir Amerikan Üniversitesi'nden spor bursu kazanıyor. Amerika'da okumaya başlıyor. Hem okulun basketbol takımında oynuyor hem de eğitimini alıyor. Bülent'in ev arkadaşı da Amerikalı bir basketbolcu (Adı John olsun). Bir hafta sonu evde otururken, John eşofmanlarını giyiyor ve dışarıya çıkıyor. Bülent, "Nereye gidiyorsun?" diye soruyor. John, "Antrenmana gidiyorum" diyor. Bülent şaşırıyor ve "Ama bugün antrenman yok ki. Hoca izin verdi" diyor. John, "Hocayla ne ilgisi var! Geliştirmem gereken birkaç şey var. Ben antrenman yapacağım" diyor. Bülent evde kalıyor, John antrenmana gidiyor. İkisinin antrenmana bakış tarzı çok farklı. Neden Bülent sadece koç antrenman koyduğu zaman çalışıyor da, John ihtiyaç duyduğu zaman çalışıyor? Bu anlayış farkı nasıl oluşmuş?

Ödülün, çocuğu kontrol eden bir mekanizma olduğundan ve bu yüzden de iç motivasyonu öldürdüğünden bahsetmiştik. O zaman çocuğu kontrol eden tüm mekanizmalar iç motivasyonu öldürüyor olmalı, diye bir çıkarımda bulunabilir miyiz? Örneğin "değerlendirmeyi" veya notlandırma sistemini ele alalım. Sonuçta değerlendirme de bir kontrol mekanizması. Neden? Çünkü değerlendirme yaptığınız an, bir ürünün dışarıdan belirlenen bir ölçüte ne kadar uyup uymadığına karar veriyorsunuz. Yani, kişinin davranışlarını dış ölçüte göre kontrol ediyorsunuz. Kişinin bir işi iyi yapıp yapmadığına kendisi değil, başkaları karar veriyor. Öyleyse, değerlendirme de ödül gibi iç motivasyonu öldürür mü?

Cornell Üniversitesi'nden araştırmacı Smith, öğrencilere farklı sanat eserleri gösteriyor. Sonra da onlardan bu eserlerle ilgili bir makale yazmalarını istiyor. Ama bir gruba, "Makaleniz uzmanlar tarafından değerlendirilecek" derken, diğer gruba, "Özgürce yazın. Sonra tartışacağız" diyor. Yani bir grup üzerinde kontrol kurarken, diğer grubu özgür bırakıyor. İki grup da makalesini yazıyor. İlk grubun hepsine olumlu değerlendirme yazıyor. Dikkatinizi çekerim, olumsuz değil, hepsine olumlu değerlendirme yazıyor. Sonra bir ara oluyor. "Arada isterseniz yazmaya devam edebilirsiniz" diyor. Smith merak ediyor. Acaba bu arada çocuklar makalelerini geliştirmek için, ekleme yapacaklar mı? Yani, yazmaya devam edecekler mi?

Beklediği gibi, değerlendirilen grup yazmayı bırakıyor ve yazdığı makaleye tekrar bakmıyor. Bu grubun ilgisi kayboluyor. Çünkü kontrol mekanizması ortadan kalkınca, davranış da bitiyor. Ama diğer grubu makaleyi başkası için değil, kendisi için yazdığından, boş zamanda da yazmaya ve makalesini iyileştirmeye devam ediyor. Kısacası, bu araştırma gösteriyor ki değerlendirme de bir kontrol mekanizması olduğu için, ödül gibi, iç motivasyonu öldürüyor.

Zaten bunun böyle olduğunu okullarda sıkça gözlemlemiyor muyuz? Not ve sınav sistemi de bir değerlendirme ve dolayısıyla bir kontrol mekanizması. Sınav, çocuğun neye çalışacağını kontrol eder. Çocuk kendi ilgisine (iç motivasyonuna) göre değil, sınavın içeriğine göre çalışır. Zaten sınavdan sonra da, asla eski konulara geri dönmez. Neden? Çünkü gerek yoktur. Oradan bir daha soru çıkmaz. Ama çocuk sınav (kontrol) için değil de, merak ya da ilgileri (iç motivasyon) için öğrenseydi, konuların sınavda çıkıp çıkmamasının bir önemi olmazdı. Eğer çocukların kendi değerlendirmelerine fırsat tanınabilseydi, öğrenciler öğrendikçe eski konularla bağlantıları kurmak için geçmiş konulara tekrar dönerlerdi. Maalesef eğitim sistemimizdeki not ve sınav, iç motivasyonu tamamen öldürmektedir.

Zaten okulların sorunu da bu değil mi? Çocuklar bundan dolayı okullardan sıkılmıyor mu? Gerçek hayatta sınav ya da not yoktur. Dünyaca ünlü tenisçi Nadal'a hocası not vermemiştir. Mozart'ın hocası Mozart'a not vermemiştir. Michelangelo'nun hocası da ona not vermemiştir. Kısım II'de göreceğimiz gibi sadece "geribildirim" vermiştir. Geribildirim de bir kontrol mekanizması olmadığı için iç motivasyonu artırır. Aynı mantıkla bir öğretmen, sınavı ve notu kontrol veya değerlendirme olarak değil de bir geribildirim sistemi olarak kullanabilirse, o zaman çocukların iç motivasyonunu artırabilir.

7 yıl önce başlattığım Öğretmen Liderliği Projesi'nden bir öğretmen, dersleri sırasında fark ediyor ki öğrencileri ders kitaplarındaki şiirlerden keyif almıyor. Ama kendisi sınıfa bir şiir getirdiğinde şiirleri keyifle değerlendiriyorlar. Öğretmen de bir süre sonra ders kitabını bırakıyor. Ders kitabındaki şiirin aynısını dışardan getirmeye başlıyor. Çocuklar da bundan inanılmaz keyif alıyor. Neden? Çünkü çocuklar ders kitaplarını birer zorunluluk olarak görüyor. Ama dışardan getirilen şiiri o şekilde görmüyor. İşte bu nedenle dışarıdan gelen kaynaklardan daha çok keyif alıyor. Görüldüğü üzere, değerlendirme de bir kontrol mekanizması olduğu için aynı ödül gibi, iç motivasyonu öldürüyor. Okullarda ve işyerlerinde çok fazla denetim olur. Denetim de bir kontrol mekanizmasıdır. Acaba denetim de iç motivasyonu öldürür mü?

Denetim iç motivasyonu öldürür mü?

Bir çocuk etkinlik yaparken, onun başında durup, yaptıklarını denetlersek, yani çocuk kendisini kontrol edilmiş hissederse, acaba onun motivasyonunu düşürür müyüz? Aynı şekilde şirketlerde sürekli denetlenen veya gözetlenen insanlar, iç motivasyonunu kaybeder mi?

Stanford Üniversitesi'nden Prof. Lepper ve Duke Üniversitesi'nden Prof. Green, denetimin, iç motivasyon üzerindeki etkisini keşfetmek için anaokulu öğrencileriyle bir deney yapıyor. Seksen anaokulu çocuğunu teker teker bir odaya alıyor ve onlara resim çizdiriyor. Ama bir gruba, "Siz resim çizerken sizi kameradan izleyeceğiz", diğer gruba, "Rahat rahat, istediğiniz gibi resim çizin" diyor. İlk gruba, "Sizi denetliyoruz", diğer gruba, "Özgürsünüz" mesajı veriyor. Çocuklar resimleri çizip, bitiriyor. Bu etkinlik bittikten sonra, deneyin ikinci kısmı başlıyor.

Çocukları başka bir odaya alıyorlar. Onlara resim çizmeleri için materyaller veriyorlar ama bu sefer masaya farklı etkinlikler de koyarak, çocuklara diyorlar ki "Önünüzde farklı etkinlikler var. İstediğinizi seçin." Merak ettikleri soru da şu: Hangi grup resim çizmeye devam edecek, hangi grup çizmeyi bırakıp diğer etkinliklerle meşgul olacak? Kamerayla gözetlenen çocuklar, resim çizmekle değil, diğer etkinliklerle ilgileniyor. Yani resme olan ilgileri hemen azalıyor. Neden? Ödülde olduğu gibi, gözetim altında resim çizen çocuk, denetleme mekanizması ortadan kalkınca çizmeyi bırakıyor. Ama diğer grubun ilgisi azalmıyor. Çünkü onlar deneyin ilk kısmında gözetilmeksizin özgürce resim çizdi. Baskı ve kontrol altında hissetmedi. Ödülde olduğu gibi, gözetim olmadan yapılan etkinliklerde de kişi kendi kendine diyor ki "Dışarıdan bir kontrol olmadan, yaptığım etkinlikleri ben sevdiğim için yapıyorum. Kontrol olursa, sevdiğim için değil, yapmak zorunda olduğum için yapıyorum." Denetim de ödül gibi bir kontrol mekanizmasıdır. Çocuğunuzu ne zaman kontrol ederseniz, çocuk o zaman o işten soğur. Zaten çoğu çocuk ailesini uyarır: "Başımda durmayın. Siz durunca çalışamıyorum."

İşyerlerinin çoğunda gözetlenmenin olumsuz etkisini görürüz. Müdür ofisteyse, herkes çalışır ama gidince, çoğu kişi çalışmayı bırakır. Neden? Çünkü kontrol altında çalışan kişi, kontrol gidince çalışmayı bırakır. Halbuki müdür kontrol eden bir otoriter değil de ileride göreceğimiz gibi özerklik veren bir lider olsa, ofis çalışanları kendisini kontrol edilmiş hissetmez. Bu durumda müdür ofiste olsa da, olmasa da herkes çalışır. Çocuklara verilen ödül, işçileri kontrol eden müdür gibidir. Türk kültürünün de en büyük sorunu bu değil midir?

İşte bu kontrol anlayışından dolayı, Bülent ile John antrenmana farklı anlamlar yüklemektedir. Bülent Türkiye'de sadece koçu antrenman koyduğu zaman (kontrol) spor yapmaya alışkın. Onun antrenman saatini koç kontrol ettiğinden kendisi belirlemeyi öğrenmemiş. Özerklik geliştirememiş. Kafasında tek başına antrenman başlatma fikri yok. Ama John öyle değil. John hocanın kontrol ettiği saate uymakla beraber, kendisi de zamanını kontrol etmeyi öğrenmiş. Buna alışkın. Hiç kimse onu zorlamasa da John kendi inisiyatif alabiliyor.

Yalnız burada bir noktayı da netleştirmek gerekiyor. Bülent sorumluluk sahibi. Bütün antrenmanlara katılıp istenilen her şeyi en iyi şekilde yapıyor ve başarılı da oluyor. Ama inisiyatif almak, yani kendi hayatını kontrol etmek ile kontrol edilmek çok farklıdır. Bülent başarılı olsa da, dışarıdan kontrol ile spor yapan bir insan, kontrol kalkınca spor yapmayı bırakır. Ama kontrol olmadan spor yapmaya alışan bir insan, kontrol olsa da olmasa da iç motivasyonla ve keyifle spor yapar. Değerli ve anlamlı olan da budur. Türkiye'de çoğu sporcu kontrol altında spor yaptığı için profesyonel hayatı bitince, sporu bırakır.

Hedefler iç motivasyonu öldürür mü?

Bilinenin aksine, teslim/bitiş tarihi ya da hedef vermek de bir kontrol mekanizmasıdır ve iç motivasyonu öldürür. Bir teslim/bitiş zamanı veya hedef verilen kişiler o işi daha çabuk bitirir. Başarı da gelir. Ama hedefin olumsuz tarafı da bilinmelidir. Hedef odaklı çalışan bir insan, hedefe ulaşılınca ya da ürün teslim edilince, o işe olan ilgisini kaybeder. Sonuçta hedef ya da teslim tarihi vermek de kişinin davranışını kontrol etmektir. Sınav için çalışan çocuk, sınava girdikten sonra çalışmayı bırakır. Ama çocuğun amacı öğrenmekse, sınavdan sonra da çalışmaya devam eder. Çünkü bu durumda kişi kendisini kontrol edilmiş hissetmez. Aynı şekilde rekabet ve yarışma da bir kontrol mekanizmasıdır. İleride göreceğimiz gibi o da motivasyonu düşürür.

Sonuç olarak ödül, değerlendirme, denetim, gözetleme, bitiş tarihi, hedef verme, yarışma ve rekabet iç motivasyonu öldürür. Bunların ortak özelliği ne? Bunların hepsi kontrol mekanizmalarıdır. Kısacası, tüm kontrol mekanizmaları çocuğa işi yaptırtır ama onun iç motivasyonunu da öldürür. Ama ödülün ilgiyi öldürmesinin tek sebebi kişiyi kontrol etmesi değil. Bir sebep daha var.

Ödül araç mı amaç mı?

"Size iki farklı eğitim paketi, örneğin A ve B paketi sunsam ve A paketini vereceğim ama ilk önce B paketini almanız gerekiyor" desem, sizin için hangi paket daha değerli olur? A mı, B mi?

Bunun yanıtı Lepper'in araştırmasında gizli. Lepper, çocukları iki gruba ayırıyor. Her iki gruba da hem pastel boya hem keçeli kalem veriyor. İlk gruba diyor ki, pastel boyayla (amaç) çizim yapabilmeniz için, ilk önce keçeli kalemle (araç) yapmanız gerekiyor. Diğer gruba da tam tersini söylüyor: Keçeli kalemle (amaç) çizim yapabilmeniz için ilk önce pastel boyayla (araç) yapmanız gerekiyor. Yani aynı nesne birinci grupta amaç, ikinci grupta araç oluyor. Çocuklar çizimlerini yapıyor ve söz verildiği gibi diğer kalemler de veriliyor.

Deneyin ilk kısmı bittiğinde çocuklara serbest bir zaman veriliyor. Serbest zaman için tümünün önüne, hem pastel boyalar hem de keçeli kalemler konuluyor. Bu sefer istedikleri kalemlerle boyama yapabilecekleri söyleniyor. Acaba hangi grup hangi kalemleri seçer? Tahmin edildiği gibi ilk grup daha çok pastel boyayla (amaç olarak sunulan), ikinci grup ise keçeli kalemle (amaç olarak sunulan) resim yapmayı tercih ediyor. Yani, hangi kalem amaç olarak sunulduysa, çocuk onunla oynuyor.

Yine başka bir araştırmada çocuklara, biri diğerinin koşulu olarak sunulan iki farklı yiyecek sunuluyor. Örneğin, elmayı yersen, armudu yiyebilirsin gibi. Başka bir gün çocuklara her iki yiyeceği de veriyorlar. Çocuklar hangi yiyecek amaç olarak sunulduysa, onu yemeyi tercih ediyor. Kısacası ödül, asıl etkinliği araç haline dönüştürdüğü ve araç da amaçtan daha az önemli olduğu için, iç motivasyonu azaltıyor.

Baştaki soruya dönersek siz de sunulan A paketini seçersiniz çünkü A paketi amaç, B paketi araç olmuştur. Amaç da araçtan daha değerlidir. Benzer hatalar evlerde her gün yapılmaktadır. Çocuğa, "Ödevini yaparsan, bilgisayarla oynayabilirsin" dediğiniz an, ödev araç, bilgisayar amaç olur. Amaç da her zaman araçtan değerlidir. Çocuk ödevi araç olarak gördüğü için ona olan ilgisi azalır; aslında araç olarak bile görmez. Daha da kötüsü çocuğun ödevi engel olarak görmesine neden oluruz. Çünkü ödev, çocuğun bilgisayara ulaşmasını engeller. Çocuğunuza ödülle iş yaptırmak istediğinizde, çocuk o işi engel olarak görecek ve yapmasını istediğiniz işten soğuyacaktır. Yemeğini yersen, tatlı yiyebilirsin, dediğiniz an, çocuğu yemekten soğutursunuz.

Kitabın başında bahsettiğim Fatma öğretmen, aslında tam olarak bu hatayı yapıyor ve çocuklara, yaz tatili başlamadan önce, "Yazın kitap okuyanlara sözlü notu olarak 100 vereceğim" diyor. Öğretmen kendi eliyle, amaç olması gereken okumayı araca, araç olması gereken notu da amaca dönüştürüyor. Amaç 100 almak olduğu için, çocuklar en ince kitapları seçerek, en kısa zamanda hedefe ulaşmak istiyor. İnsanoğlu her zaman amacına en kolay yoldan ve en az enerjiyi harcayarak ulaşmak ister. Fatma öğretmen sadece amacı araca dönüştürmekle kalmıyor, aynı zamanda ödül ile çocuklarda bilişsel çelişki yarattığı için kitap okumayı seven çocukların bile kitap okumaktan soğumasına sebep oluyor. Dahası Fatma öğretmen ödülle çocukların kitapları anlamak için değil, bitirmek için okumasına sebep oluyor. Öğrenme zayıflıyor. İleride ödül ile öğrenme ilişkisini daha detaylı irdeleyeceğiz.

Kısacası ödül, denetleme, hedef verme gibi mekanizmalar kişiye o işi yaptırır ama yapan kişiyi kontrol ettiği için, o işi yapma şevkini (iç motivasyonunu) öldürür. Dahası amaç olması gereken şeyi, araca dönüştürür. O İşi değersizleştirir. Onun için ödülle iş yaptırılmamalıdır. Acaba çocuğun iç motivasyonu ölürse ne olur? Bu çocuğa nasıl zarar verir? Çocuğun başarısını ve mutluluğunu etkiler mi?

Özet

- Ödül, insanları kontrol ederek, iç motivasyonu zayıflatır.
- İnsanlar kendi seçtikleri işleri, iç motivasyonla, kendilerine empoze edilen işleri dış motivasyonla yapar.
- Aynı şekilde denetleme, değerlendirme, hedef verme, yarıştırma, cezalandırma gibi tüm kontrol mekanizmaları iç motivasyonu olumsuz etkiler.
- Kontrol mekanizmasıyla iş yapan insanlar, kontrol mekanizması ortadan kalkınca o işi yapmayı bırakır.
- Türkiye'de denetleme ve kontrol mekanizmaları daha çok kullanılmaktadır. Bu sebeple okullarda çocuklar, işyerlerinde çalışanlar veya sporcular denetleme ortadan kalkınca çalışmayı bırakır.
- Hedef verme, başarıyı artırır. Çalışanlara ve çocuklara hedef vermek gerekir ama olumsuz tarafı da bilinmelidir. Kişi hedefe ulaştıktan sonra çalışmayı bırakır. Ama hedefi gelişmek olan insan, çalışmayı bırakmaz.
- Not ve sınav sistemi de bir çeşit değerlendirme aracıdır ve iç motivasyonu öldürür.
- Geribildirim, kontrol mekanizması olmadığı, gelişime odakladığı için motivasyonu artırır. Gerçek uzmanlar veya dâhiler not değil, geribildirim almışlardır.
- Ödül, amacı araca dönüştürür. Ödülle ödev yapan çocuk, ödevi araç, ödülü amaç olarak görür. Hatta çocuk ödevi ödüle engel olarak görerek ödevden soğur.

Ödül, başarıyı ve mutluluğu nasıl etkiler?

Size Türkiye'de bir kurum tarif etsem, bu kurumun hangisi olduğunu söyleyebilir misiniz? İnsanların dört duvar içerisinde tutulduğu, geniş bir avlusu olan, belirli saatlerde insanların avluya çıkmasına izin verilen, kapısında güvenlik görevlileri olan, imza atarak içeriye girdiğiniz, müdür tarafından yönetilen, koridorlarında nöbet tutulan, her gün yoklama yapılan, katı kuralları olan, kural ihlallerinin disiplin suçuyla cezalandırıldığı, müfettişler tarafından denetlenen, insanların sınıflandırıldığı, sorgulama hakkınızın kısıtlı olduğu, kamerayla gözetlenen, arada sırada firarların olduğu ve çıkarken çok mutlu olunan kurum hangisidir?

Görüldüğü üzere, okullar ve hapishaneler çok benziyor. Bu koşullarda çocuklar da isteklerini (iç motivasyon) kaybediyor; biz de onları motive etmek için dış motivasyon kaynakları kullanıyoruz. Peki, iç motivasyon dış motivasyondan nasıl ayrışır? Ödül, motivasyonu nasıl etkiler? Dış motivasyon ile mutluluk ve başarı arasında nasıl bir ilişki vardır?

Motivasyon kaynakları

Süleyman Demirel Üniversitesi'nden Dr. Ömer Antalyalı'yla beraber bir araştırma yaptık. Çocuklara neden ödev yaptıklarını sorduk. Yanıtlarını dört gruba ayırdık.

- Öğretmen kızar diye yapıyorum. / Ceza alırım diye yapıyorum.
- Ödev yapmazsam, suçlu/kötü hissediyorum. / Kendimi ispatlamak için yapıyorum.

- Ödev benim sorumluluğum. / İyi öğrenci olmak için yapıyorum. / Benim amacıma hizmet ediyor.
- Öğrenmek için yapıyorum. / İlgimi çekiyor. / Seviyorum.

Çocuğun bu dört motivasyon türünden hangisine sahip olduğu, başarı ve mutluluk için çok önemli. Diyelim ki bir öğretmen çocukların ödevlerini kontrol ediyor ve görüyor ki sınıftaki tüm öğrenciler ödevini yapmış. Bu bir öğretmen için yeterli mi? Öğretmen çocuğun sadece ödevi yapmasıyla ilgileniyorsa, yeterli ama çocuğun motivasyonuyla ilgileniyorsa, yeterli değil. Her çocuk ödevini yapmış olabilir ama önemli olan bu değil, ödevini hangi motivasyon kaynağıyla yaptığıdır. Çünkü yukarıdaki dört farklı motivasyon kaynağı, çok farklı sonuçlar doğuracak ve çocuğun başarısını ve mutluluğunu etkileyecektir. Bunu açıklamadan önce, motivasyon türlerini bilmek gerekir.

Motivasyon türleri

Motive olmak, "harekete geçmek" demektir. Edward Deci ve Richard Ryan'a göre insanlar dört farklı sebepten harekete geçer ve bu unsurları anlamak da çok önemlidir.

Dış motivasyon: Öğretmen kızar/Ceza alırım diye ödev yapıyorum. Bir çocuk dış motivasyonla iş yaparsa, o işi yapma sebebi işin kendisi değil, dışardan uygulanan bir motivasyondur. Yani, çocuğun ödevini yapması kendisine değil, dış etkenlere bağlıdır. Dış motivasyonun temelinde baskı, zorlama, uyarı, ceza, ödül, değerlendirme ve övgü gibi kontrol araçları vardır. "Öğretmen kızar/Ceza alırım diye yapıyorum" diyen çocuklar dış motivasyonla ödev yapıyordur. Doğal olarak, dış motivasyonla iş yapan çocuk, dış motivasyon kalkınca iş yapmayı bırakır. Ödül tam bir dış motivasyon kaynağıdır. Onun için öğretmen çocuğun ödev yapmasını istemelidir ama bunu dış motivasyonla sağlamamalıdır. Çünkü ödül ortadan kalktığında çocuk da ödev yapmayı bırakıyorsa, gerçek öğrenmeden bahsedemeyiz. Önemli olan, dış baskı olsa da olmasa da, çocuğun kendi isteğiyle ve sadece öğrenmek için ödevini yapıyor olmasıdır.

İçe yansıyan dış motivasyon: Ödev yapmazsam suçlu/kötü hissediyorum. / Kendimi ispatlamak için yapıyorum.

İkinci grup da dış motivasyon kaynağıyla ödevini yapıyor ama bu, içe yansıtılmış bir dış motivasyon kaynağı. Yani çocuk ödevi yapmayı seçiyor ama seçimin kaynağı aslında kendisi değil. Sadece işi yapmazsa, dışarıdaki baskıdan dolayı kötü ya da suçlu hissedecek. Kişi, dış motivasyonu kendine zorla kabul ettiriyor. Maalesef bunu kültürümüzde çok fazla gözlemliyoruz. Özellikle ayıp kavramı üzerinden. Kültürümüzde birçok kişi yapmak istemediği bir şeyi ayıp olmasın diye yapıyor. Ayıplanırsa kötü veya suçlu hissedeceğinden, ayıp kavramını kendisine uyguluyor. Kendini suçlu hissediyor ama kendi değerini ihlal ettiği için değil, başkaları yüzünden yargılanmaktan korktuğu için. Örneğin yere çöp atınca, etrafta kimse yoksa suçlu hissetmiyor. Rezil olmamak ya da kendini ispatlamak için yapılan işler de bu kategoriye girer. Çocuk ödevini yapmak istemez ama kendisini ispatlamak için yapar. Bu tür kişiler etrafta kimse olmazsa, o davranışı yerine getirmez.

İçselleştirilmiş motivasyon: Ödev benim sorumluluğum. / İyi öğrenci olmak için yapıyorum. / Benim amacıma hizmet ediyor.

Üçüncü grup iç motivasyona daha yakın ama tam iç motivasyon değil. Burada çocuk öğrenmek için değil, ödev onun sorumluluğu olduğu için yapıyor. Bu motivasyon kaynağı önemlidir ancak yeterli değildir. Çünkü çocuğa bir sorumluluk verilmezse ya da çocuk bir işi kendi sorumluluğu olarak görmezse, o işi yapmayabilir. Sporcu bir arkadaşım anlattı. Hiç antrenman kaçırmazmış ve çok çalışırmış ama antrenman olmadığı günlerde de tek başına spor yapmazmış. Çünkü o zamanlar antrenman kendi sorumluluğunda değil. Daha önce bahsettiğim basketbolcu Bülent tam olarak bu motivasyon kaynağıyla spor yapıyor. Bazen de çocuk ödevi, kendi amacına hizmet ettiği için yapar. Örneğin, ödev yaparsa yüksek not alacaktır ve bu da ileride onun üniversiteye girmesini kolaylaştıracaktır. Bu da bazen işe yaramaz çünkü çocuk hedef koymazsa ya da ona hedef verilmezse, çalışmaz. Aslında hedef ve sorumluluk iyi bir şey olsa da daha önce de belirttiğim gibi bir açıdan da kötüdür. Çünkü hedefi olmadığında insanlar çalışmayı bırakır.

İç motivasyon: Öğrenmek için yapıyorum. / İlgimi çekiyor. / Seviyorum.

Dördüncü grubun motivasyonu iç motivasyon. İç motivasyonun temelinde merak, ilgi, sevme, değer ve keşfetme isteği yatar. Ödevini iç motivasyonla yapan çocuk, hiçbir zorlama, uyarı ya da yaptırım olmadan, o işten keyif aldığı için ödevini yapar. İç motivasyonlu bir öğrencinin ödev yapması sadece kendisine bağlıdır. Ödev çocuğun sorumluluğu olmasa da, bir amaca hizmet etmese de çocuk sadece öğrenmek ve merakı için ödevini yapar.

Bir öğrencim vardı. İlgi alanı dinozorlardı. Kimse ona ödev vermedi. Kimse araştır demedi. Kimse sorumluluk vermedi. Dinozorları anlamak herhangi bir amaca da hizmet etmiyordu. Herhangi bir ihtiyacını da karşılamıyordu. O sadece anlamak için dinozorları öğreniyordu. Onları okumak ve anlamaktan kendi alıkoyamıyordu. Bir hafta sonu okulun birine seminere gitmiştim. Birçok öğrenci hafta sonu olmasına rağmen okula gelmişti. Merak ettim, "Öğrencilerin bugün okulda ne işi var?" diye sordum Çocuklar hiçbir zorlama olmadan laboratuvarlara çalışmaya geliyormuş. İşte onlar, gerçek iç motivasyona sahip öğrenciler.

Dış motivasyonla yapılan işten keyif alınmaz. Daha doğrusu keyif alınır ama kişi, işin kendisinden değil de yaptırımdan ve baskıdan kurtulduğu için keyif alır. Amacımız ailede değerleri güçlü ve okulda da öğrenmeye ilgisi olan içi motivasyonlu öğrenci yetiştirmek olmalıdır. Bir anne dedi ki: "Çocuğun sevip sevmemesiyle çok ilgilenmiyorum. O işi yapsın da, gerisi önemli değil." Bu anne haklı mı? İç motivasyon mutluluk ve başarı için neden önemli? Bu soruyu yanıtlamak için, başka bir kavramı daha bilmek gerekiyor.

İç kontrol odaklılık

Size aşağıda ünlü araştırmacı Julian Rotter tarafından geliştirilen bazı ifadeler veriyorum. Bu ifadeler insanların hayata bakış açısını yansıtıyor. İnsanlar da bu bakış açıları bakımdan birbirinden farklılık gösteriyor. İfadeleri okuyun ve bunlara ne kadar katıldığınızı not edin.

A grubu

- Hayatımda olup bitenler benim davranışlarıma bağlıdır.
- İstediğimi elde etmek tamamen benim çabalarıma bağlıdır.
- Yeteri kadar çalışırsam, hedefime ulaşmamam için bir sebep yoktur.

B grubu

- Benim hayatım da dahil, hayatta olup bitenleri genellikle güçlü insanlar kontrol eder.
- İstediğimi elde etmek benden daha güçlü insanları memnun etmeyi gerektirir.
- Liderlik becerim olsa bile, bir lider olup olmayacağım diğer güçlü insanlara bağlıdır.

Bu ifadeleri bir ankette çocuklara ve yetişkinlere sorduk ve keşfettik ki bazı insanlar ilk üç ifadeye (A grubu) tamamen katılıyor. Bazı insanlar son üç ifadeye (B grubu) tamamen katılıyor. Peki, bu insanlar arasında nasıl bir fark var? İlk gruptaki insanlara "iç kontrol odaklı", ikinci gruptakilere "dış kontrol odaklı" insanlar diyoruz. Bu iki grup birçok açıdan birbirinden ayrışıyor.

"İç kontrol odaklı" insanlar, davranışlarının kaynağını kendisi olarak görüyor. Hayattaki olup bitenlerin kendi seçimlerinin sonucu olduğunu söylüyor. Bu ne demek? Bu insanlar isterse ve çabalarsa, her şeyi başarabileceğine inanıyor. Böyle düşünmeleri de doğal, çünkü başarıyı kontrol edebileceklerini düşüyorlar. Bu insanlar sadece başarılı olmuyor. Aynı zamanda diğer gruba göre daha da mutlular. Çünkü mutlu olmayı da kendi kontrolleri altında görüyorlar.

Ancak "dış kontrol odaklı" insanlar, olup bitenleri kendilerine bağlamıyor. Başarıyı veya mutluluğu kendi dışındaki güçlerde görüyor. Adeta kendilerini piyon olarak hissediyor. Örneğin, onlara iş başvurusu yap, derseniz, birçoğu, "Torpil olmadan iş bulmak zor" diyebilir. Sonucu etkilemeyeceğini düşündükleri için, çok çabalamaz. Bu ifade doğru olsa bile, "iç kontrol odaklı" insanlar bu tür bahanelere takılmaz. Başarabileceğini düşünür ve dener. İki çiftçi düşünün. İkisi de pancar ekiyor. Bir tanesi tarlasını kurduğu sulama sistemiyle suluyor. Diğeri yağmura güveniyor. İlkinin başarısı kendine (iç faktör) bağlı, ikincisinin başarısı yağmura (dış faktöre) bağlı. İç ya da dış kontrollü olmak da işte buna benziyor.

Bu iki gruba baktığımızda temel farklar bulduk. Nedir bu farklar? Aşağıda, "dış kontrol odaklı" insanların özellikleri var.

- Bu insanların duygu kontrolü daha zayıf. Çünkü yaşadığı duygulardan da başkasını sorumlu tutuyor. Duygularını sahiplenmek ve yönetmektense diğer insanları suçluyor.
- Bu insanların özduygu farkındalığı da az. Adeta kendine yabancılaşmış. Bu da çok mantıklı çünkü onu dışardan birisinin kontrol etmesine alışkın.
- Bu kişilerin sosyal bağımlılığı ve onay ihtiyacı da fazla. Olumlu duyguları yaşamak için başkalarına ihtiyaç duyuyor.
- Özyeterlilik (ben yapabilirim) duyguları da zayıf. Çünkü başarıyı kendisine değil, dışarıya bağlıyor.
- Bu kişilerin depresyona girme ihtimali de yüksek. Çünkü öğrenilmiş çaresizlik yaşıyor. Hayatından memnun olmayanlar ve "dış kontrol odaklı" olanlar, hayatını değiştiremeyeceğini düşündüğü için çabalamaz.
- Sorun çözme becerisi de zayıf. Bu da normal çünkü problemleri kontrolü dışında gören kişi, "Problemin kaynağı başkalarıysa, çözümü de başkasındadır" diye düşünüyor. Liderlik kapasiteleri de zayıftır.
- Öğrenme eğilimi de düşük. Neden? Çünkü öğrenme eğilimi, beceriyi, başarıyı, başarısızlığı ve gidiş yolunu gelişim için analiz etmeyi gerektirir. Ama bu insanlar dış odaklı olduğu için kendisini değil, dışarıyı analiz ediyor.
- Planlama eğilimi de zayıf. Dış odakları planlayamayacağı için, plan yapmıyor.
- Bireysel girişkenlikleri de düşük. Çünkü olup bitenleri başkaları kontrol ediyorsa girişken olmaya çok da gerek duymaz.
- Bu kişiler otoriteye çok fazla itaat ediyor. Çünkü otorite onların hayatını kontrol eden önemli bir güç kaynağıdır.

Yukarıda saydığım tüm etkenler ile dış kontrol odaklılık arasında çok anlamlı istatiksel farklar bulduk. Görüldüğü üzere bir insanın "dış kontrol odaklı" olması, onun hayatını bu derece olumsuz etkiliyor. Kısacası, dış odaklı insanların mutlu ve başarılı olması daha zor. Ödül ile mutluluk ve başarı arasındaki ilişkiyi incelemeden önce, bilmemiz gereken bir kavram daha var.

Özdenetim

Stanford Üniversitesi'nden Prof. Walter Mischel çocukların özdenetim becerilerini ölçmek için bir araştırma yapıyor. Bir grup çocuğu tek tek bir odaya alıp, masalarının üstüne bir lokum koyuyor ve onlara şöyle diyor: "Ben şimdi dışarı çıkıyorum. Bu lokumu yemek istersen, yiyebilirsin. Ama ben dönünceye kadar yemezsen, sana iki lokum vereceğim." O gün bazı çocuklar, bekliyor ve ikinci lokumu alıyor, bazıları ise bekleyemiyor ve hemen yiyor.

Araştırmanın esas ilginç yanı ise 20 yıl sonra, araştırmacılar bu kişileri buluyor ve hayatlarını inceliyor. Görüyorlar ki o gün lokumu yemeyenler, hem akademik alanda hem de iş hayatında çok daha başarılı olmuş. Daha iyi okullara gitmişler ve daha çok para kazanmışlar. Hatta daha mutlular. Neden?

Çünkü o gün bekleyenlerin farkı özdenetim becerilerinin yüksek olması. Özdenetimli insanlar, gelecekteki daha iyi bir şey için, şu anda çekici görünen isteklerini ve dürtülerini erteleyebilirler. Geleceğe yönelik çalışıp, çeldiricilere ket vurabilirler. Bu da onlara başarı getirir. Peki, bunun mutlulukla ne ilgisi var? Özdenetimi düşük olanlar, başkalarıyla tartışırken, kendi düşüncelerini bekletemez, dürtüsel davranır. Aklındaki her şeyi hemen söyler. Karşıdakilere konuşma fırsatı tanımaz ve onları dinlemez. Bu da ilişkilerini bozar ve mutsuzluğu artırır. Gördüğümüz gibi özdenetim de aynı iç kontrol odaklılık gibi hem başarıyı hem de mutluluğu olumlu etkiliyor. Ödüle geri dönersek, acaba ödülün iç motivasyon, iç kontrol odaklılık ve özdenetimle nasıl bir ilişkisi var?

Ödül ile iç kontrol odaklılık arasındaki ilişki

Bir çocuk düşünün ki ailesi ona sürekli ödül vererek iş yaptırıyor. Çocuğa soruyorsunuz: Neden bu ödevi yaptın? Ödül için diyor.

Başka bir çocuk, öğretmen kızdığı için diyor. Başka bir çocuk, ceza almamak için diyor. Ödül, ceza, kızma hepsi dış kontrol mekanizmaları. Bunlara maruz kalan çocuk, dış kontrol odaklı olmaya başlar. Nasıl olmasın ki! Hiçbir şartta ödevi kendisi seçmedi. Ödevini sadece zorunluluktan yaptı. Bir davranış sergiledi ama davranışın kaynağı kendisi değil, ödülü veren kişi.

Başka bir çocuk düşünün ki yüksek bir iç motivasyona sahip. Örneğin, uzaya inanılmaz bir ilgisi var. İlgi öyle bir şeydir ki asla yarar, ihtiyaç, hedef düşünmez. Kişi herhangi bir dış kontrole maruz kalmadan o işe sadece sevdiği için ilgi gösterir. Bu çocuk sadece kendi ilgisinden dolayı uzayla ilgili ödevini yapıyorsa, o iç kontrol odaklıdır.

Görüldüğü üzere, ödül kişiyi dış odaklı, iç motivasyon ise iç odaklı yapar. Ödül hem iç motivasyonu öldürdüğü hem de kişiyi dış odaklı yaptığı için, kişinin başarılı ve mutlu olma ihtimalini azaltır. Aynı zamanda bu çocuklarda yukarıda saydığım olumsuz özellikler gelişmeye başlar. İç motivasyon arttıkça da iç kontrol odaklılık artar. İç motivasyonu olan çocuk başarılı olur çünkü başarının itici gücü dışarıda değil, kendisindedir. Peki, ödülün özdenetimle ilişkisi nasıl?

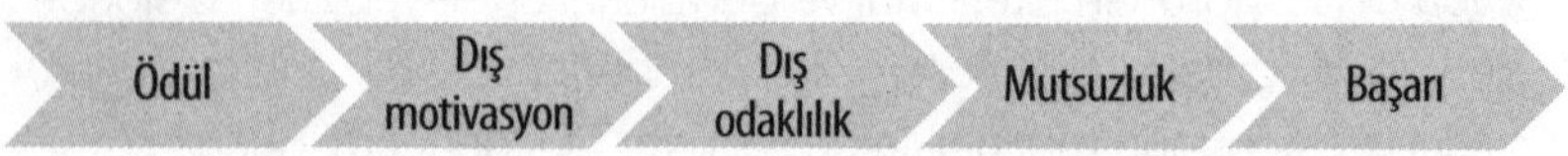

Ödül ile özdenetim arasındaki ilişki

Çocuklar küçük yaşlarda dürtülerini denetleyemez ve düzenleyemez. Örneğin, belli yaşa kadar dürtüsel davranır ve her istediği olsun ister. Çünkü çocuklukta düzenleme ve planlama gibi bilişsel özellikleri yöneten beynin ön lobu henüz gelişmemiştir. Çocuk bu durumda ne yapar? Bir arkadaşımın deyimiyle ailesinin regüle etme / denetleme / düzenleme mekanizmasını ödünç alır. Yani, küçük yaşlarda çocuğun davranışlarını ailesi onun için düzenler. Ancak bu süreçte ailenin çok önemli bir görevi vardır: düzenleme işini yavaş yavaş çocuğa devretmek. Neden? Çünkü aile hayatı boyunca çocuğuyla beraber olamaz ve onun davranışlarını onun için regüle edemez/düzenleyemez. Çocuğun, bunu kendi kendine yapmayı öğrenmesi gerekir.

Bu devretme sürecinde çocuğun özdenetim becerileri geliştirilmelidir. Çocuk bu becerilerini geliştirmeden, aile denetimi çocuğa devrederse, çocuk bu süreci yönetemez. Yaşama uyum sağlayamama gibi davranış ve duygu problemleri yaşar. Okullarda gözlemlenen davranış bozukluklarının, etik dışı davranışların, saldırganlığın temel sebeplerinin bir tanesi budur. Çünkü bu çocuklar aileleri sürekli onları kontrol ettiği için, kendi davranışlarını denetlemeyi öğrenmemiştir. Peki, ödül özdenetimi öldürür mü, geliştirir mi?

Ödül, özdenetimin gelişimini büyük oranda engeller. Bir çocuk düşünün ki işlerini ödülle yapıyor. Bu durumda çocuğun hangi işi yapacağına, o değil, aile karar vermiş olur (Tabii ödül, kullanılan tek kontrol mekanizması değil. Zaten bir aile ödülü kullanıyorsa, muhtemelen diğer kontrol mekanizmalarını da kullanıyordur). Sürekli kontrol edilen bir çocuk da bir süre sonra kendini kontrol etmeyi bırakır. Çocuğun özdenetim becerisi gelişmez; sabahları anneleri tarafından uyandırılan çocukların kendi kendine uyanmayı öğrenememesi gibi. Nasıl bu çocuklar uykularını ve kendilerini düzenleyemiyorsa, ödül alan çocuk da kendini düzenleyemez.

Ödev yapmayan bir çocuğun durumunda amaç ödevi yaptırmak değil, çocuğun özdenetimini geliştirmek olmalıdır. (Bu nasıl olacak, ileride irdeleyeceğiz.) Biz görsek de görmesek de, uyarsak da uyarmasak da, olsak da olmasak da, çocuğumuzun sorumluluklarını yerine getirmesini istiyorsak, o zaman dış kontrol/denetleme (ödül, övgü, uyarı, ceza vs) mekanizmalarından vazgeçmemiz gerekir. Çocukta iç motivasyon ve özdenetim mekanizması kurarak, onun kendi kendisini denetlemesini ve motive etmesini sağlamalıyız.

Bir çamaşır makinesi düşünün, sadece açma ve kapatma düğmesi var. Yıkama bitince, makinenin sizi uyaracağı bir uyarı sistemi yok. Çamaşırı makineye attınız ve oturma odasına geçtiniz. Yıkamanın bittiğini nasıl anlarsınız? Anlayamazsınız. Sürekli kontrol etmeniz gerekir. Makinenin özdenetim sistemi yoksa siz onu kontrol etmek zorunda kalırsınız. Ama bir kurma düğmesi varsa, makineyi önceden kurarsanız, kontrol etmek zorunda kalmazsınız. Yıkama bitince, makine size haber verecektir.

Aynı şekilde siz bazı değerleri çocuğa kazandırırsanız, o da kendi kendini denetleyecektir. İç denetim kazanmış bir çocuğu dışardan sürekli kontrol etmenize gerek yoktur. Çocuğa değer kazandıramadıysanız veya ödevle ilgili öğrenme aşkı geliştiremediyseniz, onu dıştan zorlamanız ve denetlemeniz gerekir. Çocuğa değerleri kazandırırsanız, çocuk bunları içselleştirir, ama ödülle iş yaptırırsanız değerleri dışsallaştırır.

Aslında bireyler gibi toplumlar da denetim açısından farklılık gösterir. Bazı toplumlarda hiyerarşi çok fazladır ve insanlar dış denetimle kontrol edilir. Polis önemli bir dış kontrol mekanizmadır. Bazı toplumlarda polis çok önemliyken bazılarında değildir. Örneğin, bizim kültürde çocuklar hep polisle korkutulur. Çoğu insan emniyet kemerini güvenlik için değil, polis ceza yazmasın diye takar. Hapishaneler de öyledir. Her toplumda hapishane olsa da bazı toplumlar hapishaneleri dış denetim aracı olarak görür, bazıları rehabilitasyon merkezi olarak. Aslında bir toplumdaki levhalara bakarak da o toplumu anlarsınız. Ülkemizde uyarılar genellikle yasak ve ceza ifadeleriyle yazılırken, özdenetimli toplumlarda uyarılar daha çok rica ve bilgilendirme amaçlı yazılır. Mesela bizde, "Burada yüzmek yasaktır" yazılır, özdenetimli toplumlarda, "Burada yüzmek tehlikelidir" diye. Dış odaklı toplumlarda, "Bu tuvaletleri öğrencilerin kullanması yasaktır", özdenetimli toplumlarda, "Bu tuvaletler öğretmenler içindir" yazar.

Kısacası, ödül kullanımı arttıkça, özdenetim azalır. Çocuğun davranışları dış bir mekanizmayla denetleniyorsa, çocuk kendi özdenetim mekanizmasını geliştirme ihtiyacı duymaz. İç denetim gelişmedikçe, aileler daha çok dış denetim mekanizması kullanma yoluna gider. Böylece kısır döngü başlar ve sürekli birbirini beslemeye devam eder. Bu da çocuğun hem başarısını hem de mutluluğunu olumsuz etkiler. Ödül aslında bir cezadır. Aynı mantıkla, ceza da ödüldür.

Nasıl mı?

Özet

- ✔ Motivasyon türleri dörde ayrılır: dış motivasyon, içe yansıyan dış motivasyon, içselleştirilmiş motivasyon ve iç motivasyon.
- ✔ Bir kişi bir işi zorlandığı veya ödül için yapıyorsa, yani yaptığı işi araç olarak görüyorsa, bu dış motivasyondur. Bir işi sevdiğinden ve ilgisinden dolayı yapıyorsa bu iç motivasyondur.
- ✔ Bir insan hayatta olup bitenleri ne kadar kendi kontrolü altında görüyorsa, o kadar "iç kontrol odaklıdır", ne kadar kendi kontrolü dışında görüyorsa o kadar da "dış kontrol odaklıdır." Dış kontrol odaklı insanlar kendilerini birer piyon gibi görür. Kendilerine yabancılaşır. Başarılı ve mutlu olmak için iç odaklı olmak şarttır.
- ✔ Ödül bireyleri dış odaklı yaptığı için, başarıyı ve mutluluğu olumsuz etkiler.
- ✔ Bir insan kendini denetleyebiliyor, zevklerini erteleyebiliyor, vizyonuna ulaşmak için disiplinli çalışıyorsa, özdenetim becerisi yüksektir. Başarılı ve mutlu olmak için de bu beceri şarttır.
- ✔ Ödül, bireyleri dışarıdan kontrol ettiği için, kişinin özdenetim becerisini zayıflatır. Bu da mutluluğu ve başarıyı olumsuz etkiler.
- ✔ Bir kişide iç motivasyon geliştikçe, kişi hem iç odaklı olur hem de özdenetim sahibi olur.

6. bölüm

Ödül ceza mıdır, ceza ödül müdür?

Aileler ve öğretmenler çocuklara ödül vaat ettiği an, aslında onları gizliden gizliye cezalandırmış olur. Çocuk o an cezalandırılmış hissetmeyebilir ama ödül, içinde ceza barındırdığı için cezalandırılma ihtimalinden dolayı ödüllendirilen çocuk endişesini içinde yaşar. Ödül, koşula bağlı olarak verilen istendik bir nesneyse, neden cezalandırıcı olsun ki? Bunun altında yatan temel mekanizma ne?

Purdue Üniversitesi'nden araştırmacı Newby, farklı sınıflara giriyor ve öğretmenlerin ders sırasında çocuklarla ilişkisini gözlemliyor. Öğretmenlerin özellikle sınıfı yönetme biçimine bakıyor. Sınıflar, sınıf yönetimi açısından öğretmenin çocuklara baskı yaptığı veya onlara özerklik verdiği olmak üzere ikiye ayrılır. Baskı yapan öğretmen, bilgiyi kesin olarak görür ve kendi görevini bilgiyi aktarmak olarak tanımlar. Doğal olarak bu öğretmenler anlatıma dayalı bir ders işler. Çocuklar da sıkılır. Sıkılan çocuk da yerinde duramaz. Hareket eder veya arkadaşıyla sohbet etmek ister. Öğretmen de susturmak için onlara baskı uygular ve otoriter davranır. Böyleleri, "otoriter" öğretmenlerdir. Özerklik verenler ise, bilgiyi öznel ve çocukları da birey olarak kabul eder. Bu öğretmenler görevini bilgiyi aktarmak değil, çocuklara düşünmeyi öğretmek olarak gördüğünden, çocuklar sınıfta oturup, sıkıcı bir şekilde dersi dinlemez. Özerklik veren öğretmenin sınıfında keşfetme ve tartışma vardır. Çocukların fikirlerine değer veren böyleleri "demokratik" öğretmendir.

Sınıfları gözlemleyen Newby'nin merak ettiği soru şu: Ödül veren öğretmen ile ceza veren öğretmen arasında nasıl bir fark var? Ödül verenler demokrat, ceza verenler otoriter mi? Gözlemi sonucunda Newby keşfediyor ki en fazla ceza veren öğretmenler, aynı zamanda en fazla ödülü de verenlerdir. Yani, en çok ödül veren ile en fazla ceza veren aynı öğretmenler. Peki neden en çok ceza veren, aynı zamanda en çok ödül veren kişi? Bu soruyu yanıtlamadan önce, "Ceza verme ile ödül verme arasında nasıl bir ilişki var?" sorusunu yanıtlayalım.

Ödül ile ceza arasındaki benzerlik

Ödül ve ceza, davranışsal psikolojide hem tanım hem de uygulama olarak farklı kabul edilse de, aslında özünde aynıdır. Sadece biri olumlu, diğeri olumsuz olarak ifade edilir. Size aşağıda iki cümle veriyorum. Arasındaki farkı söyler misiniz?

- Ödevini yaparsan, bilgisayarla oynayabilirsin.
- Ödevini yapmazsan, bilgisayarla oynayamazsın.

İlk cümle ödül, ikincisi ceza cümlesi ama görüldüğü üzere aralarında hiçbir fark yok. İki cümle de özünde aynı. İkisi de bir koşul sunarak, çocuğu kontrol ediyor. Çocuk ödülü getirecek davranışı sergilemediği an, otomatik olarak ceza almış olur. Onun için her ödül aynı zamanda içinde ceza barındırır. Örneğin çocuğa, "Takdir belgesiyle sınıfı geçersen, tablet alacağım" dediğiniz an, "Takdir belgesi alamazsan, seni tablet almamakla cezalandıracağım" da demiş olursunuz.

İşin daha da kötüsü, ödülle cezalandırılan çocuk, bir değil, tam üç kez cezalandırılmış olur. Nasıl mı? Takdir belgesi alamayan çocuk, önce öğrenci olarak takdir belgesi alamadığı için cezalandırılır ve üzülür. (Tabii böyle bir beklentisi varsa.) Bu normal bir üzüntü kaynağıdır. Normal şartlarda çocuk normal bir üzüntüsünü nasıl yönetiyorsa, bunu da o şekilde yönetir. Buraya kadar sorun yok. Ama işin içine ödül vaadi girince işler değişir ve iki ayrı üzüntü kaynağı daha eklenir.

İlk üzüntüsüne ek olarak, çocuk kendisini tablet alamadığı için cezalandırmış hisseder ve üzülür. Çok istediği bir şeyden, yoksun kalmıştır. Aile, başka bir nedenle bu tableti almasaydı, durumu anlayışla karşılayabilirdi. Örneğin, aile parası olmadığı için alamasaydı, çocuk, "Bende bir sorun var" diye düşünmezdi. Ama koşulu karşılayamadığı için tableti almayınca, kendisini cezalandırmış hisseder. Düşünsenize, ailenin alma gücü ve isteği var, ama çocuk başarısız oldu diye almıyor. Bu tam bir koşullu sevgi örneğidir ve bu durum çocukta değersizlik duygusu oluşturur. Gerçek sevgide koşul yoktur ama ödülde koşul vardır. Öyleyse rahatlıkla söyleyebiliriz: Ödül, bir "yapay sevgi" aracıdır.

Üçüncü olarak da, ki en kötüsü de budur, çocuk ailesinin beklentisini karşılayamadığı için üzülür. Ailesi ona ödül vaat ederek çok net bir mesaj vermiştir: "Takdir belgesi bizim için önemli. Onun için senden beklentimiz, bir takdir belgesi." Çocuk ailesini hayal kırıklığına uğratmıştır. Aslında bu üzüntü kaynağı değil, utanç kaynağıdır. Daha da tehlikelidir. Takdir belgesi aile için önemli olmasına rağmen, çocuk için önemli olmayabilir. Bu durumda çocuk zaten üzülmez. Ama çocuğa ödül vaat edilince (tablet) ve çocuk takdir belgesini alamayınca, hem takdir alamadığı (tabii kendisi için önemliyse), hem tablet alamadığı, hem de ailesini hayal kırıklığına uğrattığı ve onların sevgisini alamadığı için üzülür. Kısacası, ödüle ulaşamayan çocuk üç defa cezalandırılmış hisseder.

Yarışmalarda da öyledir. Birinci olamayan her çocuk, kendisini derecesine göre cezalandırılmış hisseder. En çok ikinci olan, daha sonra üçüncü olan cezalandırılır. Bazen sınıfta öğretmen çocuklara ödül verir ama yoğunluktan, hiç farkında olmadan, bir çocuğa ödül vermeyi unutur. Çocuk da ödül almadığı için kendisini cezalandırılmış hisseder. Eve üzgün gider. Öğretmen için sıradan olan bir olay, çocuk açısından çok büyük olabilir.

Bir veli anlatmıştı. Öğretmen uslu durduğu için bir çocuğa sınıfta herkesin önünde çikolata vermiş. Başka bir çocuk da, "Ben de uslu durmuştum, ama öğretmen bana çikolata vermedi" diyerek tam iki saat ağlamış. O kadar ki annesi öğretmenini aramak zorunda kalmış. Öğretmen ertesi gün o çocuğa da çikolata vermiş. Başka bir çocuk çok kitap okuyormuş ama okuduğu kitaplar kalınmış. Öğretmen de en çok kitap okuyan başka bir çocuğa ödül vermiş. Kitap okumayı seven çocuk, ödül alamadım diye ağlamış ve çok sevdiği kitap okumayı bırakmış. Okullardaki kitap kurdu ödüllerinin hepsi çocukları kitap okumaktan soğutur. Çocuklar okumaktan keyif almak veya öğrenmek için değil, ödül için okur. Kısacası, ödül bekleyen ama alamayan çocuk cezalandırılmış hisseder. Övgü için de aynı şey geçerlidir. Sürekli övgü alan ve övgüye bağımlı olan çocuk, övgü almadığı zaman, kendisini cezalandırılmış hisseder. Aslında ödül bekleyen ama alamayan çocuğun cezalandırılmış hissetmesini biyolojik olarak da ispatlayabiliriz. Nasıl mı?

Ödül neden cezadır?

Kitabın ikinci bölümünde Schultz'un maymunlar üzerinde yaptığı deneyden bahsetmiştim. Kısaca hatırlatmak gerekirse, Schultz deneyinde maymuna, elmadan önce sarı ışık veriyor. Birkaç denemeden sonra maymun, sarı ışıktan sonra elmanın geleceğini öğreniyor. Bu sefer sarı ışık yanar yanmaz, ödül gelecek diye, maymunun beyni dopamin salgılıyor. Ancak birkaç denemeden sonra, maymun ödüle alışıyor ve sarı ışığı görünce, artık beyni dopamin salgılamıyor.

Aslında bu deneyde bir ayrıntıyı vermedim. Schultz maymunda bir şey daha deniyor. Maymun ışık-elma ilişkisine alıştıktan sonra, maymunun beyni dopamin salgılamıyor demiştik. Peki, Schultz sarı ışığı yakarsa ve elmayı vermezse ne olur? Yani, alışkanlık bozulur ve maymunun beklentisi gerçekleşmezse, ne olur? Schultz keşfediyor ki bu durumda beynin VS (Ventral Striatum) bölgesi baskılanıyor. Yani, Alttaki şekilde gördüğünüz üzere, dopamin seviyesi normalin de altına düşüyor.

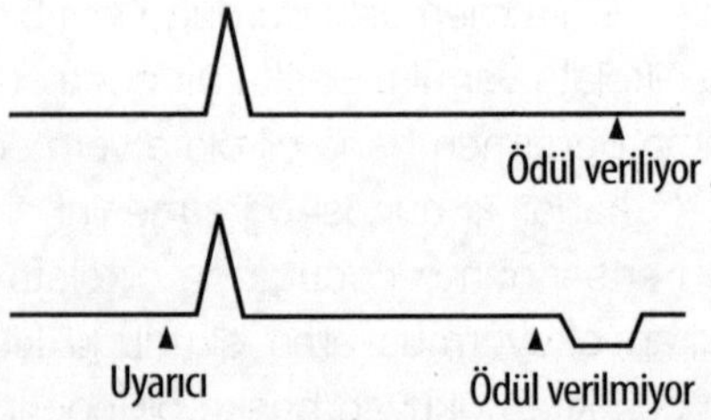

Bu ne demek? Maymun, kendisini cezalandırılmış hissediyor. İşin ilginç yanı, beklenen ödülün gelmemesi, yani cezalandırılma hissi, acı hissiyle aynı. Beyin bu cezayı acı olarak algılıyor. Çünkü bu süreçte beynin acıyı yöneten bölgesi de etkin hale geliyor.

Sonuç olarak siz çocuğunuzu ödülle iş yaptırmaya alıştırdıysanız ve bir süre sonra beklenen ödül gelmezse, çocuk kendisini cezalandırılmış hisseder. Aslında bazen de ödül vaat edilir edilmez, çocuk bunu ceza olarak algılar. Çocuğun telefonu kırılıyor. Çocuk da annesinden yeni bir telefon istiyor. Anne de fırsat bu fırsat, "Sınıfı teşekkürle geç, sana telefon alacağım" diyor. Çocuk da, "Tamam anne, alma, istemiyorum!" diyor. Anne "Neden?" diye soruyor. "Telefon almamak için benden yapamayacağım şeyler istiyorsun" diyor. Çocuk bu ödül vaadinin, bir yaptırım ve koşullu sevgi olduğunu anlıyor. Çocuğun gözünde anne kendi sorumluluğunu yerine getirmek için, çocuğu manipüle ediyor. Dolayısıyla da buna tepki gösteriyor. Peki, kişi beklediği ödülü alamayınca kendisini cezalandırmış hissediyorsa, neden insanlar büyük ikramiye (ödül) için piyango bileti alıyor?

Beklenmedik ödüller

Bunun yanıtı Ulm Üniversitesi'nden Prof. Birgit Abler'in araştırmasında gizli. Prof. Abler, denekleri fMRI makinesinin içine koyuyor ve bir çeşit kumar oynatıyor. Denekler oyun oynarken, onların beyin hareketlerini kaydediyor. Merak ettiği soru şu: beynin keyfi ve zevki yöneten kısmı (VS) ne zaman aktif oluyor? Yani, insanlar ödülü kazanınca veya kaybedince, beyin nasıl tepki veriyor? Ama oyunları öyle ayarlıyor ki, deneklerin bazı oyunlarda kazanma ihtimalleri yüksek, bazılarında düşük. Bunu bu şekilde kurgulandığını denekler de biliyor. Yani denekler para kazanma ihtimallerinin yüksek ya da düşük olduğunu baştan biliyor. Prof. Abler, verileri analiz edince ilginç bir şey keşfediyor.

Denekler, kazanma ihtimali düşük oyunlarda kazanınca, beynin VS kısmı üst düzeyde aktif oluyor ama kazanma ihtimali yüksek oyunlarda kazanınca çok az aktif oluyor. Yani insan beklenmedik durumlarda kazanınca, çok mutlu oluyor ama beklendik durumlarda kazanınca çok mutlu olmuyor. Süper ligde oynayan bir takım düşünün. Bu takım amatör bir takımı yenerse çok mutlu olmaz. Çünkü bu durumda kazanmak beklenen bir durumdur. Ama amatör bir takım, süper ligde oynayan bir takımı yenerse, o zaman çok mutlu olur. Çünkü bu durumda kazanma beklendik bir durum değildir. Peki, kaybetme ihtimali için durum nedir?

Aynı mekanizma kaybetmek için de geçerli. Denekler kaybetme ihtimali düşükse (kaybetmeyi beklemiyor) ve kaybedince, üzülüyor ama kaybetme ihtimalinin yüksek olduğu durumlarda (kaybetmeyi bekliyor) kaybedince, üzülmüyor. Amatör takım süper lig takımına yenilince, çok üzülmez. Çünkü kaybetme ihtimali yüksektir. Ama bir süper lig takım, bir amatör takıma yenilince üzülür çünkü kaybetme ihtimali düşüktür.

	Beklendik	Beklenmedik
Kazanma	NÖTR (MUTLU OLMUYOR)	MUTLU
Kaybetme	NÖTR (MUTSUZ OLMUYOR)	MUTSUZ

İşte tam olarak bu yüzden piyango bileti alan insanlar biliyor ki büyük ikramiyeyi (ödül) kazanma ihtimalleri çok düşük. Bu durumda kaybetseler bile çok üzülmeyecekler ama kazanırlarsa da beklenmedik bir kazanç olacağı için çok sevinecekler.

Beklendik ve beklenmedik ödüller

Bu araştırma bize önemli bir bilgi daha veriyor. Kitabın başında ödülün koşul açısından dörde ayrıldığından bahsetmiştik: katılım koşullu ödül, bitirme koşullu ödül, performans koşullu ödül ve kazanma koşullu ödül. Peki, hangi durumda ödül çocuk için beklendik, hangi durumda beklenmediktir?

İlk üç durum için ödül beklendiktir. (Performans koşullu ödül bazen beklenmedik olabilir ama genelde performans koşullu ödülü aile çocuğun performansa ulaşabileceği şekilde verdiği için, bu tür ödüller genelde beklendiktir.) “Ödevini yaparsan, bilgisayarla oynayabilirsin” dediğiniz an, ödül burada zaten beklendiktir. Bu nedenle bu ödül zaten beklendik olduğu için keyif vermez. Aslında bu üç durumda ödül insanlara keyif verir mantığı da yanlıştır. Daha doğrusu, keyif verir ama çocuk, bilgisayarla oynamayı ödül olarak aldığı için değil, bilgisayara ulaştığı için keyif alır. Yani normal şartlarda herhangi bir koşul olmadan bilgisayarla oynasaydı, zaten aynı keyfi alacaktı. Çocuk bu durumda ekstra bir keyif almamasının yanı sıra, yukarıda detaylı anlattığım gibi ödevi de engel olarak gördüğü için ondan soğur.

Ödülü kazanma ihtimalinin düşük olduğu tek durum, kazanma koşullu ödül (Tip 4) durumlarıdır. O zaman çocuk yarışmayı kazanıp ödülü alınca mutlu olur. Yani kazanma sonucunda gelen ödül keyif verir. Ama onun da riski yüksektir. Kazanmayla mutlu olan çocuk, mutlu olmak için sürekli kazanmak zorundadır. Sürekli yerini korumak zorunda hissetmek çocuğa endişe verir. Kaybedince de ödülü almadığı için kendisini cezalandırılmış hisseder. Kazanmaya bağlı bir mutluluk sürdürülebilir değildir. Çünkü yarışmalarda kaybetme ihtimali, kazanma ihtimalinden çok daha yüksektir.

Kısacası her ödül içinde cezayı barındırır ve çoğu durumda ödül zaten beklendik olduğu için de normal şartlarda vereceğinden daha fazla keyif vermez. Peki, ceza, içinde ödül barındırır mı?

Ceza ödül müdür?

İsrail'de bir anaokulu büyük bir sorunla karşılaşıyor. Okul 16.00'da kapanıyor ama bazı veliler çocuklarını almak için okula geç geliyor. Bu durumda da okul öğretmenlerinden biri her gün okuldan geç çıkmak zorunda kalıyor. Bu da öğretmenlerin motivasyonunu düşürüyor.

Anaokulu yöneticileri, ekonomist Uri Gneezy ile irtibata geçip, bu sorunu çözmesi için ondan yardım istiyor. Prof. Uri de bu sorunu çözmek için ceza uygulaması başlatıyor. Ceza da şu: Geç kalan veli, geç kaldığı her 10 dakika için 3 dolar para cezası ödeyecek. Bu da ayda 360 dolar eder. Bu karar velilere bildiriliyor ve sonuç izleniyor. (Prof. Uri, daha geçerli bir sonuç elde etmek için, deneye dokuz okul daha ekliyor. Okulların altısında ceza uygulanıyor. Dördünde uygulanmıyor.) Sizce ceza uygulanan okullarda, geç gelme sayısı artmış mıdır azalmış mıdır?

Uri, sonuçları inceleyince neredeyse gözlerine inanamıyor. Ceza uygulanan okullarda geç kalma azalmıyor. Tam tersi, neredeyse iki kat daha artıyor. Hatta bazı ailelerin geç kalma sıklıkları dört kat artıyor. Ceza uygulanmayan okullarda, geç kalma sayısında artış olmuyor. Acaba neden? Cezanın istenmeyen davranışı sonlandırması gerekmez mi?

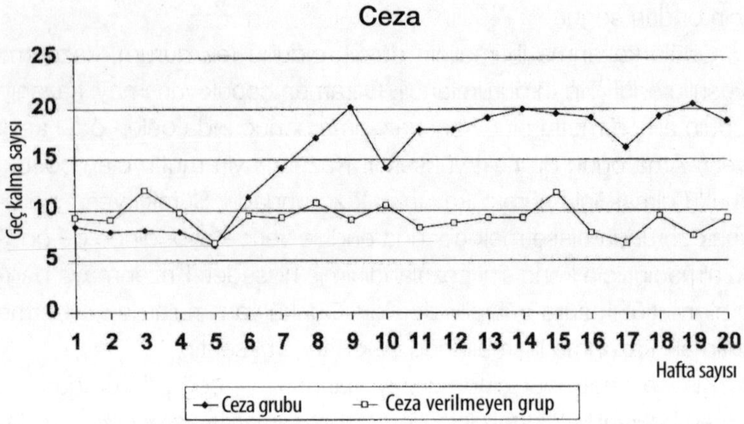

Ceza geç kalmaları artırıyor çünkü cezayla beraber, geç gelme davranışı meşrulaşıyor. Ceza, velilere geç kalma hakkı veriyor. Veliler, "Parasını öderim ve geç kalırım" mantığıyla olaya yaklaşıyor. Paralarıyla, geç kalma hakkı satın alıyorlar. Parasını ödeyen veli kendisini kötü hissetmiyor. Veliler ödüllendirilmiş oluyor.

Bir otomobil firmasının satış departmanında çalışan çok başarılı bir satış elemanı, akşam yazması gereken satış raporunu hazırlıyormuş. Müdür, "Satışta çok iyisin ama satış raporunu yazmazsan priminden % 15 keserim" demiş. Satış elemanı da bu tehdidin üzerine, "Ohh be, rahatladım. Kesintiye razıyım. % 15'i kesin, ben rapor yazmayacağım" demiş. Ceza, rapor yazmama hakkını satış elemanına vermiş. Böylece satış elamanı ödüllendirilmiş olmuş.

Benzer bir durumu evlerde de gözlemlemek mümkün. Çocuklar ders çalışmayınca bilgisayar yasaklanır. Bu durumda çocuk ne düşünür? "Yasaklansın. Oyun oynamadığıma göre derslerimi çalışmama hakkım var demek ki." Böylece ders çalışmamak çocuğun nezdinde meşrulaşır. Cezayı veren aile, zaten ders çalışmak istemeyen çocuğuna bir nevi ödül vermiş olur.

Görüldüğü üzere ceza, aynı zamanda ödül olabilir. Yukarıdaki örneklerde istenmeyen davranış meşrulaşmış ve kişilere o davranışı yapmama hakkı vermiştir. Yani, her ödül içinde cezayı, her ceza da içinde ödülü barındırır. Dahası cezanın miktarı artsa da durum fark etmez. Cezanın daha ağır olması bile davranışı etkilemez. Öyle olsaydı, idam olan ülkelerde insanlar, ölüm cezası gerektiren suçlardan kaçınırdı. İdam olduğunu bilmesine rağmen insanlar hâlâ suç işlemektedir.

Sosyal normlar

Bu anaokulu araştırmasının önemli bir boyutu daha var. Ceza konulduktan sonra, geç gelme sayısı arttı, dedik. Peki, ceza kalktıktan sonra ne olur? Geç gelme sayısı tekrar azalmaya başlar ve uygulamadan önceki haline döner mi? Yukarıdaki grafikte de görüldüğü üzere, ceza kalktıktan sonra geç kalma sayısında hiç düşüş olmuyor. Veliler ceza olmasa da hâlâ geç kalmaya devam ediyor. Peki neden?

Çünkü sosyal norm değişti ve yeni bir sosyal norm oluştu. Eskiden geç kalan veli sayısı azdı ve geç gelmek kabul gören bir davranış değildi. Ama cezayla beraber herkes geç gelmeye başlayınca, sosyal norm değişmiş oldu. İnsanların kafasında "geç kalabilirsin" normu oluştu. İnsanlar da yeni oluşan sosyal norma uymaya başladı. Yani ceza, davranışı meşrulaştırmasının yanı sıra, bir de yeni bir sosyal norm oluşturdu. Zaten bir kez oluşunca, onu değiştirmek zordur. Örneğin ilk toplantılara insanlar geç kalırsa ve bu konuda bir şey yapılmazsa, ondan sonraki toplantılara hep geç kalınır. Çünkü ilk toplantılarda sosyal norm bu şekilde oluşmuştur. Avrupa'ya giden Türk şoförleri orada trafik kurallarına uyar. Çünkü oradaki sosyal norm farklıdır.

Sonuç olarak, çok net görüyoruz ki ödül nasıl içinde cezayı barındırıyorsa, ceza da ödülü barındır. Ceza sunulduğu an, kişiye o istendik davranışı yapmama hakkı verilmiş olur. Bu da onun için ödüldür. Şimdi de diğer soruyu yanıtlayalım: Peki neden en çok ceza veren öğretmen, aynı zamanda en çok ödül veren öğretmendir?

Kontrol mekanizması

Hem ceza hem de ödül veren öğretmenler aynı kişiler çünkü ceza da, ödül de aynı düşünce yapısının ürünüdür. O düşünce yapısı ne? Yukarıda gördüğümüz gibi o düşünce yapısının temelinde "kontrol" var. Ebeveynlik anlayışında çocuğu kontrol etmek olan aile, her türlü kontrol mekanizmasını kullanır. Bu bazen ödül, bazen ceza, bazen rekabet olur. Hepsinin temelinde çocuğu kontrol etmek vardır. Onun için aynı kişilerin hem olumlu hem de olumsuz tüm kontrol mekanizmalarını kullandığını gözlemleriz. Bu kişiler çocuklarını çok da över. Hem kontrol etmek için över hem de kalbini kırdığı için, gönlünü almak için över. Sonuçta hepsinin özünde çocuğu kontrol etmek vardır.

Ebeveynlik anlayışının özünde çocuğa özerklik vermek olan aileler, bu kontrol mekanizmalarına çok yönelmez. Onlar çocuğu kontrol etmek ve rüşvet vermek yerine, kitabın ikinci kısmında göreceğimiz gibi onların kararlarına saygı duyar ve seçim hakkı verir. Sonuç olarak, ödül ve ceza aynı paranın iki ayrı yüzü gibidir. Özünde ikisi de kontroldür.

Ama daha önce belirttiğim gibi sadece işin yapılmasıyla ilgilenen aileler, çocuğu ödül ya da cezayla kontrol etmekte bir sakınca görmez. İş yapılsın da nasıl yapılırsa yapılsın, der. Peki, bu durumda ödülün kullanımını savunabilir miyiz? Ödüllendirilen çocuk ne kadar başarılı olur? Performansı artar mı? Ödül, işin kalitesini olumlu mu etkiler, olumsuz mu?

Özet

- ✔ Ödül ve ceza aslında aynı şeydir. İkisi de kontrol mekanizmasıdır. Çocuklarını kontrol eden aileler her iki metodu da aynı şekilde sıkça kullanıyor.
- ✔ Aile çocuğa ödül vaat ettiği an, aslında bir de gizli ceza vermiş oluyor. Çünkü çocuk o ödüle ulaşamazsa, kendisini cezalandırılmış hissediyor.
- ✔ Ödüle ulaşılamadığında oluşan ceza etkisi daha fazla tahribat veriyor çünkü çocuk, hem işi yapamadığı, hem ödülü alamadığı hem de ailesini hayal kırıklığına uğrattığı için üzülüyor.
- ✔ Beyin hareketlerinde de görüyoruz ki beyin beklediği bir şeye ulaşamadığı zaman, keyfi yöneten kısmı baskılanıyor ve acıyı yöneten kısmı harekete geçiyor.
- ✔ Normal şartlarda sadece beklenmedik ödüller (yarışmalarda kazanılanlar) beyinde dopamin salgılatır. Bu durumda, "Ödevini yaparsan bilgisayarla oynarsın" benzeri koşullu ödüller, zaten normalden daha fazla keyif vermez. Çünkü ödül beklendiktir. Üstelik ödevden de soğutur.
- ✔ Ödül cezayı içinde barındırdığı gibi, ceza da içinde ödülü barındırır. Ceza olduğu zaman, kişi, "Bu işi de yapmam, cezamı da çekerim" der. Ceza o davranışı yapmamayı meşrulaştırır.
- ✔ Ceza ve ödülden sonra yeni sosyal normlar oluşur. Ödül ve ceza ortadan kalksa da oluşan yeni sosyal normdan dolayı kötü davranışın devam etmesine sebep olur.

Ödül performansı artırır mı?

Yukarıda gördüğümüz gibi ödül çocukta iç motivasyon oluşturmadığı gibi birçok açıdan ona zarar da veriyor. Varsa mevcut iç motivasyonu da öldürüyor. Maalesef, başlarda da söylediğim gibi, çocuk işini yapsın da nasıl yaparsa yapsın isteyen birçok aile iç motivasyonla veya tutumla ilgilenmiyor. Onun için de birçok aile, çocuklarına ödül vermekte sakınca görmüyor. Peki, diyelim ki iç motivasyon önemli değil ve amacımız sadece çocuğa o işi yaptırmak. Bu durumda, yaptığı iş acaba nasıl olur? Çocuk dış motivasyonla (ödül) iş yaparsa, kaliteli bir iş ortaya çıkar mı? Ödülle yapılan iş ile ödülsüz yapılan arasında kalite açısından fark olur mu?

Bu soruyu yanıtlamak için Duke Üniversitesi'nden Dan Ariely bir deney tasarlıyor. 87 denek buluyor. Denekleri üç gruba ayırıyor ve onlara altı farklı görev veriyor. Denekler 6 görevi de başarıyla tamamlarlarsa, onlara para (ödül) vaat ediyor. Ama gruplara göre para miktarı farklı. Birinci gruba bir günlük, ikinci gruba iki haftalık ve üçüncü gruba da beş aylık ücret değerinde para vereceğini söylüyor. Bu kadar parayı nasıl veriyorlar ki diye düşünebilirsiniz. Deney Hindistan'da yapılıyor ve orada beş aylığın karşılığı sadece 100 lira. Sizce hangi grup altı görevi de başarıyla tamamlamıştır?

Mantıken, ödülün değeri arttıkça kazanma motivasyonu artar, motivasyon arttıkça da performans artar, diye düşünürüz. Ama tahmin edilenin aksine en başarılı grup en az para alan grup çıkıyor. En çok para alan grup, en başarısız grup oluyor. Yani ödülün değeri arttıkça, performans düşüyor. Peki ama neden? Ödül arttıkça, neden performansın kalitesi düşüyor? Bunun yanıtı da başka bir araştırmada gizli.

Araştırmacı Donald Meyer, iki farklı gruba, ekranda bazı oyunlar oynatıyor. Deneklerin görevi önlerindeki kolla ekrandaki şekilleri belirli bir düzene göre ilerletmek. Bir gruba ödül veriyor, bir gruba sadece oynayın, diyor. Tabii bu sırada da gizlice bir makine aracılığıyla deneklerin göz kırpma sıklıklarını sayıyor. Neden? Çünkü göz kırpma sayısı endişe ve stresin bir göstergesidir. Biz ne kadar endişeli ve stresli olursak, o kadar çok gözümüzü kırparız. Meyer fark ediyor ki ödülle oyun oynayan grup hem oyun sırasında hem de molalar sırasında daha çok gözünü kırpıyor. Bu da demek oluyor ki ödül deneklerde stres ve endişe yaratıyor.

Bu iki araştırmayı alt alta koyunca görüyoruz ki ödül insanlarda stres yaratıyor. Ödülün miktarı ne kadar artarsa, endişe da o kadar artıyor. Endişe arttıkça da performans düşüyor. Bu nedenle Ariely ödülün miktarını artırdıkça, denekler daha çok stres yaşıyor ve dolayısıyla performansları düşüyor.

Çocuğunuzu motive etmek için ne kadar büyük bir ödül vaat ederseniz, o kadar stresli olacaktır. Bu da performansını düşürecektir. Örneğin çocuk ödülle ödevini yapacaktır ama ödevin kalitesi düşük olacaktır. Zaten öğretmen de ödevin kalitesiyle değil, tamamlanmasıyla ilgilendiği için kalitesiz iş kabul görecektir. Gerçek hayatta da derslerde başarılı olan çocuğun, sınav stresi altında sınavda (kontrol mekanizması) başarılı olamadığını gözlemlemiyor muyuz? Evde rahat olan çocuk, yarışmalarda bocalamıyor mu? Aile kontrolcüyse, çocuk herhangi bir sahne performansı sırasında, ailesini görünce strese giriyor. Aile kabul ediciyse, çocuk ailesini görünce rahatlıyor. İş görüşmelerini kafalarında çok büyüten insanlar, doğal ortamda rahat olsalar da görüşmede heyecanlanmıyorlar mı? Hiç heyecanlanmayan başarılı sporcuların bile, ödül ya da imajı koruma kaygısı (sosyal ödül) altında tökezledikleri olmuyor mu? Dünyanın en iyi tenisçilerinden Rafael Nadal, maçları, endişe ve stresten dolayı kaybettiğini söylüyor. Usta golfçü Tiger Woods'un, maçlarda stresten dolayı kötü performans sergilediği oluyor. Onun için, ödülü büyük tutarak çocuğu motive etmeye çalışmak motivasyonu artırmadığı gibi, tam tersine, stresi artırarak işin kalitesini de düşürür. Peki, stres neden performansı olumsuz etkiliyor? Bu mekanizma tam olarak nasıl işliyor?

Stres performansa nasıl zarar verir?

Bu soruyu yanıtlamak için beynin çalışma sistemini bilmek gerekiyor. Beceri gelişimi sırasında kişi, herkesin bildiği o klasik dört devreden geçer: bilinçsiz beceriksizlik, bilinçli beceriksizlik, bilinçli beceri ve bilinçsiz beceri (Aşağıdaki şekle bakın).

Kişi "bilinçsiz beceri" konumuna geldiği an, beceriyi beynin ön lobu değil, alışkanlıkları kontrol eden bazal ganglion (*basal ganglia*) yönetmeye başlıyor. Yani kişi artık düşünmeden, otomatik olarak becerisini sergiliyor, araba kullanma becerisinde olduğu gibi. Örneğin üst düzey sporcular yeteri kadar otomatikleşmeden başarılı olamıyor. Bir tenisçiyi düşünün. Bir tenis topunun hızı servis sırasında en az 110 km. Düşünmek için yeterli zaman yok. Otomatik olarak karar verip eyleme geçmek zorunda. Peki, stres yaşarsa ne olur?

Kişi stres yaşadığı an, beyin tehlike var zannediyor. Çoğu bedensel süreçleri (hatta bunlara cinsel arzuları, acıyı, açlığı da ekleyebiliriz) durduruyor ve sadece hayatta kalma üzerine yoğunlaşıyor. Bir başka ifadeyle bazal ganglionu devreden çıkartıp, ön lobu devreye sokuyor. Bu durumda kişi "kaç, savaş veya don" moduna girdiği için düşünemiyor ve odaklanamıyor. Sizce o kişi bu durumda kaliteli iş çıkartabilir mi? Hayır. Stres ne kadar artarsa, odaklanma ve muhakeme becerileri o kadar düşüyor ve dolayısıyla kişi olduğundan da daha kötü performans sergiliyor. (Aslında stres performansı düşürmez. Gereğinden fazla stres performansı düşürür. Stres ile performans arasında ters U ilişkisi vardır. Bir noktaya kadar stres iyi performans için gerekli ama bir noktadan sonra performansı engeller.)

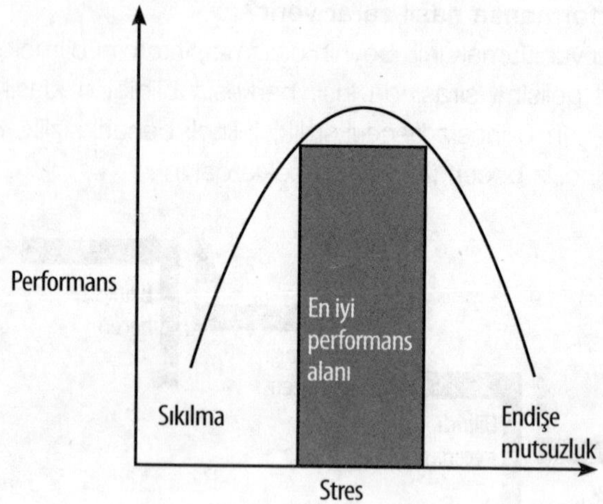

Onun için çok büyük bir ödül vaat ederseniz, çocuğu daha çok strese sokarsınız ve yapabileceğinden daha kötü iş çıkarmasına neden olursunuz. Birçok öğrenci, sırf bu yüzden sınavlarda başarısız olmaktadır. Çocuk iyi not (ödül) alamazsa, yargılanacağını düşünür ve strese girer. Aslında aynı sınavı bir değerlendirme değil de bir öğrenme aracı olarak sunsak, yani stresi ortadan kaldırsak, çocuk çok daha başarılı olacaktır. Tabii ki ödülün stres yaratmadığı durumlar da var. Örneğin, "Ödevini yaparsan, bilgisayarla oynarsın!" (Tip 2) derseniz, bu ödül stres yaratmayabilir çünkü çocuğun ödüle ulaşma ihtimali yüksektir. Peki, bu durumda performans düşer mi?

Bir iş başvurusu yaptınız. Aynı işe başvuran 5000 kişi var ve sadece 3 kişi alacaklar. Bu işe alınmazsanız, eşinizden bir yıl ayrı kalacaksınız. Binanın dışında bekliyorsunuz ve birazdan kazananlar anons edilecek. (Tabii torpil/kayırma olmadığını varsayıyoruz.) Kazanamadığınız durumda olacakları düşünür ve endişe/stres duyarsınız değil mi? Tam burada size düşünme veya muhakeme gerektiren bir iş versem, ne kadar iyi performans gösterebilirsiniz. Endişe duyduğunuz an, endişenin kaynağı ister sınav sonucu olsun ister ödül olsun, başarılı olma ihtimaliniz düşer.

Peki, şimdi binanın dışında değil, hastane odasının önünde bekliyorsunuz. Birazdan yeni doğan bebeğinizi kucağınıza alacaksınız.

İçiniz içinize sığmıyor. Bu bekleme sırasında size düşünme veya muhakeme gerektiren bir iş versem, nasıl olur? Muhtemelen bu koşullarda da odaklanamazsınız. Endişe nasıl kalp hızınızı, göz kırpma sayınızı ve terlemenizi artırıyorsa, heyecan da artırır. Endişe durumunda olduğu gibi, bu durumda da odaklanamazsınız. Hatta bazılarının bu durumda eli ayağına dolaşır. Normal rutin işlerini bile yapmakta zorlanır. Favori dizinize beş dakika varken masayı temizleyebilirsiniz (mekanik iş) ama istatistiksel analiz (düşünme ve muhakeme işi) yapamazsınız. Sonuçta, heyecanın da, endişenin de temelinde, altı ana duygudan bir tanesi olan korku yatar. Kişi korkusunu yönetebileceğini düşünürse heyecan, yönetemeyeceğini düşünürse endişe hisseder.

Çocuğunuza, "Ödevini yaparsan, oyun oynayabilirsin" dediğiniz an, belki onda endişe yaratmazsınız ama heyecan yaratırsınız. Çocuk oyun oynamak için o kadar heyecanlanır ki bu heyecandan dolayı ödevine odaklanamaz. Odaklanamadığı için de performansı düşer ve işini yarım yamalak yapar. Kısacası ödül, tip 3 ve tip 4 durumlar endişe; tip 1 ve tip 2 durumlar da heyecan yarattığı için performansı kötü etkiler. Peki, ödülün heyecan veya stres yaratmadığı durumlar var mıdır? Evet vardır. Ama bu durumda da ödül zaten motive etmez. Kişinin normal şartlarda performansı düşükse, bu durumda da düşük olacaktır. Hiç sevmediğiniz bir iş için size, "Bu işi yaparsan, sana bir sakız vereceğim" dersem, bu ödül ne endişe ne heyecan yaratır ne de motive eder. Performansınız öncesinde ne kadar düşükse yine aynı olacaktır.

Şirketlerdeki ödül sistemi performansı etkiler mi?

Peki, ödül arttıkça, performans düşüyorsa, şirketlerdeki, özellikle satış ekiplerindeki, prim ve bonus sistemini nasıl açıklayacağız? Çünkü şirketlerde çalışanlara verilen mesaj çok net: performansın ne kadar iyi olursa, ödülün (prim) de o kadar çok olur. Burada bir terslik yok mu?

Stanford Üniversitesi'nden Edward Lazear bir cam firmasını inceliyor. Firma saat başına değil de üretim başına para vermeye başlayınca, verimlilik % 44 artıyor. Yani, ne kadar çok üretirsen, primin (ödülün) de o kadar fazla olur anlayışı, performansı artırıyor. Son 20 yılı inceleyen bilim adamları keşfediyor ki ürün başına para alan çalışanlar, maaş alanlardan yaklaşık % 11 fazla mal üretmiş. Aynı şekilde araba yarışlarında ödül ne kadar artarsa, yarışmacıların performansı da o kadar artıyor. Prim artıkça, satışın da arttığı bir gerçek. O zaman birbiriyle çelişen bu iki bulguyu nasıl yorumlayacağız? Ödül performansı artırır mı azaltır mı?

Yine Dan Ariely, MIT (Massachusetts Institute of Technology) öğrencileriyle bir deney yapıyor. Her öğrenciye iki ayrı test veriyor. Testlerin biri yaratıcılık ve düşünme, diğeri sadece mekanik olarak bir klavye düğmesine basmayı gerektiriyor. Denekler her testi iki defa yapıyor. Yani, ortaya dört farklı durum çıkıyor: ödüllü düşünme testi, ödülsüz düşünme testi, ödüllü mekanik test, ödülsüz mekanik test.

"Düşünme" ve "Mekanik"

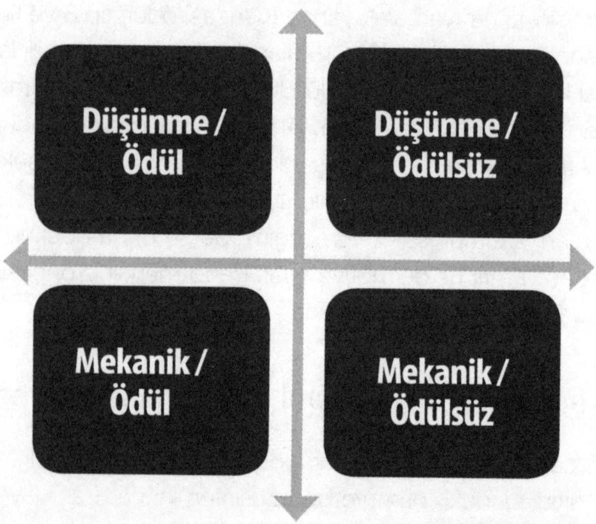

Sizce hangi durumda öğrenciler en iyi yapmıştır? Ödül, mekanik testte performansı artırırken, düşünme gerektiren testte azaltıyor. Yani bir iş ne kadar düşünme ve muhakeme gerektiriyorsa kısaca karmaşıksa, ödül performansı o kadar azaltıyor, ne kadar mekanikse o kadar artırıyor.

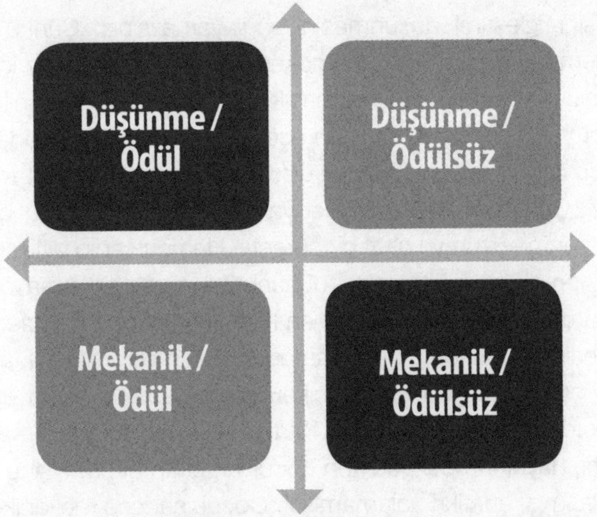

Açık renk performans artışını, koyu renk performans düşüşünü gösteriyor.

Yine başka bir araştırmada öğrenciler, ödül verildiği zaman, aritmetik sorularını (formül odaklı) daha iyi yapıyor ama yorum ve düşünme sorularında tökezliyor. O zaman bir iş mekanikse, ödül o işte verimliliği artırmaya yarar, satışta olduğu gibi. Satış oldukça mekanik bir iştir; muhakeme, sorun çözme gerektirmez. Onlardan bir değer oluşturma, kimlik kazandırma ya da muhakeme istemez. (Aslında satış süreci muhakeme gerektirir ama sonucu itibariyle mekaniktir. Çünkü tek sonuç vardır.) Ama pazarlamada durum değişir. Yaratıcılık ve özgünlük işin içine girer. Ödül de burada performansı düşürür. Yukarıda bahsettiğim cam şirketinde de durum aynıdır. Yöneticiler, çalışanlarından sadece mekanik olarak, düşünmeden cam üretmesini ister. Üretim de mekanik bir iş olduğu için verimlilik artar. Ama bu kişiler, bir cam atölyesinde çalışan sanatçılar olsaydı, o zaman ödül işe yaramazdı. (Yaratıcılık konusunu bir sonraki bölümde daha detaylı ele alacağım.) Çünkü bu sefer devreye yaratıcılık ve derinlemesine düşünme girecek.)

O zaman siz çocuğunuza ödül vererek, yemeği ısıtmasını, sandalyeleri en hızlı şekilde taşımasını veya odasını toplamasını sağlayabilirsiniz. Çünkü bunlar mekanik işlerdir. Ama öğrenmesini, sorun çözmesini, eleştirel düşünmesini sağlayamazsınız. Çünkü bunlar muhakeme gerektirir. Peki, muhakeme gerektiren bu işler için ödül verirseniz ne olur? Çocuk karmaşık işlere, basit ve mekanik bir işmiş gibi yaklaşır. Bu da son derece zararlıdır. Örneğin, ödev yapması için ödül verirseniz, çocuk ödevi mekanik olarak yapar ve öğrenmez. Çünkü ödeve yüzeysel yaklaşır, tek amacı onu bitirmek olur. Öğrenme uzun ve aktif bir süreçtir. Hemen yapıp bitirme değil, zaman, emek, derinlemesine düşünmeyi gerektirir. Ama ödül bu derin süreçleri durdurur. Çocuk en kısa ve yüzeysel yolu seçer.

Öncesinde bahsettiğim Fatma öğretmenin verdiği ödül, aynı zamanda bu sorunu da ortaya çıkarmıştır. Çocuklar kitap okumuş ama okuduklarını anlamamıştır. Kitapla etkileşim içinde olması, düşünmesi, hayal etmesi gereken çocuklar, kitap okuma işine mekanik yaklaşmış, anafikri anlamamıştır. Çocuk sadece mekanik olarak karakterleri, mekânı ve zamanı öğrenmiştir ama karakterlerin çatışmalarını, sembolleri, mekân-karakter ilişkisini anlamamıştır. Çünkü bunlar derinlemesine düşünme gerektirir.

Bir kişiden yaratıcı ve düşünme gerektiren işlerde yüksek performans bekliyorsak, o işi asla ödüle bağlamamalıyız. Peki, ödül, neden mekanik işlerde etkili oluyor da, karmaşık işlerde etkili olmuyor? Bunun altında yatan mekanizma ne? Yaratıcılık da mekaniklikten uzak, karmaşık bir süreç. Öyleyse acaba ödül çocuğun yaratıcılığını da öldürür mü?

Özet

- Çocuk ödülle bir işi yapsa bile, o işin kalitesi düşük olur.
- Ödül çocukta stres yaratır. Ödülün büyüklüğü arttıkça, stres düzeyi de o kadar artar. Ödülle beraber, stresin arttığını göz kırpma sayısına bakarak biyolojik olarak da ispatlayabiliriz.
- Fazla stres performansı olumsuz etkiler. Çünkü stres durumunda beyin tehlike var zanneder ve enerjisini hayatta kalmaya harcar. Muhakeme ve düşünme için enerji harcamaz. Bu da performansı olumsuz etkiler.
- Ödül stres yaratmasa da ödüle ulaşmak bir heyecan yaratır. Aynı şekilde bu da performansı olumsuz etkiler.
- Ödül stres ya da heyecan yaratmazsa, kişi o işi zaten yapmaz.
- Şirketlerde ödül, bonus ve prim sistemi performansı artırır ama bunun da sebebi o işlerin ya sadece mekanik olması ya da işe mekanikmiş gibi yaklaşılmasıdır.
- Ödül mekanik işlerde performansı artırır ama muhakeme gerektiren işlerde artırmaz.
- Karmaşık durumlarda çocuğa ödül verilirse, çocuk bu işe mekanikmiş gibi yaklaşır. O işi yapar ama düşünmeden ve kendisini vermeden. Bu da ilgiye, işin kalitesine ve gelişime zarar verir.

Ödül, yaratıcılığı geliştirir mi?

21. yüzyıl becerilerinin en önemlilerinden biri yaratıcılıktır. Öğretmenlerin büyük bir bölümü yaratıcı öğrenci istiyor. Bunu sağlamak için de çocukları düşündürecek ve yaratıcı kılacak etkinlikler düzenliyorlar. Ama buna rağmen yaratıcı çocuklar yetişmiyor. Neden acaba?

Bir grup araştırmacı, tüm literatürü tarayıp yaratıcı çocukların özelliklerini çıkartıyor. Bu özellikleri bir liste şeklinde sıralıyor. Daha sonra öğretmenlerle anket yapıp, onların favori ve favori olmayan öğrencilerinin özelliklerini öğreniyor. Bu özellikleri de sıralıyor. Bu iki listeyi karşılaştırınca görüyor ki yaratıcı çocukların özellikleri ile favori öğrencilerin özellikleri çok az örtüşüyor (aralarındaki korelasyon sadece 0,21). Ama yaratıcı çocukların özellikleri ile favori olmayan öğrencilerinin özelliklerini karşılaştırınca görüyorlar ki aralarındaki ilişki çok yüksek (korelasyon 0,87). Yani aslında öğretmenler yaratıcı öğrenci istiyor ama bu öğrenciler, her nasılsa öğretmenlerin favori öğrencisi olmuyor, tam tersine favori olmayan öğrencisi oluyor. Yani öğretmenlerin çoğu sınıfında bu tür öğrencilerin bulunmasını tercih etmiyor. Peki nedir yaratıcı öğrencilerin özellikleri?

Aniden konuşmak, kurallara uymamak, kendi kurallarını koymak, çok meraklı olup konu dışında sorular sormak, duygusal olmak, heyecanlı olmak, bireysel davranmak, risk almak, az hoşgörülü olmak, hayır yanıtını kabul etmemek vs. Öğretmen anketinde çıkan favori öğrencilerin özellikleri bunların tam tersi: düzenli, saygılı, çalışkan, kurallara uyan, sakin vs. Bir çocuk yaratıcıysa genelde bu özelliklere sahip olmuyor. Bu durumda da favori öğrenci olamıyor. Peki neden yaratıcı özellikler öğrencileri favori yapmıyor?

Çünkü öğretmen genelde sınıfında belirsizlik ve düzensizlik istemiyor, düzeni korumak ve otoritesini sağlamak istiyor. Yaratıcı çocuklar ise tam tersi, özgün ve özgür olmak istiyor. Çünkü yaratıcılık özgünlük, farklı fikirleri ifade etme, sorgulama gerektirir. Öğretmen de bunlara izin vermiyor, tersine onları kontrol etmeye çalışıyor. Bu bağlamda kullandığı yöntemlerden biri de ödül vermek. Ödül mekanik işlerde işe yarar, karmaşık süreçlerde işe yaramaz, demiştik. Acaba ödül, karmaşık bir süreç olan yaratıcılığı da öldürür mü?

Ödül ve yaratıcılık konusunda en uzman isimlerden biri olan Harvard Üniversitesi'nden Profesör Teresa Amabile bu alanda birçok deney yapıyor. Bu deneylerin birinde, 5 ile 10 yaş arasında 115 öğrenciye üç ayrı görev veriyor. İlk görev yaratıcı çizim/tasarım, ikincisi yaratıcı hikâye yazma ve üçüncüsü yaratıcı problem çözme gerektiriyor. Ancak, bazılarına ödül vaat ediyor, bazılarına hiçbir şey vaat etmiyor. Çocuklar çalışmaya başlıyor. Çocuklar çalışmayı bitirince, ürünlerini topluyor ve bir odaya koyuyor. Daha sonra odaya uzmanları alıyor ve çocukların ürünlerini onlara değerlendirtiyor. Tabii uzmanlar hangi ürünün ödül karşılığında yapıldığını bilmiyor. Sonuç çok net: uzmanların objektif değerlendirmesine göre, ödül vaat edilenlerin ürünleri çok daha az yaratıcı. Aynı şekilde dünyaca ünlü araştırmacı Prof. Kruglanski 50 kelime verip, öğrencilerden bir hikâye yazmalarını istiyor. Bir gruba ödül veriyor, bir gruba vermiyor. Ödül almayan grup çok daha yaratıcı hikâyeler yazıyor. Peki, ödül neden yaratıcılığı öldürüyor?

Kontrol ve yaratıcılık

Tüm kontrol mekanizmalarının iç motivasyonu azalttığından bahsetmiştim. Aynı mekanizma yaratıcılık için de geçerli. Ödül aynı zamanda çocuğu kontrol ettiği için yaratıcılığı da olumsuz etkiliyor. Bir insanı zorla alıkoyabilirsiniz ama zorla sizi sevmesini sağlayamazsınız. Sevgi içten gelen bir motivasyondur. Aynı şekilde bir çocuğu kontrol ederek bir iş yaptırabilirsiniz ama yaratıcı olmasını sağlayamazsınız. Kontrol, yaratıcılığı öldürür. Yani, bir çocuk bir işi zorla veya seçimi dışında yaparsa, yaratıcılık gerektiren işlerde kötü performans sergiler. Prof. Teresa, ödülün, kontrol ederek çocuğun yaratıcılığını düşürdüğünü ispatlamak için, başka bir deney daha tasarlıyor.

60 deneği tek tek bir odaya alıyor ve onlara birer görev veriyor.

Deneklerin görevi bir videoyu izlemek ve değerlendirmek. Ama on dakika sonra videonun bozulduğunu söylüyor. Aslında esas deney şimdi başlıyor. Birinci gruba hem "seçenek" hem de "ödül" veriyor. (Başka bir deneye katılabilirsiniz ya da ayrılabilirsiniz. Katılırsanız, 2 dolar kazanacaksınız.) İkinci gruba seçenek veriyor ama ödül vermiyor. (Başka bir deneye katılabilirsiniz ya da ayrılabilirsiniz.) Bir gruba seçenek vermiyor ama ödül veriyor. (Başka bir deneye katılmak zorundasınız. Karşılığında da 2 dolar kazanacaksınız.)

Yani, seçenek sunmayarak veya ödül vererek bazı grupları zorlamış oluyor. Aşağıdaki tabloda, koyu renkler zorlamayı (ödülün varlığı veya seçeneğin yokluğu), açık renkler özerkliği (ödülün yokluğunu ve seçimin varlığını) ifade ediyor. Profesör sonra gruba yeni birer çizim yaptırıyor. Sizce en yaratıcı çizimler hangi gruptan çıkmıştır?

	ÖDÜL	SEÇENEK
Birinci grup	VAR	VAR
İkinci grup	YOK	VAR
Üçüncü grup	VAR	YOK

Beklendiği gibi en yaratıcısı ikinci grup oluyor. Neden? Çünkü hiç kontrol yok. Yani ödül yok ve seçenek sunuluyor. En az yaratıcı, üçüncü grup çıkıyor. Neden? Çünkü hem ödülle hem de seçenek sunulmayarak kontrol ediliyor. Denekler iki farklı kontrol mekanizmasına (ödül ve zorlama) maruz kaldığında yaratıcılıkları düşüyor. Kontrol edilmeyen kişiler, kendi istekleriyle yaptığı için daha yaratıcı ürünler ortaya koyuyor.

Peki, aynı deney tekrar yapılsa ama bu sefer deneklere ne ödül verilse ne de denekler zorlansa? Sadece bir gruba yaptıklarınıza not vereceğim, diğer gruba not vermeyeceğim dense? Hangi grup daha yaratıcı olur? Prof. Teresa bunun da deneyini yapıyor. Değerlendirilen grup, daha az yaratıcı oluyor. Değerlendirme ve not da, tıpkı ödül gibi bir kontrol mekanizmasıdır ve yaratıcılığı düşürür;

okullarda olduğu gibi. Çocukları notla kontrol ve hatta tehdit ettiğimiz sürece, okullarda yaratıcılığı sağlamamız mümkün değil. Sonuç olarak çocuğu ödülle ne kadar çok kontrol ederseniz, onun yaratıcılığı o kadar düşer. Bu deneyler laboratuvar ortamında yapılıyor. Peki, gerçek hayatta kontrol, yaratıcılığı nasıl etkiler?

Gerçek hayatta yaratıcılık

Prof. Teresa bu soruyu yanıtlamak için profesyonel ressamların zevk için (iç motivasyon) ve sipariş üzerine (dış motivasyon) yaptığı tabloları topluyor. Tabii sipariş bir ödül değil ama dıştan gelen bir talep olduğu için bir kontrol oluşturuyor. Bu tabloları, hangisinin sipariş üzerine yapıldığını bilmeyen bir grup uzmana değerlendirtiyor. Sonuç yine çok net: zevk için yapılan tablolar çok daha yaratıcı. Ressam sipariş üzerine resim yapınca, kendisini kontrol edilmiş hissettiğinden arzu ettiğini değil, müşterinin istediğini yapmak zorunda kalıyor, bu da üzerinde bir baskı oluşturuyor ve yaratıcılığını sınırlıyor. İç motivasyonu son derece yüksek olan Dostoyevski bile kontrol altında olunca, kendisini işkence çekiyor gibi hissetmiş ve arkadaşına yazdığı bir mektupta, "Sipariş üzerine yazı yazmanın işkencesini çektin mi hiç?" diye sormuştur. Ödül, zorlama, değerlendirme gibi tüm kontrol mekanizmaları yaratıcılığı, muhakemeyi, keşfetmeyi ve iç motivasyonu öldürüyor. Bu bilgiyi değerlendirerek Google, çalışanlarına yaratıcı ürün başına prim vermiyor. Çünkü Google yöneticileri biliyorlar ki ödül vermekle insanları yaratıcı yapamazlar. Peki Google ne yapıyor? % 20 kuralını uyguluyor. Çalışanlarına, zamanlarının % 20'sini istedikleri şekilde harcama hakkı veriyor. Yani onlara seçenek ve özerklik sunuyor. Kişi bu sürede istedikleri projede çalışabilir. İstediği projede çalışınca, keyif alır ve kontrol olmadığı için de yaratıcı olur. (Neden ödülün değil de bu sistemin yaratıcılığı artırdığını ileride daha detaylı işleyeceğiz). Google'ın tüm yaratıcı çalışmaları da bu uygulama sonucunda çıkıyor.

Araştırmacı Barkema, birçok şirketi inceliyor ve keşfediyor ki bir şirkette kontrol ne kadar fazlaysa, çalışanların motivasyonu ve yaratıcılık o kadar düşüyor. Kısacası ödül yaratıcılığı olumsuz etkiler. Peki neden? Ödül ne yapıyor da kişi daha az yaratıcı oluyor?

Bakış açısı

Ödül, kişinin işe bakış açısını değiştirir. Yukarıda bahsettiğim gibi, ödül olunca, kişi karmaşık işlere daha mekanik yaklaşır. Yaratıcılık da karmaşık bir süreç olduğu için ödül tarafından olumsuz etkilenir. Örneğin yukardaki Teresa Amabile'ın araştırmasında da ödül alan grubun amacı sadece o 50 kelimeyi kullanmak olmuştur. Cümlelerin yapısı ya da yaratıcılığıyla ilgilenmemiş, derinliğine inmemiş, hemen verilen görevi bitirip sonuca ulaşmak istemişlerdir. Ödülle resim yapan çocuklar daha çok resim yapıyor ama resimleri çok daha az yaratıcı. Ödülle beyin fırtınası yapan grup, daha çok fikir üretiyor ama fikirlerin çoğu sıradan. Ödül, bakış açısını değiştirdiği için, yaratıcılığı öldürüyor. Kısacası, siz çocuğunuza ödül vererek, bir sürü iş yaptırırsınız ama yaratıcı olmasını veya eleştirel düşünmesini sağlayamazsınız. En kısa zamanda işini bitirip ödülü almak ister. Onun için yaratıcılık, muhakeme ya da düşünme gerektiren işlerde ödül verilmemelidir. Peki ödülün yaratıcılığı öldürmesinin tek sebebi bu mu?

Bilişsel daralma

Elimde 14 farklı karton var, her kartonda da farklı bir geometrik şekil. Sizi bir odaya alıyorum ve bu kartonları üçer saniye arayla size gösteriyorum. Göreviniz 14 geometrik şekli sırasıyla ezberlemek. Size bir kart gösterince, bir sonraki kartı ezbere söyleyeceksiniz. Bilemezseniz, başa dönüyorsunuz. Tüm kartları ne kadar erken ezberlersiniz, kazanacağınız para da o kadar yüksek olacak. Liste dönmeye başlıyor ve siz de kısa sürede ezberliyorsunuz. Tam paranızı almak üzereyken, size bir soru daha soruyorum: Bana o geometrik şekillerin renklerini söyler misiniz? Birden duraksıyorsunuz. Çünkü siz şekillere o kadar odaklandınız ki, renklere dikkat etmediniz bile. Bu deneyi yapan Bahrick görüyor ki bu iş için ödül verilince denekler şekilleri daha hızlı ezberliyor. Ne dedik? Ödül, mekanik işlerde (ezberleme) işe yarar. Buraya kadar sorun yok. Ama ödül grubu renkleri pek hatırlayamıyor. Ödül almayan grup daha geç ezberliyor ama hem şekilleri hem de renkleri daha çok hatırlıyor.

Araştırmacı Harry Bahrich de benzer bir deney yapıyor. Denekleri iki gruba ayırıyor ve onlara kartonlar üzerine yazılı rakamlar gösteriyor. Yalnız kartonlar farklı renklerde. Her iki gruptan da bu rakamları ezberlemesini istiyor. Birinci gruba ödül veriyor. İkinci gruba ödül yok. Ödül alan grup daha çok ezberliyor ama renkleri çok hatırlamıyor. Peki, neden?

Çünkü o grup ödülü getirecek hedefe o kadar çok odaklanıyor ki kendilerini diğer tüm sinyallere kapatıyor. Psikologlar buna "bilişsel daralma" ya da "tünel" diyor. Ödül verdiğiniz zaman, kişi sadece kendisine ödül getirecek noktaya odaklanır. İşte bu odaklanma (bilişsel daralma) yaratıcılık gerektiren durumlarda tam tersi bir etki yaratır. Çünkü yaratıcılık, bilişsel "daralma" değil, tam tersi bilişsel "genişlik" gerektirir.

Yaratıcı olmanın birkaç yolu vardır. Kişi yaratıcı olmak için, ilk önce geniş ve kapsamlı düşünmeli. Birbiriyle ilişkili ya da ilişkili olmayan birçok fikir üretmelidir. Daha sonra bu fikirler arasında farklı ilişkiler kurmalı ya da kafasında farklı imgeler hayal etmelidir. Bunun için de akıl özgür dolaşmalı. Ya da bilinçaltında gelişen fikirler, birden bilinç üstüne çıkmalı veya geniş bir bakış açısı içinde tesadüfler yaşamalı.

Dikkat ederseniz, tüm yaratıcılık süreçleri daralma değil, tam tersi genişlik gerektirir. Bilişsel daralma olursa, kişi farklı fikirler düşünemez. Aklı özgür dolaşamaz. Farklı fikirleri dışardan göremez. Bundan dolayı ödül, mekanik işlerde daralmayı artırdığı için işe yarar ama aynı daralma yaratıcılık gerektiren durumlarda işe yaramaz. Onun için yaratıcılık gerektiren durumlarda ödül vermek kişiyi olumsuz etkiler.

Aslında duygular da bu şekilde çalışır. Prof. Barbara Fredrickson olumlu duygulara "genişletici", olumsuz duygulara "daraltıcı" diyor. Bundan dolayı insanların en yaratıcı olduğu durumlar, mutlu ve neşeli olduğu anlardır. Çünkü bu olumlu duygular, kişinin algısını genişletir ve geniş bakış açısı da yaratıcılığı olumlu etkiler. Ama kişi olumsuz bir ruh hali içinde olursa, yaratıcılığı düşer. Örneğin sinirli olduğumuzda sadece kendimizi sinir eden duruma takılı kalmaz mıyız? Sinirli, endişeli, üzgün olduğumuzda geniş düşünemez ve yaratıcı olamayız. Öyleyse, ödül mekanik işlerde neden işe yarıyor?

Ödül çabayı artırır

Mekanik işlerde ödülün işe yaraması normal. Çünkü mekanik işler zaten sıkıcı olduğu için, kişi yapmak istemez. O işe emek vermez. Örneğin, sevdiği bir işi 100 birimlik emekle yapıyorsa, sıkıcı bulduğu mekanik bir işi 30 birimlik emekle yapar. Ama ödül olduğu zaman, ödülün hatırına, verdiği emeği artırır. Örneğin, sıkıcı işe 30 birim emek vermektense, ödül için 70 birim emek verir. Emek arttığı için de mekanik işleri ödülle daha iyi yapar. Tabii ödül kalkınca, emeği yine 30'a düşer, o işi eskisi gibi kötü yapar. Aslında ben ödül vermesem de sadece rica etseydim, o işi yapan kişi o zaman da emeğini artırırdı. Bir kişinin motivasyonunu bu şekilde dıştan ödül vererek sürdüremem. İçten gelen bir motivasyon kaynağı yaratmam gerekir.

Kısacası, ödül emeği artırdığı için mekanik işlerde işe yarar ama yaratıcı işlerde bilişsel daralma yarattığı için olumsuz etkiler. Onun için yaratıcılık gerektiren durumlarda ödül verilmemelidir. Verilirse, çocuk yaratıcılık gerektiren işe, mekanik yaklaşır. Kompozisyon yazar ama yaratıcı olamaz. Şiir yazıp sayfayı doldurur ama şiir anlamlı olmaz. Ödev yapar ama özgün bir şey üretemez. Okullarda da bu hata sıkça yapılmaktadır. Öğretmen çocuğun yaptığı ürünlere ödül vermese de (ki anaokullarında çokça veriliyor) not vermektedir. Not da okullarımızda çoğunlukla bir kontrol aracı olarak sunulduğu için (yukarıda dediğim gibi not tabii ki geribildirim de olabilir) çocuklar yaratıcı olmakla ilgilenmez. Zaten amaç not ve ödül olduğu için, ürünü ailesine bile yaptırabilir. Tabii hemen burada bir soru daha karşımıza çıkıyor. Bu durumda gelişim ve öğrenme durur mu? Acaba ödül ile gelişim arasında nasıl bir ilişki var? Ödül vererek öğrenmenin kalitesini artırmak mümkün mü?

Özet

- Öğretmenlerin çoğu yaratıcı öğrenci istese de, kendi davranışlarıyla yaratıcılığı öldürüyor. Yaratıcı öğrenciler en favori öğrencileri olmuyor.
- Ödül, mekanik işlerde işe yarar ama karmaşık işlerde yaramaz. Yaratıcılık da karmaşık bir bilişsel süreç olduğu için, ödül yaratıcılığı olumsuz etkiler.
- Ödül gibi tüm kontrol mekanizmaları yaratıcılığı olumsuz etkiler. Seçme hakkı verilince çocuk daha yaratıcı olur.
- Gerçek hayatta da yaratıcı iş yapan insanlar, kontrol altında daha az yaratıcı davranır. Ressam ya da yazarların eserleri daha az yaratıcı olur.
- Yaratıcılık gerektiren durumlarda ödül verirsek, çocuk bu işe mekanik bir işmiş gibi yaklaşır. Hemen bitirmek ister. Derinlemesine düşünmez. İşe mekanik yaklaştığı için hem işten zevk almaz hem de yaratıcılığı düşer.
- Ödül verilince, kişi ödülü kazanmaya odaklanır. Bu durumda bakış açısı daralır ve geniş düşünemez. Yaratıcılık da geniş bir bakış açısı gerektirdiği için, ödül olunca kişi yaratıcılığını ortaya koyamaz.
- Aynı şekilde olumsuz duygular (kızgınlık gibi) bakış açısını daraltır ve yaratıcılığı öldürür. Olumlu duygular (neşe, mutluluk gibi) bakış açısını genişletir ve yaratıcılığı artırır.
- Mekanik işlerde ödül işe yarar çünkü bu işler sıkıcıdır ve kişinin zaten çok çaba göstermesi gerekemez. Ödül, kişinin normalde göstermediği bu çabayı göstermesine yol açar. Sonuç daha iyi olur ama tabii ödül kalkınca kişi tekrar fazladan çaba göstermez.

Ödül öğrenmeyi nasıl etkiler?

Birçok aile, ödevini yapsın, sınıfını başarıyla geçsin, takdir/teşekkür alsın diye, çocuğuna ödül veriyor. Okullarda da anaokullarında çocuklara yıldız veriliyor, kurdele takılıyor, elma kızartılıyor, kitap kurdu ödülü veriliyor. Ödülün ilgiyi, motivasyonu ve yaratıcılığı olumsuz etkilediğini söyledik. Peki, ödül ile gelişim arasında nasıl bir ilişki var? Ödül gelişimi de olumsuz etkiler mi? Ödül ile çalışan bir çocuk kendisini geliştirebilir mi?

Lunaparktayız ve kasnak (halka) atma oyunu oynayacağız. Size şöyle bir teklifte bulunuyorum. Yerde çok geniş bir levha var ve levhanın üzerine de hedef olarak dikey çubuklar yerleştirilmiş. Siz levhanın önünde duracak, kasnakları bu çubuklara geçirmek için atacaksınız. Bu arada çubuklara istediğiniz kadar kasnak atabilirsiniz, bu tamamen size bağlı. Çok yaklaşıp, elinizdeki tüm kasnakları geçirmek mi istersiniz yoksa arada uzaklaşıp, uzaktan atınca da başarılı olup olmayacağınızı denemek mi istersiniz? Bu araştırmayı yapan Prof. David McClelland keşfediyor ki başarı motivasyonu yüksek kişiler, hemen levhanın önünde durup, hepsini başarıyla tamamlamayı seçmiyor. Kasnağı başarıyla attıkça, levhadan uzaklaşıp uzaktan da deniyor. Neden? Başarı hissini tatmak için. Bu insanların tek amacı var: başarmak. Peki, şimdi oyunu değiştirsem, "10 kasnak hakkınız var. 7'sini başarıyla atarsanız, size ödül vereceğim" desem, bu durumda ne yaparsınız? Kendi işinizi zorlaştırır mısınız? Yoksa ödülü almak için en kolayı mı seçersiniz?

Edward Deci'nin öğrencisi de tam olarak bu deneyi yapıyor. Çocukları iki gruba ayırıyor. Onlara yedi farklı zorlukta oyunlar veriyor ve istediğiniz oyunu seçin diyor. Ama iki grup arasında bir fark var: Bir gruba ödül vaat ediyor, diğerine etmiyor. Ödül vaat edilen grup seviyenin altında oyunları seçiyor, kendilerini zorlamıyor. Condry ve Chambers, çocuklara farklı zorluklarda sorular soruyor. İstediğiniz seçin ve çözün diyor. Ödül sunulan grup daha basit soruları çözmeyi seçiyor. Yani sonuçlar benzer. Peki, ödül vaat edilince, neden insanlar daha kolayı seçiyor?

İnsanlar bir iş yapınca, o işi başarmak ve başarı hissini tatmak ister. Ama seviyelerinin altındaki, yani kolay işleri yapınca, başarı hissini tadamazlar. Başarıyı tatmak için de durumu zorlaştırırlar. Kendi seviyelerinin üstündeki işleri seçerler. Aynı kasnak deneyinde olduğu gibi. Çocuklar kendi kendilerine hiçbir zorlama olmadan sadece başarıyı tatmak için, etkinliği zorlaştırmışlardır. Zaten bundan dolayı bilgisayar oyunlarına yönelmiyorlar mı? Sürekli bir üst seviyeye çıkarak, başarı hissini tatmak istemiyorlar mı? Ama ödül verilince, işler değişiyor. Çocuğun amacı bir üst seviyeye çıkmak değil, ödülü almak oluyor. Ödülü kazanmak için de kolay işleri seçiyor. Bu da hem öğrenmeyi hem de gelişimi durduruyor. Peki, bu mekanizma gerçek hayatta nasıl karşılık buluyor?

Araştırmacı Cornwell, üniversiteyi burslu okuyan öğrencileri analiz ediyor. Keşfediyor ki bu öğrencilerin not ortalamaları yüksek ama daha kolay dersleri seçmişler. Amaçları öğrenmek değil, ödüle sahip olmak. Fatma öğretmenin öğrencilerini hatırlayın. Çocuklar en ince ve en kolay kitapları seçmişlerdi. Neden? Çünkü amaçları kitapları anlamak değil, ödüle (100 almak) ulaşmaktı. Peki, kolayı seçince ne olur? Bu tam olarak gelişimi nasıl engeller? Bu soruyu yanıtlamadan önce ödül ile öğrenme arasındaki ilişkiyi de inceleyelim.

Ödül ve öğrenme ilişkisi

Ödül ile iş yaptırmak kolay ama tutum geliştirmek zor, demiştik. Aynı şekilde ödül verildiği zaman, çocukların öğrenme süreçleri de duruyor. Örneğin Meksika'da PROGRESA diye bir eğitim program var. Okulu sık sık asan çocuklar için ailelere aylık 55 dolar veriliyor. Sizce okula gitme oranı artmış mıdır? Artık biliyoruz ki ödül mekanik işlerde işe yarar. Okula gitme oranı artıyor, sınıf tekrarı ve okuldan ayrılma azalıyor. Columbia'da PACES diye bir program var. Bu programda okula devam eden çocukların masraflarının yarısı karşılanıyor. Aynı şekilde okula devam oranı artıyor. Benzer bir uygulama Ohio eyaletinde yapılıyor. Okula devam eden çocuklara 100 dolar veriliyor. Sonuç aynı. Okula gitme oranı artıyor.

Ama araştırmacılar bir de öğrenme kalitesine bakıyor. Fark ediyorlar ki ödül alan çocukların matematik notları da artıyor. Bu sonuç tahmin ettiğimizin aksine bir sonuç. Çünkü ödül mekanik işlerde işe yarar, karmaşık işlerde işe yaramaz demiştik. Ama burada matematik derslerinde de notları artırıyor. Araştırmacılar bir de çocukların sosyal bilimler, okuma ve fen derslerine bakıyor. Görüyorlar ki bu derslerde hiçbir artış olmamış. Peki, neden matematik ders notlarında artış var da diğer derslerde yok? Çocuklar mekanik olarak matematik formüllerini ezberliyor ve yüksek not alıyor ama diğer dersler kavramsal anlama gerektirdiği için yüksek not alamıyor. Zaten daha derinlemesine analiz edince görüyorlar ki matematik notlarındaki artış sadece iyi öğrencilerde olmuş. Alt seviyedeki öğrencilerin matematik notları artmamış. Ülkemizde de matematik dersi hesap ve işlem yapma olarak işlenmiyor mu? Çocuklar matematiksel düşünmeyi öğrenmeden, sadece formül ezberleyip işlem yapıyor. Çocukların iç motivasyonlarına bakıyorlar. İç motivasyonlarında da artış olmuyor. Yani, görüldüğü üzere, ödül verilince, çocukların devam oranları ve mekanik derslerdeki başarısı artıyor ama daha iyi öğrenmiyorlar ve öğrenme motivasyonları artmıyor.

Aynı şekilde araştırmacı Fryer; Chicago, Dallas ve New York'ta çok büyük bir araştırmaya imza atıyor. Araştırmaya 203 okuldan 27 bin öğrenci katılıyor. Bu dört şehirde, öğrencilerin bazılarına ödül veriliyor, bazılarına verilmiyor. Araştırma o kadar büyük ki verilen ödül miktarı tam 9,4 milyon dolar. Ödül koşullarını da farklılaştırıyor. Örneğin, bazı çocuklara sadece kitap okumak, bazılarına eyalet sınavlarını geçmek, bazılarına da beş derste yüksek not için ödül veriyor. Fryer araştırmasının sonucu tam olarak şöyle açıklıyor. "Deneyimizin çocukların eyalet sınavları üzerindeki etkisi istatistiksel olarak sıfır." Bir şey daha ifade ediyor: "New York'ta ödülün kitap üzerindeki etkisi negatif." Yani bu ne demek? Çocuklar normalde okuyacaklarından daha az okumuş ve okuma motivasyonlarını kaybetmişler. Okuma dersine etkisi de negatif. Dahası çocukların iç motivasyonlarını ölçüyorlar. Ödül alan grup okuldan daha çok soğuyor.

Aynı şekilde İsrail'de bir araştırmada lise bitirme sınavını geçen çocuklara ödül vaat ediliyor. Kızların üzerinde küçük bir etkisi olsa da erkekler üzerinde hiçbir etkisi olmuyor. Amsterdam Üniversitesi'nde ve bir Kanada üniversitesinde öğrenciler belirli bir not ortalamasına ulaşırsa, onlara ödül vaat ediliyor. Ödüllerin not ortalamasına katkısı hiç olmuyor. Sonuç aynı, mekanik işler için verilen ödüller artış sağlasa bile (ki bazen o da olmuyor), öğrenme gerçekleşmiyor. Peki, ödül başka ne şekilde öğrenmeyi olumsuz etkiler?

Performans mı, gelişim mi?

İki grup öğrenci düşünün ve bu çocuklara okuldaki amaçlarını soruyorsunuz. Birinci gruptaki öğrencilerin amacı yüksek not almak, kendini ispatlamak, becerisini ve zekâsını göstermek. Diğer grup öğrencinin amacı öğrenmek ve kendini geliştirmek. Birinci gruptaki öğrencilere psikologlar "performans odaklı", ikinci gruptakilere, "gelişim odaklı" öğrenciler diyor. Bu öğrencilerin hayata ve okula bakışları çok farklılık gösteriyor.

Örneğin başarıyı ele alalım. İlk grup için başarı yüksek not almak, ikinci grup için öğrenmek anlamına geliyor. Birinci gruptaki öğrenciler, öğrenmese de yüksek not alınca kendisini başarılı görüyor. Kendisini ispatlamak için az çalışarak başarmaya ya da diğer insanları geçmeye çalışıyor. İkinci grup, kendi seviyesinin üzerine çıkarsa başarı sayıyor. Öğrenmenin de çaba ve emek sonucunda geliştiğini biliyor. İlk grup için hata endişe yaratıyor, ikinci grup hatayı öğrenme fırsatı olarak görüyor. Birinci grup için sonuç önemli, ikinci grup için öğrenme süreci.

Bu grupların soru sorma şekilleri bile farklılık gösteriyor. İlk grup daha ağırlıklı zekâlarını ispatlamak, yargılamak ya da bilgilerini göstermek, ikinci grup ise öğrenmek için soru soruyor. İlk grup bir şey öğrenmese de diğer insanlardan iyi yaptıysa ya da öğretmenin onayını aldıysa mutlu oluyor, ikinci grup yeni bir şey öğrenmeyince mutsuz oluyor. "Performans odaklı" öğrenciler ile "gelişim odaklı" öğrenciler bu kadar farklılık gösteriyor.

Sizce ben bu öğrencilere farklı zorluklarda iş versem, hangi grup daha kolay işleri seçer?

Tahmin edildiği gibi performans odaklı öğrenciler kendilerini ispatlamak için kolay işleri seçiyor. Ama öğrenme odaklılar öğrenmek ve gelişmek için seviyelerinin üstünde, kendilerini zorlayacak işleri seçiyor. Bu kişiler çok iyi biliyor ki insan kendini zorlamadan gelişemez. Bu özellikler kişiden kişiye farklılık gösteriyor. Bazı insanlar daha çok performans odaklı, bazıları daha çok gelişim odaklı oluyor. Ama bu özellikler kişisel olduğu kadar durumsal da. İnsanlar farklı ortamlarda farklı eğilimler gösterebiliyor. İşte burada da ödül devreye giriyor. Ödül, bir kişinin işe performans odaklı mı yoksa gelişim odaklı mı yaklaşacağını belirliyor. Nasıl mı?

Bir ortamda ödül, ceza, rekabet gibi değerlendirme ve yargılama varsa, öğrenciler çoğunlukla performans odaklı olmayı seçiyor. Bu durumda da kendilerini ispatlamak ve yargılanmamak için kolay işleri seçiyor. Gelişim ve öğrenme duruyor. Ama öğrenme, geribildirim ve gelişim ortamı varsa, çocuk gelişim odaklı olmayı seçiyor. O zaman insanların amacı kendilerini ispatlamak ya da ödülü almak değil, öğrenmek ve başarı hazzını tatmak oluyor. Aynı kasnak atma örneğinde olduğu gibi.

Spor psikologları bu sürece "aşırı yük prensibi" diyor. Örneğin, bir haltercinin gücünü artırmak için sürekli kaldırdığı yükü artırması gerekir. Hep seviyesinde yük kaldırırsa güçlenemez. Seviyesinin çok üstünde kaldırırsa sakatlanır. Hep seviyesinin biraz üstünde kaldırması gerekir. O zaman gelişir. Ödül bunu engeller. Bir halterci, gücünün sadece yarısını kaldırarak şampiyon (ödül) oluyorsa, daha fazla yük kaldırma gereği duymaz.

Onun için bir ortamda öğretmen veya aile ne kadar çok ödül kullanırsa, çocuk da o kadar performans odaklı olur ve kolay işleri seçer. Bu da gelişimi durdurur. Bu çocuklar iş hayatına atıldığında da hep kolay işleri seçer. Bu durumda da ilerleyemez. Onun için çocuklarımızı asla performans odaklı yapmamalıyız. Ama ödülün gelişimi durdurmasının tek sebebi bu değil.

Enerji kullanımı

Her insan, amacına mümkün olan en az enerjiyle ulaşmak ister. Örneğin, gözü bir objeyi daha önce gördüyse, onu tekrar işlemeye çalışmaz. Beyindeki var olan şemayı kullanır. Enerjisini korur. Beyinde acı sinirleri yoktur. Çünkü acı hissi bedeni yaralanmalara karşı korumak için vardır. Beynin yaralanma ihtimali çok düşük olduğu için, onu acı hissiyle donatmaya gerek yoktur. Bu da bir enerji koruma yöntemidir. Koşmada, yük kaldırmada, yürümede beden farklı kasları kullanır. Buna da enerjisine göre karar verir. "Aptal puma sendromu" diye bir sendrom vardır. Pumalar avlarını kovalarken, yakalama ihtimalleri olmasına rağmen birden durur. Puma neden durdu diye merak edersiniz. Aslında puma ince bir enerji hesabı yapmıştır. O avı yakalamak için harcayacağı enerjinin, o avı yediğinde alacağı enerjiden az olacağını hesaplamıştır. Onun için koşmayı bırakır. Tüm canlıların amacı enerjilerini en iyi şekilde kullanmaktır. Yoksa yaşamda ayakta kalamazlar.

Biz amacı ödül olarak belirlediğimiz zaman, çocuk o ödüle ulaşmak için en kolay yolu seçer. Amaç 100 almaksa neden bir insan daha zor bir işi seçsin ki? Zor kitabı da, kolay kitabı da okuyarak 100 alabilecekse, neden daha zor bir kitap seçsin ki? Aile çocuğa "Sınıfı geçersen bisiklet alacağım" diyor. Çocuk ise kendi kendine diyor ki "60 alsam da sınıfı geçerim 100 alsam da." Bu durumda çok çalışmıyor ve gelişim olmuyor. Çocuğa ödül verdiğimiz an, hemen hedef kayması yaşanıyor.

Yani ödül amaç olduğunda, insanlar her zaman daha kolay işleri seçer. Kolay işleri seçen bir insan da gelişemez. Gelişim bazı parametreler gerektirir. Merak, yenilik, zorluk, gelişim fırsatı, kompleksi çözme. Ödül ne gerektirir? Tahmin edilebilir ortam, kolaylık, basitlik. Bunlar tam zıttır. Ama ödülün gelişimi durdurmasının bir sebebi daha var.

Zeigarnik etkisi

Ödül başka bir nedenle de gelişimi engeller. McGraw ve Fiala, denekleri iki gruba ayırıyor ve onlara legolar veriyor ve legolardan T şekli oluşturmalarını istiyor. Denekler bunlarla uğraşırken, 3 dakika sonra onları durduruyor. Yani çalışmalarını kesiyor. Deney bitti deyip, bir gruba katıldıkları için ödül veriyor, diğer gruba ödül vermiyor. Daha sonra deneklere 5 dakikalık boş bir vakit veriyor ve camın arkasından gizlice onları izliyor. Acaba hangi grubu legolara geri dönecek ve işi tamamlayacak?

Ödül alan grup geri dönmüyor. Neden? Zeigarnik etkisi diye bilinen bir etki var. Rus bilim adamı Zeigarnik diyor ki, İnsan, sevdiği işi yaparken iş bölünürse, en kısa zamanda yarım kalan işine geri dönmek ister. Çünkü yarım kalmışlık duygusuyla yaşamak istemez. Peki, insanlar bir işin yarım kalıp kalmadığına nasıl karar veriyor? Sonuca bağlanmayan işler yarım kalmıştır. İşte ödül de tam burada devreye giriyor. Bir insana ödülle iş yaptırınca, amaç işin kendisi değil, ödül oluyor. Kişi işi bitirse de, bitirmese de ödül alırsa, amacına ulaşmış ve işini bitirmiş hissediyor. Yani yarım kalmışlık hissini yaşamıyor. Bunun için de o işe geri dönme isteği duymuyor.

Yukarıdaki araştırmada da tam olarak bu oluyor. Ödül alan grup ödülünü alınca amacına ulaşmış hissediyor ve legolara geri dönme ihtiyacı duymuyor ama ödül almayan grup, işinin ödülü alınca değil, legoları çözünce bittiğini biliyor. Yarım kalmışlık hissini yaşamamak için legolara geri dönüyor. Başarılı birçok öğrenci, kendi kapasitesinin üstüne çıkma gereği duymuyor çünkü az çalışarak da yüksek not (ödül) alabiliyor.

Yani, çocuk ödülle iş yapınca, ödülü alınca öğrenmiş ve gelişmiş olsa da, olmasa da benim işim bitti der. Bu durumda da doğal olarak gelişme olmaz. Ama amaç öğrenme olsa, çocuk, "Ben öğrenince işim bitti" diyecek ve işi yarım bırakmayacak. Yani, daha çok çalışacak ve daha fazla emek verecek. Bu da gelişimi destekleyecek. Tüm kontrol mekanizmaları dışarıdan bir bitiş sınırı koyduğu için öğrenmeyi ve gelişimi durdurur. O bitiş sınırına ulaşıldığı an artık çocuk o işe geri dönmez. Ödülün öğrenme üzerinde bir olumsuz etkisi daha var.

Değerlendirme korkusu

Ödül bir değerlendirme yöntemidir. Ödüle ulaşanlar başarılı, ulaşmayanlar başarısız kabul edilir. Çocuk değerlendirilir. Ama amaç öğrenme olsaydı, yani ödülsüz bir öğrenme ortamı olsaydı, seviyeleri ne olursa olsun, gelişim gösteren her öğrenci kendini başarılı hissederdi. Ödüllü ortamlarda sadece bazı kişiler başarılı hisseder, ödülsüz ortamlarda her öğrenci başarılı hissedebilir. Başarılı hissedemeyen çocuk, bir süre sonra işten soğur. Öğrenmek ve gelişmek istemez.

Dahası ödül öğrenme ortamını, bir değerlendirme ortamına dönüştürerek, insanların risk almasını, yeni şeyler denemesini ve keşfetmesini engeller. Düşünün çocuk ödülle iş yapıyor. Çocuk yeni bir şey denerse, işi bitiremeyebilir. İş kalitesiz olabilir. Bu durumda da ödül alamaz. Onun için iyi değerlendirme almak için kolay ve risksiz işleri seçer. Bu da gelişimi ve inovasyonu durdurur.

Not sistemi de bir değerlendirme sistemidir. Boğaziçi Üniversitesi'nde ders verirken gözlemledim ki not için çalışan öğrenciler her zaman kolay dersleri seçiyor. Bir ders almak zorundaysa ve o iki ders farklı hocalar tarafından veriliyorsa, öğrenci, hocanın kalitesine bakmaksızın notu bol olanı seçiyor. Çünkü zor hocayı seçerse, alacağı notun düşük olma ihtimali var. Kısacası çocuk ödülle iş yapınca, kolay işleri seçer ve risk almaz. Bu da gelişimi engeller. Karne hediyesi de bir ödüldür. O da aynı şekilde öğrenmeyi olumsuz etkiler. Nasıl mı?

Karne hediyesi neden sakıncalıdır?

Karne hediyesi çocuğa "okulda başarılı olmak kendi içinde değersizdir" mesajı verir. Öğrenme amaç olmaktan çıkar, araca dönüşür. Asıl amaç, hediyeye ulaşmak olur. Öğrenme değersizleşir. Çocuk, sadece öğrenmek için öğrenmelidir. Karne hediyesi bu amacı değiştirir. Gerçek öğrenme ikinci plana atılır. Örneğin, çocuk öğrenmesi zor olan işleri, başarısız olma korkusundan dolayı seçmez. Kolay işleri seçer. Başarıyı, gelişmeye tercih eder.

Dahası karne hediyesiyle motivasyonu sürdürmek zordur. Çünkü her sene hediyenin değerini artırmak gerekir. Çocuk aynı değerdeki bir hediyeyle motive olmaz. Her sene hediyenin değerini artırmak da mümkün değildir. Karne hediyesi motive etse de hediyeye ulaşamayacağını düşünen çocuklar, bir süre sonra çalışmayı bırakır. Bu durumda üzülmezler bile çünkü karne hediyesi çocuğa kötü not alma hakkı verir. Aile bu durumda çocuğuna bir şey diyemez çünkü çocuk, "İyi not alırsam hediye alacağınızı söylediniz. Ben hediye istemiyorum. Öyleyse kötü not alabilirim" der. Yani kötü not alma hakkı otomatik olarak meşrulaşır.

Karne hediyesi olumsuz bir mesaj daha verir. İyi not almak ve sınıfını geçmek çocuğun sorumluluğundadır. İnsanlar sorumluluklarını bir şey kazanmak için değil, değerlerinden dolayı yapar. Aile karne hediyesi vaat ettiği zaman, çocuğa "Sınıfını benim için geçmelisin" mesajı verir. Çocuğun sorumluluk alması engellenir. Karne hediyesi aynı zamanda yapay sevgi mekanizmasıdır. Aile karne hediyesi vaat ediyorsa ama çocuk da iyi notlar alamazsa, aile hediye almaz. Bu durumda da çocuğa şu mesajı verir: "Biliyorum sen tableti (karne hediyesi) çok istiyorsun. Ben bu tableti seni sevdiğim, seni mutlu etmek için veya oğlum/kızım olduğun için almam gerekir ama almıyorum. Çünkü istediğimi yapmadın." Çocuk kendisini değersiz hissetmeye başlar.

Aileler çocuklarına karne hediyesi alır, çünkü okullar çoğu öğrencide iç motivasyon oluşturamaz. Bu durumda aile dış motivasyon kaynağına başvurmak zorunda kalır. Aile hediyeyi, karneye bağlı olarak almazsa, sorun olmaz. O sadece bir hediyedir. Karneye bağlı olunca, hediye ödüle dönüşür. Öğrenme durur. Karne hediyesiyle motive etmektense, ikinci bölümde göreceğimiz gibi gerçek iç motivasyon oluşturulmalıdır. Bu durumda dış kontrol mekanizmasına gerek kalmaz. Şimdiye kadar, motivasyon ve performans üzerinde durduk. Peki, ödül çocuğun değerlerini nasıl etkiler? Çocuklara ödülle değerler kazandırabilir miyiz?

Özet

- Çocuklara bir iş karşılığında ödül verilince, amaç o işi en iyi şekilde yapmak değil, en kısa sürede bitirip ödülü almak olur.
- Çocuklara ödül verilince, çocuklar ödüle ulaşmak için seçebilecekleri en kolay işleri seçer. Böylece o işleri en kolay şekilde başarıp ödüle ulaşmak ister. Bu da gelişimi durdurur.
- Gelişim her zaman kendi seviyenizin bir veya iki birim üstünde işleri seçmeyi gerektirir. Çünkü ancak kişi kendini zorlarsa, gelişir. Ama ödül verilince insanlar zor işleri seçme gereği duymaz. Kendini zorlamaz. Böylece gelişim durur.
- Eğitim ve öğrenme için ödül verilince, çocuk derslere daha çok katılır, ödevlerini yapar (çünkü bunlar mekanik işlerdir) ama daha iyi öğrenmez. Çünkü işe yüzeysel yaklaşır. Amaç öğrenmek değil, ödülü almak olur.
- İnsanlar performans ve gelişim odaklı diye ikiye ayrılır. İlk grup öğrenmese de sonuçla ilgilenir. Gelişim odaklılar öğrenme ve gelişimle ilgilenir. Ödül verilince, çocuk performans odaklı olur. Bu durumda öğrenme ve gelişim zayıflar.
- İnsanlar normal şartlarda yarım kalmış işleri bitirmek ister. Ama çocuk ödül alınca, iş yarım kalsa da kişi işini bitirdiğini düşünür ve o işe geri dönmez. Ama amaç ödül değil de öğrenmek olsa, kişi öğrenince işi bırakır. Ödül öğrenmenin yarım kalmasına sebebiyet verir.
- Ödül bir ortamı değerlendirme ortamına dönüştürür. Kişi de yeni şeyler denemek isterse, ödüle ulaşmayacağından korktuğu için risk almaz. Bu durumda da gelişim durur.
- Karne hediyesi de bir ödüldür. O da öğrenmeyi ve iç motivasyonu olumsuz etkiler.
- Kısacası, ödül gelişimi ve öğrenmeyi olumsuz etkiler.

Ödül değerleri öğretir mi?

Taylan, spor salonundan çıkarken, basketbol potasının altında unutulmuş iki tane palto görüyor. Hemen geri dönüyor ve iki paltoyu da alıyor. Sonra sınıfa giriyor ve arkadaşlarına sesleniyor: "Palto unutan var mı?" İki çocuk hemen geliyor ve Taylan'dan paltolarını alıyor. Bunu gören öğretmen hemen Taylan'ı yanına çağırıyor, "Aferin sana Taylan! Bak ne güzel arkadaşlarının paltosunu getirip verdin" diyor ve ona iki tane ödül kartı veriyor. Ödül kartı, çocuklara değerleri öğretmek için okul yönetimi tarafından başlatılan yeni bir uygulamaymış. Okul idaresi öğretmenlere kartlar dağıtmış. Çocuklar iyi bir davranış sergilediğinde, öğretmenler çocuklara ödül kartı veriyormuş. En çok kartı toplayan da dönem sonunda hediye kazanıyormuş. Sizce öğretmen Taylan'a ödül kartı vererek, ona ne öğretmiştir? Bunu gören çocuklar bundan sonra nasıl davranır? Taylan ne hissetmiştir ve insanlara yardımcı olmaya aynı şekilde devam eder mi?

* * *

Ünlü İngiliz psikolog Richard Titmuss, 1970'lerde çok radikal bir iddia ortaya atıyor: Kan bağışı için para ya da ödül verirseniz, insanlar daha az kan bağışlar. O zamanlar bu fikir ekonomistler tarafından çok kabul görmüyor. Çünkü ekonomistler "İnsan mantıklı bir varlıktır, para motivasyonu düşürmez. Tam tersi artırır" tezini savunuyor. (Tabii şimdi davranışsal ekonominin gelişimiyle, mantıklı davranmanın anlamı da değişti.) Ama kimse bu fikri ispatlama gereği duymuyor. Yıllar sonra araştırmacılar, bu fikri test etmeye karar veriyor. Titmuss gerçekten haklı mı? İnsanlar değerlerinden dolayı mı kan bağışlar yoksa para/ödül için mi?

Ödül ve değer kazandırma

Almanya'nın ünlü Max Planck Enstitüsü'nden araştırmacılar Warneken ve Tomasello, ödül ile değerler arasındaki ilişkiyi incelemek için bir deney tasarlıyor. Deneyin enteresan yanı da şu: deneyi 18 aylık bebeklerle yapıyor. Çünkü bebekler bu yaşta tam olarak sosyalleşmemiş oluyor. Merak ettikleri soru da şu: Yardım ettikten sonra çocuklara ödül verilirse, çocuklar yardım etmeyi bırakır mı? Yani, ödül çocukların değerlerini öldürür mü?

Çocukları anneleriyle beraber tek tek odaya alıyorlar. Anneler kenarda bekliyor. Böylece çocuklar kendilerini güvende hissediyor. Ortaya bir masa koyuyorlar ve çocuğu da yere oturtuyorlar. Warneken masada çalışmaya başlıyor. Birden kalemini düşürüyor. Çocuklar da doğal olarak kalemi alıp, Warneken'e veriyor. Yani, çocuklar ona yardım ediyor. Warneken de bu yardım karşısında bazı çocuklara ödül veriyor, bazılarını övüyor ve bazılarına da hiçbir şey yapmıyor.

Daha sonra deneyin ikinci kısmına geçiliyor. Çocuklara birer oyuncak veriliyor ve Warneken yine masaya oturuyor. Çocuklar oyuncakla oynarken, kalemi tekrar düşürüyor. Acaba bu sefer hangi gruptaki çocuklar kalemi alıp, ona verecek? Çocukların daha önce ödül ya da övgü almış olması, onların davranışlarını etkileyecek mi? Sonuç çok net gösteriyor ki ödül alan grup, en az yardım eden grup oluyor. Övgü alan grup yardım ediyor ama ödül/övgü almayan gruba göre çok daha az. Neden peki?

Yardım etmek ve iyilik insanın doğasında olan bir değerdir. Onun için de çocuklar bunu iç motivasyonla yapar. Yani, sadece yardım etmiş olmak için yardım eder. Ama çocuklara yardım ettikten sonra ödül verilirse veya onlar övülürse, iç motivasyonun yerini dış motivasyon alır. Çocuklar dış motivasyon için yardım etmeye başlar. Dış motivasyon ortadan kalkınca (yani ikinci deneyde ödül veya övgü verilmeyince), yardım etme davranışı da ortadan kalkar. Deneyde de tam olarak bu oluyor. Ödül ya da övgü alan çocuklar, bunlar ortadan kalkınca yardım etmeyi bırakıyor. Daha önce söylediği gibi iç motivasyonu ve tutumu öldüren ödül, burada da değerleri öldürüyor.

Prof. Richard Fabes iyilik yapmak ile ödül arasındaki ilişkiyi anlamak için bir deney tasarlıyor. 72 çocuğu iki gruba ayırıyor ve tek

tek odaya alıyor. Çocuklara iki kutu dolusu renkli küçük kâğıtlar veriyor. Onlardan şöyle bir şey rica ediyor: Şu anda hastanede yatan hasta çocuklar var. Bu arkadaşlarınız bu kâğıtlarla oynamayı çok seviyor. Onlara yardımcı olmak ister misin? Yardımcı olmak istiyorsan, bu küçük kâğıtları renklerine göre ayrıştırman gerekiyor." İlk gruba bu işi için oyuncak (ödül) vaat ediyor, diğer gruba hiçbir şey vaat etmiyor.

Çocuklar kâğıtları ayrıştırmaya başlıyor. Bir süre sonra onları bölüp, "Tamam teşekkür ederim. Bu kadar yeterli" diyor. Sonra masaya bazı oyuncaklar koyup, odadan çıkıyor ama çıkmadan önce de çocuklara diyor ki "Ben şimdi çıkıyorum. İsterseniz ayrıştırmaya devam edebilirsiniz ya da buradaki oyuncaklarla oynayabilirsiniz." Sonra çocukları gizlice izliyor. Acaba çocuklar ayrıştırma işini bırakıp, oyuncaklarla mı oynayacak yoksa ayrıştırmaya devam mı edecek? Ödül almayan gruptaki çocukların % 100'ü hasta çocuklara yardımcı olmak için ayrıştırmaya devam ederken, ödül alanların sadece % 43'ü devam ediyor. Görüldüğü üzere çocukların % 57'si ödül yok diye yardımcı olmayı bırakıyor. Çocukların değerleri öldürülüyor.

Ödül ve övgü gibi dış kontrol mekanizmalarıyla değer kazandırmak çok zordur. Tam tersi bu mekanizmalar çocuğun var olan değerini öldürür. Çocuğa davranışları için ödül verildiği zaman, ona şöyle bir mesaj gider: "Yardım etmek kendi içinde değerli değildir. Onun için ben sana dışardan bir ödül vereceğim. Sen bunu ödül için yap." Değer kazandırma süreci, çocukların değerleri içselleştirmesini gerektirir. Ama ödül içselleştirme sürecini olumsuz etkiler. Tam tersi değerleri dışsallaştırır. Hatta bir araştırmada, paylaşım yaptıktan sonra ödül alan çocuklara, "Neden paylaştın?" diye soruyorlar. Çocuklar ödülü kazanmak için paylaştım, diyor. Normalde ne demesi gerekir? Yardıma ihtiyacı olan çocuklara yardımcı olmak için, ona üzüldüğüm için, kendimi onun yerine koyduğum için... Ama ödül bu iç motivasyon kaynaklı değerleri öldürür. Değerlere dış motivasyon yükler.

Zaten ülkemizde çocuklar iyi bir şey yaptıktan sonra övdüğümüz ve kötü bir şey yapınca ayıp dediğimiz için, değer oluşturmakta zorlanıyoruz. Çocuklar değerleri içselleştiremiyor. Etrafta ayıplayacak, övgü veya ödül verecek kimse olmayınca, çocuk doğru ve etik davranışı göstermiyor. Sahtekârlık oranı artıyor. Değerler öldüğü için kişiler bencilleşiyor ve kendi çıkarlarını korumaya odaklanıyor. Örneğin, öğretmen olmayınca, kopya çekiyor. Yakalanacaksa, yalan söylüyor. Kimse görmeyince yere çöp atıyor. Şirket çalışanları müdür olmayınca çalışmıyor. Bunların altında yatan temel sebep, değerlerin içselleştirilmemiş ve değerlerin dış faktörlere bağlanmış olması.

Çoğu aile zannediyor ki çocuklar doğru davranışları ve değerleri ödülle öğrenir. Yine bir seminerde annenin biri bana şöyle bir soru yönetti: "Çocuk doğru bir şey yapıyor ve ben de o davranışı pekiştirmek için ödül veriyorum. Ödül vermezsem ya da övmezsem, değerleri nasıl öğreteceğim?" Yani bu anne zannediyor ki çocuklar ödüllendirildikleri davranışları sergiler. Anne yine varsayıyor ki çocuklar iyi olmayı bilmiyordur. İyi olmak çocuklara öğretilmelidir. Bu da ödülle yapılmalıdır. Acaba gerçekten çocuk değerleri ödülle mi kazanır? Yoksa, çocuklar zaten doğal olarak iyi midir? Ödül verince, değerler ölür mü, yoksa çocuklar ödülle değerleri öğrenir mi?

İnsan doğası iyi midir?

Bu soruyu yanıtlamak için Prof. Robert Hepach ve arkadaşları tarafından mükemmel bir deney yapılıyor. 24 aylık otuz altı çocuk üç gruba ayrılıyor ve bir odaya tek tek alınıyor. Yukarıdaki deneye benzer bir deney yapılıyor. Yani, aynı şekilde bir yetişkin çalışırken elindeki kalemi düşürüyor ve onu almaya çalışıyor. Ama bir türlü alamıyor. Çocuklar da bu durumu gözlemliyor. İlk gruptaki çocuklara yardım etme fırsatı veriliyor. Çocuk kalemi yerden alıp yetişkine veriyor. İkinci gruba yardım etme fırsat verilmiyor. Çocuk almaya yeltenirse, anne çocuğu alıp gidiyor. Üçüncü gruptaki çocuklara da yardım etme fırsatı verilmiyor ama şöyle bir şey yapılıyor. İkinci bir yetişkin odaya giriyor, kalemi yerden alıp, masadaki kişiye veriyor. Çocuklar da bunu görüyor. Deneyin en ilginç kısmı şu: bu sırada tüm çocukların gözbebeklerinin boyutu ölçülüyor. Normalde insan heyecanlanınca gözbebekleri büyür. Eğer çocuk yardım etmek isterse, gözbebekleri büyüyor. İstemezse, yani yardım etme niyeti yoksa olaydan etkilenmiyor ve gözbebekleri aynı kalıyor.

Şimdi kritik soru şu: çocuk yardım etmek isterse, gözbebeği büyüyor ve yardım edince de durum normale dönüyor ve gözbebeği küçülüyor. Peki, üçüncü gruptaki çocuklar kendileri yardım etmese de başka kişinin yardım ettiğini görünce, gözbebekleri küçülür mü? Önemli olan yardım eden kişi mi olmaktır yoksa kim ederse etsin, yardıma ihtiyaç duyan kişinin yardımı almış olması mı?

Beklenildiği gibi, birinci gruptaki çocuklar yardım ediyor ve gözbebekleri küçülüyor. İkinci gruptaki çocuklar yardım edemiyor ve gözbebekleri uzun süre küçülmüyor. Üçüncü gruptaki çocukların da gözbebeği küçülüyor. Bu şu anlama geliyor: küçük çocuklar onaylanmak için değil, gerçekten karşıdaki kişinin sorununu çözmek için yardım ediyor. Yardım eden kendileri olmasa da, yardım edildiğini görmek onları rahatlıyor ve gözbebekleri küçülüyor.

Her ne kadar bazı biliminsanları bu fikre katılmasa da bu araştırma çok net gösteriyor ki yardım etmek insanın doğasında olan bir değer. İnsanlar ödül ya da onaylanmak için değil, değerlerinden dolayı yardımcı oluyor. Ama ödül işin içine girdiği zaman hedef kayıyor. Ödül ve övgü ile çocuklara değer kazandırmaya çalışınca, çocuk onaylanmak için yardım etmeye başlıyor. Onay mekanizması olmayınca da yardım etmiyor. İleride yetişkin olunca, yardım etmek için değil, onaylanmak, egosunu tatmin etmek, toplumda kabul görmek için bağış yapıyor. Ama yardım etme davranışı herhangi bir dış motivasyon eklenmezse, o zaman çocuk sadece iyi bir insan olmak için yardım etmeye devam ediyor. Peki, yetişkinlerde durum nasıl? Yetişkinlere ödül verirsem, temelinde değer olan bir davranışı hâlâ yapmaya devam ederler mi?

Ödül yetişkinlerin değerlerini de olumsuz etkiler mi?

İsviçreli iki bilim insanı ödül ile değerler arasındaki ilişkiyi anlamak için bir araştırma tasarlıyor. 153 kadın denek buluyor ve onları üç ayrı gruba ayırıyor. Her gruptan sadece bir şey istiyor: kan bağışlamak. İlk grup sadece kan bağışlayacak. İkinci grup kan bağışlarsa, yedi dolar kazanacak. Üçüncü grup da para kazanacak ama isterlerse bu parayı başka bir kuruma bağışlayabilirler. Sizce en çok hangi grup kan bağışlamıştır? Tahmin edildiği gibi en az kan bağışını, ödül alan grup yapıyor (% 30). Diğer gruplar aynı oranda kan bağışlıyor

(% 53). Başka bir araştırmada, tişört vaat edilen kişiler daha az kan bağışlıyor. 2013 yılında Londra Ekonomi Üniversitesi'nden Claudia Niza ve Kings College'tan Burcu Tung, şimdiye kadar kan bağışlama konusunda yapılmış bütün araştırmaları inceliyor. Ulaştıkları sonuç çok net: ödül verildiği zaman kan bağışı azalıyor.

Başta sorduğum soruya dönersek, bu araştırmalar Richard Titmuss'un iddiasını haklı çıkartıyor. Para veya ödül verince, insanlar daha az kan bağışı yapıyor. Daha da tehlikeli bir durum ortaya çıkıyor. Araştırmacı Eastlund gönüllü ve para karşılığında verilen kanları incelediğinde keşfediyor ki para için verilen kanlar daha az kaliteli. Yani, bu kanlarda daha çok hastalık var. Bundan dolayı Dünya Sağlık Örgütü tüm ülkelere kan toplama kampanyalarının gönüllü yapılması gerektiğini öneriyor. Hatta 2020 yılına kadar tüm ülkelerdeki kan toplama kampanyalılarının gönüllülük esasına dönüştürülmüş olması için çalışıyor. Peki, ödül kan bağışını neden azaltıyor ve bu kanlar neden daha az sağlıklı? Bu soruları yanıtlamadan önce bir soruyu daha yanıtlamamız gerekiyor. Acaba ödül diğer gönüllü çalışmaları da olumsuz etkiler mi?

İsviçre hükümeti ülkesine nükleer santral kurmak istiyor. Bu kararı alırken, demokratik bir ülke olarak vatandaşlarına soruyor. Vatandaşların yarısı (% 50,8) benim mahalleme santral kurabilirsiniz, diyor. Araştırmacılar ödülün etkisini anlamak başka bir anket yapıyor. Bir gruba, eğer nükleer santralı kabul ederseniz, hükümet size para ödeyecek diyor, diğer gruba herhangi bir ödül vaat etmiyor. Sonuçlar birden değişiyor. Evet oranı % 24,6'ya düşüyor. Yani, vatandaşlara nükleer santral karşılığı ödül vaat edilince, daha çok kişi santrala karşı çıkıyor. Bunun gibi ödülün, değerleri olumsuz etkilediği birçok örnek var.

Araştırmacı Vincent Anesi, demokratik ülkeleri incelediğinde görüyor ki ödül (veya ceza) arttıkça, oy verme eğilimi azalıyor. İsrail'den Uri Gneezy araştırması için evlere bağış toplamaya giden 180 öğrenciyle anlaşıyor. Onları üç gruba ayırıyor. Birinci gruba, yaptıkları işin önemini hatırlatıyor. İkinci gruba toplandığınız bağışın % 1'i, diğer gruba % 10'u sizin olacak diyor. Sonra hangi grubun en az para topladığına bakıyor. Para alan gruplar en az para toplayanlar oluyor.

Sigara bırakma programına katılan ve bunun için para alan grup, para almayan gruba göre daha çok derse katılıyor ama bu kişilerin sigarayı bıraktıktan sonra başlama oranları çok daha yüksek. Bir deneyde lise öğrencilerinden, ilkokul öğrencilerine ders verilmesi isteniyor. Bir gruba para ödeniyor, bir gruba ödenmiyor. Para karşılığı eğitim verenler çocuklara daha kötü davranıyor ve çocuklar daha az öğreniyor. Kısacası, ödül hem değer kazanımını olumsuz etkiliyor hem de var olan değerleri öldürüyor. Bu sadece ödül için geçerli değil. Tüm kontrol mekanizmaları değerleri olumsuz etkiliyor.

Kontrol mekanizmaları ve değerler

Vergilerini düzenli ödeyen vatandaşların çoğu bunu değerlerinden dolayı ödediğini söylüyor. Yani iç motivasyonla yapıyor. Peki, bir devlet vergi ödeme üzerindeki kontrolü artırırsa, vatandaşlarını zorlarsa, vergi ödeme oranı artar mı azalır mı? Alman araştırmacılar tam olarak bu soruyu soruyor. İsviçre 25 ayrı yönetim bölgesinden oluşur. Bölgelerin yönetim şekilleri de birbirinden farklılık gösterir. Bazı bölgelerde katılımcı demokrasi daha yüksek, bazı bölgelerde daha az. Yani, yönetim bazı eyaletlerde daha baskıcı, bazılarında daha az. Araştırmacılar bu bölgelerdeki vergi ödeme şekillerini inceliyor. Araştırma sonucunda görüyorlar ki kontrol mekanizması ne kadar azsa, vatandaşlar vergi ödemeye o kadar sıcak bakıyor ve daha az vergi kaçırıyor. Yönetim kontrol mekanizmasını ne kadar artırırsa, vergi kaçırma o kadar çok oluyor. Kontrol, "vatandaşlık görevini yapma" değerini olumsuz etkiliyor.

Başka bir araştırmada, oyun sırasında kazanılan ödülleri arkadaşlarıyla paylaşan bir grup övülüyor, diğeri övülmüyor. Araştırmanın ikinci kısmında övülen grup daha az paylaşıyor. Övgü de ödül gibi bir kontrol mekanizmasıdır (Övgüyü daha detaylı, başka bir kitapta işleyeceğim.). Görüldüğü üzere ödül değerleri öldürüyor, değer kazanımını engelliyor. Peki, ödül alan grup neden daha az kan bağışlıyor ya da neden santral istemiyor? Bunun altında yatan mekanizma ne?

İyi insan olma hakkı

Bir topluluğun önüne çıkıyorsunuz ve diyorsunuz ki "Bir arkadaşımızın acil kana ihtiyacı var. Ona kan vermeyi kabul ederseniz, size 100 TL vereceğim. Para kazanmak isteyen varsa, gelip kan versin." Sizce kişiler bu şekilde kan verir mi? Yoksa işin içinde para olduğu için hiç kan vermez mi? Ya da kişiler "Ben kan veririm ama para istemiyorum" mu der?

Bu senaryonun aynısını MIT'ten Dan Ariely ve meslektaşları bir araştırmada yaratıyor. 154 öğrenciyi tek tek odaya alıyor ve onlara bir bilgisayar oyunu oynatıyor. Oyun da çok basit. Öğrencilerin yapması gereken tek şey, bilgisayar faresine basmak. Ama öğrencilerin fareye basma nedenleri farklı.

Bazı öğrenciler, fareye basarak hem para kazanıyor (ödül) hem de bir vakfa para (bağış) kazandırıyor. Bazı öğrenciler ise para (ödül) kazanmadan sadece vakfa para (bağış) kazandırıyor. Ama bir ayrıntı daha var. Bazı öğrencilerin ne kadar kazandığı ve ne kadar bağış yaptığı herkes tarafından görünüyor (açık durum). Bazı öğrenciler de sadece kendisi biliyor (gizli durum). Acaba hangi durumda en fazla bağış yapılmıştır? Öğrenciler, para kazandıkları (ödül) ve kimsenin sonucu görmediği (gizli durum) durumlarda en az bağışı yapıyor. Herkesin gördüğü (açık) durumlarda en çok bağışı yapıyor. Neden?

İki işadamı düşünün. İkisi de bir vakfa bağış yapıyor. Biri bağışı vergiden düşüyor, diğeri düşmüyor. Hangi işadamını daha çok takdir edersiniz? Tabii ki vergiden düşmeyeni. Bu durumda adamın bu işten bir çıkarı yok, sadece fayda sağlamak istiyor, diye düşünürüz. Peki diğeri için ne düşünürüz? Bu adam aslında yardımcı olmak istemiyor, deriz, kendi çıkarı için bağış yapıyor.

Aynı şekilde değerli bir iş yapan kişiye ödül verdiğiniz zaman, kişi çıkarcı algılanacağından korkar ve ödülle o işi yapmak istemez. Para karşılığı kan veren bir kişi, "Ben duyarlı bir insanım. Onun için kan bağışlıyorum" derse, arkadaşları, "Hadi oradan, alakası yok. Sen para için kan bağışladın" der. Yani, kişi bir iyilik yapmak istediğinde, bunu iyi bir insan olma niyetiyle yaptığının bilinmesini ister. Ama ödül veya para, insanın elinden bu iyi insan olmak hakkını alır.

Ödül, insanları değerlerden uzaklaştırır. Çocuklara ödülle değerli bir iş yaptırılırsa, çocuk da aynı hisseder. İyi olma hakkı elinden alınır.

Şimdi kan verenlere dönelim. Ödül verilince, kişi daha az kan vermiştir çünkü ödül iyi vatandaş olma duygusunu elinden almıştır. Kişi, parayla kan vererek, çıkarcı ya da kötü niyetli olarak algılanmak ve diğer insanların gözünden düşmek istemez. Aynı şekilde Ariely'nin deneyinde de, herkesin gördüğü durumda kişiler çıkarcı algılanmamak için daha çok bağış yapmıştır.

Eve Yolculuk benim favori filmlerimden biridir. Babasını kaybeden bir genç, cenaze için şehirden köye geliyor. Ama gencin annesi, kocasının naaşını o köye değil, onun doğduğu köye defnetmek istiyor. Köyün geleneklerine göre de ölünün ruhu yolu hatırlasın diye, tabutun arabada değil, omuzlarda taşınması gerekiyor. İki köy arasında da kilometreler var. Gence bu fikir absürt geliyor (ve yeni jenerasyona göre de) ama yaşlı annesi çok sevdiği eşi için bunun bu şekilde yapılmasını istiyor. Genç, muhtarla konuşuyor, ne yapabileceğini soruyor. Muhtar artık bu geleneğin çok eskide kaldığını ve tabutu taşıyacak genç bulamayacağını söylüyor. Genç, "O zaman parayla adam tutalım" deyip, muhtara para veriyor. Muhtar bir sürü genç buluyor ve grup tabutla beraber onca yolu yürüyor. Sonradan muhtar parasını iade edip gence bir tek kişinin bile para almadığını söylüyor. İnsanlar neden para almıyor? Çünkü onlar bu işi para için değil, onurları, değerleri ve iyilik duyguları için yapıyor. Para alırlarsa, iyi insan olma duygusunu yaşayamazlar.

* * *

Taylan da tam olarak bunu hissetmiştir. Öğretmen Taylan'a herkesin içinde kart vererek, onun iyi insan olma duygusunu elinden almıştır. Oysa o, sadece arkadaşlarına yardımcı ve iyi bir insan olmak için bunu yaptı. Ama ödül bu hissini elinden aldı. Dahası öğretmenin amacı, iyiliğin, sadece iyi olmak için yapılması gerektiğini çocuklara öğretmek, onlara değer kazandırmak olmalıdır. Ama öğretmen ödül vererek, "İyilik dış motivasyonla (ödül) yapılır" mesajı vermiştir. Çocuğun yardım etme davranışını içselleştirmesini engellemiştir. Bundan sonra sınıfta ne olmuş biliyor musunuz?

Çocuklar kendi aralarında anlaşmış. Ertesi gün birçok çocuk montunu unutmuş ve sonra öğretmenin göreceği şekilde montları birbirine vermiş. Ardından gidip öğretmenim biz de unutan arkadaşlarımıza montlarını verdik, diyerek kart istemiş. Durum yardımsever olmaktan çıkıp, kart toplamaya dönüşmüş. Sizce yardımseverlik kendi içinde değerli değil midir ki dışarıdan bir ödül veriliyor? Öğretmen bir süre sonra da bu uygulamayı bırakmış. Ödülün insanları değerlerden uzaklaştırmasının tek sebebi bu değil. Bir sebep daha var.

Ödül sosyal normları nasıl etkiler?

Amerika'da AARP adlı bir vakıf vardır. Görevi, yaşlı insanlara ücretsiz hukuk hizmeti vermek. Vakıf, Amerika'nın ünlü avukatlarına bir mektup yazıyor ve yaşlılara yardımcı olup olmayacaklarını soruyor. Tabii vakfın bütçesi kısıtlı olduğu için, bu yardımları karşısında saat başına sadece 30 dolar ödeyebileceklerini de belirtiyor. Bu avukatların normal saat ücretleri ortalama 950 dolar. Avukatların büyük çoğunluğu teklifi kabul etmiyor. Bunun üzerine AARP, başka bir grup avukata aynı teklifi yapıyor ama bu sefer tamamen, "Gönüllü yardımcı olur musunuz?" diye soruyor. Yani, bu grup hiç para kazanmayacak. Avukatların çoğu bu teklifi kabul ediyor. Bir grup saat başına 30 dolar kazanacak, diğer grup hiç kazanmayacak. 30 dolar 0 dolardan daha fazladır. Ama buna rağmen ikinci gruptan daha çok kabul eden avukat çıkıyor. Neden acaba?

Bir akşam kız/erkek arkadaşınızla yemeğe çıkıyorsunuz. Çok güzel bir akşam geçiriyorsunuz. Yemeği en kısa zamanda tekrarlamak istiyorsunuz. Bunu da garantilemek için cebinizden 500 TL çıkartıp, "Benimle tekrar yemeğe çıkarsan, sana 500 TL vereceğim" diyorsunuz. Acaba arkadaşınızın tepkisi ne olur? Muhtemelen bir daha sizinle konuşmaz.

Başka bir senaryo düşünün. Bir doktorun özel muayenehanesine gidiyorsunuz. Doktor sizi dikkatle muayene ediyor ve reçetenizi yazıyor. Teşekkür ediyorsunuz, tokalaşıyorsunuz ve odadan çıkıyorsunuz. Daha sonra sekretere de hoşça kal deyip kapıya yöneliyorsunuz. Sekreter, "Beyefendi/hanımefendi 500 TL bir ödemeniz var" diyor. Siz de, “Ne ödemesi ya! İnsanlık öldü mü? Hastadan para alınmaz” diyorsunuz. Acaba sekreterin tepkisi ne olur? Muhtemelen sizi ahlaksızlıkla suçlar.

Bu iki senaryo arasındaki fark ne? İlkinde ilişkileri sosyal normlar belirliyor, diğerinde pazar normları. Sosyal normlara göre davranmak gerekirken, pazar normlarına göre (sevgiliyle yemek), pazar normlarına göre davranmak gerekirken sosyal normlara göre davranılırsa (doktor muayenesi), durum tamamen garip algılanıyor. İlişkiler zarar görüyor.

Olayı sosyal norm ve pazar normları açısından değerlendirince, para teklif edilen avukatların neden teklifi kabul etmediğini anlıyoruz. 30 dolar teklif edildiği an, avukatlar teklifi pazar normlarına göre değerlendiriyor ve miktara çok az olduğu için hayır diyor. Bu miktara evet derse, kendisini ucuz hissedecek. Ama hiç para teklif edilmediğinde, teklif sosyal normlara göre değerlendiriliyor ve daha çok avukat teklifi kabul ediyor. Bu avukatlar sosyal normlara göre gönüllü çalışma yapmak ve bunun sonucunda da kendisini iyi hissetmek istiyor. Şimdi soru şu: ödül, sosyal norm mu yaratır yoksa pazar normu mu?

Ödül, sosyal normları, pazar normuna dönüştürür. Sosyal sorumluluk ya da yardımcı olmak isteyen bir insana ödül verilince, ilişki pazar normuna dönüşür. Kişi de o işi ödül için yapacak olursa, kendini ucuz hisseder. Ucuz hissetmemek için yapmak istemez.

Sosyal normlar ile pazar normları arasında bir fark daha var. Yukarıda bahsettiğim Gneezy’nin deneyinde komisyon alan öğrenciler (% 1 ve % 10) daha az para topluyor. Neden? Öğrenci bir yetişkini bağış yapmak için ikna edemezse, kaybı sadece 1 veya 2 TL. Bunu göze alabilir, tolere edebilir ve ikna etmek için çok uğraşmaz. Yoluna devam eder. Çünkü durumu pazar ekonomisi normlarına göre değerlendirmiştir. Ama değerlerinden dolayı bağış toplayan kişi, ikna edemezse, kendisini başarısız ve değerlerini yerine getirememiş hisseder. Bunu çok kolay tolere edemez. Hemen, “Hadi bu kişiyi geçeyim” diyemez. İkna etmek için daha çok uğraşır. Başarıya ulaşmak ve değerini gerçekleştirmek ister. Onun için de daha çok bağış toplar.

Bundan dolayı değerlere bağlı işlerde, asla ödül verilmemelidir.

İlişki sosyal normda devam etmelidir. İnsan bir işi yapacaksa değerlerinden dolayı yapmalıdır. Olayı pazar normlarına dönüştürdüğünüz an, değerler zayıflar, işin kalitesi düşer. Yanıtlamamız gereken bir soru daha var. Peki, para vaat edilerek alınan kanların kalitesi neden daha düşük oluyor?

İşin kalitesi

Kan bağışı yapan insanların belirli değerleri vardır. Örneğin iyilik yapmak ve topluma yardımcı olmak bu kişilerin değerleri arasındadır. Ama para karşılığı kan veren (satan) kişi hakkında aynı şeyi düşünmezsiniz. Bu adam bazı değerlerden yoksundur veya değerleri çok güçlü değildir, gibi. Peki, değerleri güçlü olmayan insanların nasıl bir yaşam tarzı vardır? Bu insanlar etik dışı ve riskli davranışlar gösterebilir. Örneğin güçlü değerleri yoksa uyuşturucu kullanır, içki içer, gayrimeşru ilişkilere girer. Düzgün bir hayatı olmadığı için de hastalık taşıma ihtimali daha fazladır. Tabii düzgün bir yaşam süren insanlar da paraya ihtiyacı olduğu için ya da çaresizlikten kanını satmış olabilir. O ayrı bir konu. Kısacası, bir iyiliği değerlerinden dolayı değil de para için yapan insanlardan, başka etik dışı davranışlar da bekleriz. Güvenimiz sarsılır.

Kısacası, ödül insanlara değer kazandırmadığı gibi, var olan değerleri de zayıflatır. Ödül verildiği zaman, kişi daha az iyilik yapar. Çünkü değer hem dışsallaşır hem de ödül onun iyi olma hakkını elinden alır. Ödül verilince daha kötü bir şey de olur. Ödül insanları etik dışı davranışlara iter. Nasıl mı?

Özet

- Yardım etmek insanın doğasında olan bir değerdir. Yardım için dışardan bir ödül verilirse, bu değer içselleşmez ve ödül ortadan kalkınca da kişi yardım etmeyi bırakır.
- Ödül var olan değeri öldürür. Yeni değer de kazandırmaz. Değerler içselleştirme yöntemiyle kazanılır. Ödül kullanılınca, değerler dışsallaşır. Kişi sadece kontrol mekanizması varsa, o değeri sergiler.
- Denetleme, gözetleme ve övgü de bir kontrol mekanizmasıdır. Bunlar da değerleri olumsuz etkiler.
- Ödül verilince yetişkinler de değerlerden uzaklaşır. Çünkü ödülle iş yaparsa, iyi insan olma duygusunu hissetmez. İnsanlar sadece kendi değerlerinden dolayı yardım ederse, kendisini iyi hisseder. Zorla yardım ederse, iyi hissetmez.
- İnsanlar bir işi ödül için yapıp, çıkarcı görünmek istemez. Onun için ödül olunca, insanlar o davranışı yapmak istemez.
- İnsan davranışların iki türlü norm yönetir: sosyal normlar ve pazar normları. Bir iş için ödül verilince, ilişkinin içine pazar normu girer. Davranışlar, iyilik olmaktan çıkar, paralı hizmete dönüşür. Bu da kişilerin değerlerini öldürür.
- Kısacası, ödülle değer kazandırmak zor. Ödül var olan değeri de zayıflatır.

11. bölüm

Ödül, etik dışı davranışları özendirir mi?

Yıl 2005. Texas kentindeki BP rafinerisinde bir patlama gerçekleşiyor, 26 kişi hayatını kaybediyor ve sayısız kişi yaralanıyor. Meksika Körfezi petrolle kaplanıyor. Tarihin en büyük deniz kirlenmelerinin biri gerçekleşiyor. Bu patlamayla şirket 40 milyar dolar kaybediyor. O zamanki toplam değeri 120 milyar dolar olan şirketin iflas etme ihtimali bile konuşuluyor. Kazadan üç yıl sonra bile, şirketin değeri % 25 düşüyor. Kazadan sonra araştırmacılar, şirketi inceliyor ve görüyorlar ki yöneticiler bu tür patlamaların şirketi bitireceğini bilmesine rağmen, gerekli önlemleri almamışlar. Acaba yöneticiler bu kadar hayati önem taşıyan kazalar için neden önlem almıyor? Bunun ödül sistemiyle ilgisi var mı?

Pennsylvania Üniversitesi'nden Prof. Schweitzer ödül ile etik dışı davranışlar arasındaki ilişkiyi anlamak için bir deney tasarlıyor. 154 deneği üç gruba ayırıyor ve onlara anagram testleri veriyor. Her turda deneklere 7 tane harf veriyor ve bu harflerden anlamlı kelimeler üretmesini istiyor. Kişilerden 7 turda toplamda en az 9 kelime üretmesi bekleniyor. Ama gruplar arasında bir fark var. İlk gruba elinizden gelenin en iyisini yapın, ikinci gruba sadece keyif alın, üçüncü gruba da 9 kelime oluşturursanız 2 dolar kazacaksınız deniyor. Her grup mümkün olduğu kadar çok kelime üretiyor.

Peki, bu kelimelerin anlamlı olup olmadığını kim kontrol ediyor? Deneklerin kendisi. Denekler kelimeleri kontrol ediyor ve ürettikleri anlamlı kelime sayısını "yanıt formuna" yazıyor. Deneklere, beyanlarına göre de para veriliyor. Daha sonra denekler odadan çıkarken, hem yanıt formlarını hem de anagram çalışma kâğıtlarını bir kutuya atıyor. Tabii kâğıtlar ve formlar isimsiz olduğu için, kişilerin yalan söyleyip söylemediğini anlamak mümkün değil. En azından denekler öyle zannediyor. Araştırmacılar zekice bir şey yapıyor. Bu kâğıt ve formları deneklere vermeden önce, onları verdikleri gizli rakamlar aracılığıyla eşleştiriyor. Kişilerin isimleri bilinmese de eşleştirme sonucu kişinin yalan söyleyip söylemediğini anlamak mümkün oluyor. Sizce hangi grup yalan söylemiştir? Ödül için anagram çözen grup, daha çok yalan söylüyor. Anlamlı kelime üretmemiş olsalar da yakalanma ihtimalleri olmadığı için, para kazanmak için yalan söylüyorlar.

Benzer bir araştırmayı Yeni Zelanda'da araştırmacı Steven Grover yapıyor. 140 öğrenciyi iki gruba ayırıyor ve onlardan bilgisayarda bir belgeyi düzeltmesini istiyor. Bir gruba para (ödül) veriyor, bir gruba hiçbir şey vermiyor. Denekler, en iyi yapanlar grubuna girerse 6 dolar kazanıyor, ortalama yapan gruba girerse 3 dolar kazanıyor, en kötü gruba girerse hiç para kazanamıyor. Yani, tam bir rekabet ortamı yaratıyor. Denekler tek tek odaya giriyor ve düzeltmelere başlıyor. Bu sırada yapılan düzeltmeleri bilgisayar kaydediyor ama denekler bunu bilmiyor. Düzeltme bittikten sonra deneklere kaç tane düzeltme yaptıkları soruluyor. Deneklerin, kimsenin onları kontrol etmediğini düşündüğü için, yalan söyleme ihtimali var. Grover görüyor ki ödül alan grup, yaptığı düzeltmelerin sayısını abartıyor. Yani, yalan söylüyor.

Bu iki araştırma gösteriyor ki amaç ödül kazanmak olunca, insanlar daha çok etik dışı davranışlara yöneliyor. Bir işin sonunda ödül varsa, insanlar doğru ve etik olanı değil, ödüle en kısa yoldan ulaştıracak davranışları sergiliyor. Bu davranışlar bazen etik oluyor ama kişilerin yakalanmama ihtimali varsa, bu davranışlar etik dışı olabiliyor.

Okullarda çokça gözlemliyorum. Anaokullarında çocuklara bir şey başardıklarında yıldız veriliyor. Çocuklar birbirlerinin yıldızlarını çalıyor. Hatta bir öğretmen anlattı. Bazı çocuklar, diğerlerinin yıldızını çalıp, çöpe atıyormuş. Neden? O çocuk eve gittiğinde ailesine gösterecek yıldızı olmasın, diye. Düşünebiliyor musunuz, okullar çocuklar arasında dostluk yaratması gerekirken, hem düşmanlık yaratıyor hem de onları ahlakdışı davranışlara yöneltiyor.

Aslında kopya çekmenin altında da bu sebep yatıyor. Not da sonuçta bir ödüldür. Amaç yüksek not (ödül) almak olunca ve yakalanmama ihtimali varsa, çocuklar kopya çekiyor. Başka ne yapıyor?

Yine yakalanmama ihtimali olduğu için, projeleri ailelerine yaptırıyor. Amaç not almak değil, öğrenmek olsaydı, bu ahlakdışı davranışların hiçbiri olmazdı.

"Normal şartlarda" insan etik dışı davranışlarda bulunmak istemez. Çünkü kendisini suçlu ve kötü hisseder. Özbenliğini sorgular ve kendisinden şüphe duyar. Kendi kendine, "Ben kötü bir insanım" der, kendisinden nefret bile edebilir. Bu da depresyon kaynağı olabilir. Tabii "normal şartlardan" bahsediyoruz. Ama normal şartlarda değil de olayın içinde ödül varsa, kişi ahlaksız davranabilir. Peki ama neden? Ödül neden ahlaksız davranışlara yol açar? Bunun altında yatan mekanizma ne?

Etik dışı davranışı rasyonalize etmek

Stanford Üniversitesi'nden son yüzyılın en ünlü psikologları arasında gösterilen Leon Festinger, ödül ile tutum değişikliği arasındaki ilişkiyi anlamak için bir deney tasarlıyor. (Festinger'den kitabın başlarında, söz etmiştim; bilişsel çelişki kuramının sahibi.) Denekleri tek tek bir odaya alıyor ve onlara çok sıradan ve son derece sıkıcı bir iş veriyor. Denekler bu işleri yapıyor ve doğal olarak tüm denekler işi yaparken sıkılıyor. Festinger, "Deney bitti, gidebilirsiniz" diyor. Ama asıl deney şimdi başlıyor.

Festinger, deneklerden şöyle bir şey rica ediyor: "Araştırma gereği dışarda bekleyen deneklere, sizin biraz önce yaptığınız işin ne kadar eğlenceli olduğunu söylüyoruz. Ama maalesef asistanım bugün gelmedi. Sizden rica etsem, dışarda bekleyen kişiye, yaptığınız işin ne kadar eğlenceli olduğunu söyler misiniz? Bu işin karşılığı olarak bazı deneklere 1 dolar, bazılarına 20 dolar vaat ediyor. Bir gruba da para vaat etmiyor, sadece ricada bulunuyor. Deneklerin bazıları bu teklifi kabul etmiyor ama çoğu kabul ediyor ve söyleneni yapıyor. Yani, iş sıkıcı olmasına rağmen, denekler yalan söylüyor. Siz olsanız, hangi durumda inandığınızın tersini söylerdiniz? 1 dolar karşılında mı yoksa 20 dolar karşılığında mı? Yoksa, teklifi hiçbir durumda kabul etmez miydiniz?

Denekler söyleneni yapıyor ve binadan çıkmadan önce, Festinger her üç gruba da soruyor: Yaptığınız etkinlikten ne kadar keyif aldınız? Bu sorunun mantığı da şu: her üç grup da etkinliği sıkıcı buldu ama tam tersini söyledi. Yalan söyledikten sonra, etkinlikle ilgili fikirleri değişmiş midir?

Tahmin edilenin aksine, görüldüğü üzere 20 dolar alan grup, fikrini değiştirmiyor. Hâlâ, etkinlik sıkıcıydı, diyor. Daha çok para alan kişinin, para karşılığında fikrini değiştirmesi gerekmez miydi? Para almayan grup da son derece sıkıcı buluyor. Ama 1 dolar alan grup fikrini tamamen değiştiriyor. Yani, bu grup ilk başta sıkıcı bulduğu etkinliği, daha sonra sıkıcı bulmuyor. Çok eğlenceliydi, diyor. Peki, neden diğer gruplar fikirlerini değiştirmiyor da 1 dolar alan grup değiştiriyor?

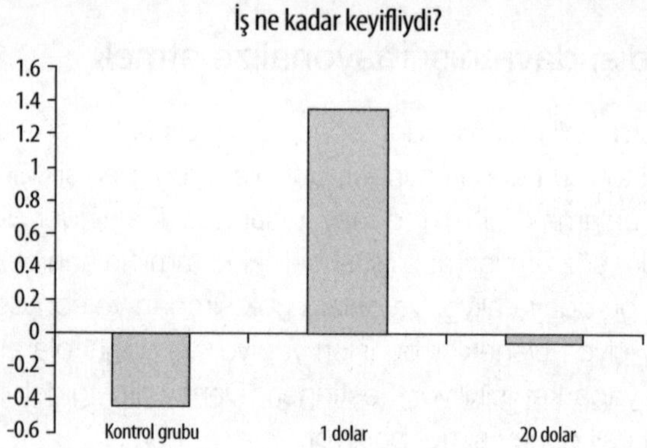

Çünkü 20 dolar alan grup inandığının tersine bir şey yapıyor ve bilinçaltında düşünüyor, "Evet, ben inandığımdan farklı bir şey söyledim. Yalan söyledim. Ama ben bunu para için yaptım." Yani, ödül, yalan söyleme davranışı için bir gerekçe oluşturuyor. Kişi yalan söylemeyi, ödül sayesinde rasyonalize edebiliyor. Rasyonalize edebildiği için de kendisini kötü hissetmiyor. Hırsızlık yapan bir kişi, bu ahlaksız davranışı rasyonalize edemezse, kendisini kötü hisseder. Bundan dolayı kendine bir rasyonel açıklama bulur ve böylece rahatlar. "Ben çalıyorum çünkü zaten adaletsizlik var.", "Ben çalıyorum çünkü oğlum aç." veya "Ben çalıyorum çünkü diğer insanlarda para var." gibi cümlelerle durumu rasyonalize eder.

Ama durum 1 dolar alanlar için farklı. 1 dolar alan grup aynı mantığı kuramıyor. Onlar da bilinçaltlarında kendi kendilerine şöyle diyor: "Ben inandığımdan farklı bir şey yaptım. Yalan söyledim ama ben bunu para için yapmış olamam. Çünkü bana sadece 1 dolar verdiler. O zaman aslında bu iş gerçekten ilgi çekici olmalı." Kişi, yalan söylemesini parayla rasyonalize edemediğinden, kendisini yalan söylemediğine inandırması gerekiyor. Bu durumda fikirlerini değiştiriyor. Kendi kendine diyor ki "Benim yalan söylediğimi düşünmeyin. Ben o işi eğlenceli bulmuştum" mesajı veriyorlar.

Görüldüğü üzere, bir iş için ödül verilirse, insanlar rahatlıkla etik olmayan bir iş yapabilir ve ödül sayesinde de durumu rahatça rasyonalize edip, kendilerini rahatlatabilir. Başka bir deyişle, ödül insanlara etik olmama hakkı verir. Yani, insanlar ödülle ve parayla vicdan satın alır. Vicdanları rahat bir şekilde hayatlarına devam eder. Ama hiç ödül olmasa, insanlar vicdanlarını ödülle rahatlatamayacak ve etik davranmak zorunda kalacak.

Yukarıda bahsettiğim gibi aynı mantık ceza sisteminde de vardır. Kişi normal şartlarda yapmayacağı işleri, ceza olduğu zaman yapar. Ben bu işi yaparım ve cezamı çekerim, der. Örneğin, normalde bir insan, vicdanından ve saygısından dolayı engelli park yerine park etmez. Ama engelli yerine park etme cezası olursa kişi kendinde oraya park etme hakkını görür. Cezası neyse öderim, der. Geçen gün bir arkadaşım, "Çok acelem vardı. Engelli park yerine park ettim. Ceza keserlerse de kessin dedim" dedi. Normal şartlarda kendisini suçlu hissedecek ama ceza ödeyeceği için suçlu ya da kötü hissetmiyor. Cezayla vicdan satın alıyor. Sonuç olarak ödül, kişiye etik dışı davranışı rasyonalize etme hakkı vererek, kişiyi etik dışı davranmaya itebiliyor. Bir defa ödül vermek bu kadar tahribata sebebiyet veriyorsa, acaba kurumlarda, şirketlerde ve okullardaki ödül sistemi nelere yol açar? Ödül sistemleri insanları tamamen etik dışı ya da zararlı davranışlara iter mi?

Ödül sistemleri ve istenmeyen davranışlar

Şirketlerdeki ve kurumlardaki ödüllendirme sistemleri kısa vadede yararlı olsa da birçok riski de beraberinde getirir. Ödül sisteminin olduğu yerde, kişiler etik dışı davranışlar göstererek, kuruma ya da topluma zarar verebilir. Nasıl mı?

Bazı hastaneler prim veya kota sistemiyle çalışıyor. Bu tür hastanelerde doktorlar belirli bir kotayı doldurmak zorunda veya ameliyat başına para alıyor. Bu durumda ne oluyor? Bazı doktorlar gereksiz yere veya ameliyatsız çözebileceği durumlarda bile ameliyat yapıyor. Gereksiz yere birçok tetkik istiyor. Doktorlar birbirlerinin kota doldurmasına yardımcı olmak için, hastanın ihtiyacı olmasa bile birbirlerine hasta yönlendiriyor. O tür hastanelere girince, bir türlü çıkamıyorsunuz. Yine bu tür ödül ya da kota sistemi olan hastanelerde, bazı doktorlar yatmaması gereken hastayı, hastaneye yatırıyor ve kotasını dolduruyor. Kısacası, bu hastanelerde, ödül sistemi olmasaydı, doktorlar bu türlü etik dışı davranışlarda bulunmazlardı.

Bazı ülkelerde hastaneler, iyileştirdiği hasta başına para alıyor. Bu durumda hastaneler, ağır hastaları kabul etmiyor. Hatta Amerika'da Phoenix eyaletinde 1700 hasta bu nedenle hizmet alamamış ve bunların kırkı hayatını kaybetmiş. Konu o kadar ciddi bir hal almış ki Amerikan Başkanı Obama bile konudan haberdar olup, konunun araştırılması için komite kurmuş. Yine bazı ülkelerde doktorlar hastayı belirtilen süre içerisinde iyileştirirse (her hastalık için belirli süreler belirlemişler), yüksek puan alıyor. Doktorlar da daha iyileşmeden hastayı taburcu ediyor. O kişi daha sonra tekrar hastalanıyor. Aynı şekilde iyileştirdiği hasta başına para alan doktorların bazıları, hastalık ilerlemeden gelen hastaya önleyici hekimlik hizmeti sunmak istemiyor. Çünkü önleyici hekimlik hizmetinden puan kazanmıyor. Bu durumda önleyici tedbirler ve hekimlik azalıyor, kişi hasta olduktan sonra tedavi görüyor. Bu da hem bireylere hem de topluma zarar veriyor. Verdiği eğitim ve araştırmadan dolayı değil de yaptığı ameliyattan dolayı para kazanan bazı doktorlar, araştırma yapmayı bırakıyor. Bazı doktorlar yaptıkları ameliyatın adını değil, daha çok puan getirecek ameliyatın adını kayıtlara yazıyor. Yaptığı her ameliyata daha çok puan getirecek ameliyatı ekliyor. Yüksek değerleri olan doktorlar sadece hastayı önemsiyor ve ödül sistemine rağmen etik davranıyor ama ödül sistemi, değerler sistemi oturmamış doktorları etik dışı davranmaya itiyor.

Amerikan Federal Hükümeti, Maine eyaletinde yeni bir uygulama başlatıyor. Bağımlılık tedavisi yapan merkezlere iyileştirdiği hasta başına para veriyor. Uygulama başladıktan sonra fark ediyorlar ki bağımlılıktan kaynaklanan ölümlerde artış oluyor. Neden? Çünkü merkezler çok ağır hastaları merkeze kabul etmiyor, ederse, onları iyileştirme ihtimalleri düşük olacak. Bu da onların hükümetten para almasını engelleyecek. Merkezler, hastanın sağlığını düşünmesi gerekirken, para almayı düşünüyor ve asıl ihtiyacı olanlara hizmet vermeyi reddetmiş oluyor.

Aynı şekilde bazı hükümetler hastaneleri hasta memnuniyetine göre değerlendiriyor ve onlara performanslarına göre para veriyor. Ama sonra fark ediyorlar ki yüksek puan alan hastaneler, aslında en kalitesiz olanlar. Neden? Çünkü hastaneler, hastanın anlamadığı kaliteli ekipmanlara ya da tıbbi malzemelere değil, ortamı ve odaları iyileştirmeye para harcıyor.

Araştırmacı Chen, Çin'de en fazla satılan ilaç listelerine bakıyor ve çok ilginç bir şey keşfediyor. En çok satılan ilaçlar en pahalı olanlar. Neden insanlar pahalı ilaçların muadilini değil de pahalı olanını alıyor? Çünkü doktorlar o ilaçları yazdıkça daha fazla prim alıyor. Halk zarar görüyor. Araştırmacı Woolhandler, iyi doktorların, maaş aynı olmasına rağmen, fakir mahallelerden ayrılıp zengin bölgelere transfer olduğunu keşfediyor. Sebebi ne? Çünkü bazı bölgeler doktora, iyileştirdiği hasta başına prim veriyor. Bir hastanın iyileşmesi birçok etkene bağlı. Doktor ne kadar iyi tedavi etse de fakir bölgelerde insanlar ilaçlarını düzenli kullanmıyor ve daha geç iyileşiyor ya da iyileşemiyor. Hasta tekrar hastaneye geliyor. Performans sistemi hastaneyi ve doktoru ödüllendireyim derken, aslında fakir insanları cezalandırıyor. Bazı ülkelerde itfaiyeciler söndürdüğü yangın başına para alınca, itfaiyeciler yangın çıkma ihtimali olan yerleri görmezlikten geliyor. Yangın çıksın da söndürelim diye bekliyor.

Freakonomics kitabının yazarı dünyaca ünlü ekonomist Prof. Steven Levitt bile okurlarına ödül vererek yaptığı hatayı kitabında anlatıyor. Twitter takipçisi 399.987'ye ulaştığında bir yarışma başlatıyor. 400.000'inci takipçiye ödül vereceğini ilan ediyor. Peki ne oluyor? Levitt'i takip edenler, ödülü almak için takibi bırakıp, tam doğru zamanda tekrar takip düğmesine basmak için bekliyor. Birçok kişi aynı anda bunu yapınca, Levitt'in takipçi sayısı düşüyor. Amaç ödül olunca, insanlar bilinçli ya da bilinçsiz etik dışı davranışlar sergiliyor. Ödül, tam tersi bir etki yaratıyor. Zarar gören de, toplum ve masum insanlar oluyor.

Ödül sistemleri ve şirketler

Şirketlerde de durum çok farklı değil. Şirketlerdeki ödül sistemi kişileri etik dışı davranışlara itiyor veya beklenmedik sonuçlar doğuruyor. Yukarıda Leazer'ın araştırmasından bahsetmiştim. Ürün başına prim verilince, verimlilik artıyor ama Lazear bir şey daha keşfediyor. Ürün başına prim alan işçilerin ürettiği camlarda daha çok defo çıkıyor. Neden? İlk nedeni, hızdan dolayı kalite düşüyor. İkincisi, işçiler defoyu fark etse bile, primleri düşmesin diye defolu ürünü saklıyor.

Bir otelde yönetim ilginç bir şey keşfediyor. Müşterilerin çoğu ücretli olan akşam yemeğini otelde değil dışarda yiyor. Araştırınca fark ediyorlar ki resepsiyon ve otel çalışanları müşterileri kendi otellerinde değil, dışarda yemek yemeye yönlendiriyor. Çünkü dışardaki restoranlardan komisyon alıyorlar. Otel restoranlarında yerlerse, hem para kazanmayacaklar hem de fazla iş çıkacak.

Tamir başına para alan teknisyenler arabada gereksiz tamirler

yapıyor. Satış başına prim alan satıcılar, müşterilere çürük malları satıyor, onların güvenini sarsıyor. Bazı araba satıcıları müşterinin ihtiyacı olan arabayı değil, kendisine en fazla primi getireni satıyor. Kotası olan satıcılar, bazen maliyetin altında ürün satıyor, bazen de 6 aylık vadeyle satıp şirketi zarar uğratıyor. Bu satıcılar paranın tahsis edilmesiyle uğraşmıyor. Sadece malını satıp, primini almak istiyor. Hatta bazı satıcılar parayı tahsil edemeyeceğini bile bile satış yapıyor. Her ay kotası, bir önceki ayın satışlarına göre artırılan satıcı, kotası yükselmesin diye bilinçli olarak daha az satış yapıyor. Satın alma müdürleri kendilerine verilen bütçe dahilinde kaldıkları zaman prim aldıkları için çoğu zaman ihtiyacı olan ürünleri değil, ucuz ürünleri alıyor. Bu ürünler de kısa zamanda bozuluyor. Bu bozulma şirkete daha fazla maliyet getiriyor. Ama kişiler bununla ilgilenmiyor. Kuruma zarar getirse de kendisine yarar getiren davranışları sergiliyor.

Ödül sistemi, istenilenin tam tersi bir sonuç doğuruyor. Birçok yönetici, çalışanlar arasında güçlü ilişkiler ve takım çalışması istiyor. Peki, neden olmuyor? Çünkü genelde primler bireysel başarılara göre veriliyor. En iyi sonuç alan en yüksek primi alıyor. Satış elemanlarından güçlü müşteri hizmetleri istiyor ama çalışanlar bunu çok önemsemiyor. Çünkü ilişki kalitesine göre değil, satış performansına göre prim veriliyor. Yaratıcılık ve inovasyon istiyor ama en kısa zamanda sonuç alan davranışları ödüllendiriyor. Çalışanlar da primlerini kaybetmemek için hata yapmaktan ve risk almaktan çekiniyor.

Ödül sistemleri ve eğitim dünyası

Makale başına para alan akademisyenler, literatüre katkı için değil, para kazanmak için hiç atıf almayacak makaleler basıyor. Hatta bazen sahte veri üretip makale basıyor. Bazı okullar da etik dışı davranışlar sergiliyor. Yıl sonunda öğrencilerinin ulusal sınavlarda ortalama puanlarını açıkladığı ve müdürler de buna göre ödüllendirildiği ya da takdir edildiği için, bazı okullarda müdürler bilişsel becerisi düşük çocukları okullarına almıyor. Hatta gelişim göstermeyen çocukların kaydını yenilemiyor. Eşitlik ve insanlık hakkını ihlal ediyor.

Öğretmen eleştirel düşünme istiyor ama bilgiye not verdiği için, çocuklar kopya çekiyor; öğrenme istiyor ama ürüne not verdiği için çocuklar ödevlerini ailesine yaptırıyor. Öğretmenin ve sistemin kendi ödüllendirme sistemi, çocuklara ahlaksızlığı öğretiyor. Eğitim sistemimiz, yapısalcı yaklaşım, eleştirel düşünme, keşfetme istiyor ama okullar bunları sağlayamıyor. Neden? Çünkü sistem bilgiyi ölçen sınavlara göre çocukları ve okulları ödüllendiriyor. Aynı şekilde eğitim sistemimiz çocuklardan sosyal ve yetenek gelişimi istiyor ama onları sınav sonuçlarına göre ödüllendiriyor. Öğretmen düşünen çocuk istiyor ama test bir dakikada yanıt vereni ödüllendirdiği için çocuklar ezbere yöneliyor. Aynı şekilde sınavda resim, beden eğitimi ve müzikten soru gelmediği için, çocuklar bu dersleri önemsemiyor. Ülkenin sanat ve spor damarı kesiliyor. En tehlikesi de şu: performans baskısı yüksek olan okullarda öğretmenler kaynaştırma öğrencilerini sınıfına almak istemiyor. Bu çocukların eğitim hakları elinden alınıyor.

Küçükken futbol oynardık ama kimse kaleci olmak istemezdi. Bu durumda şöyle bir sistem uygulardık. Her oyuncu sırayla kaleye geçer ve gol yiyince de kaleden çıkardı. Tabii bu sistemin takımın yenilgisini hazırladığını bilmiyorduk. Çünkü kaleye geçenin motivasyonu en kısa zamanda gol yiyip, tekrar oyuna girmek. Maçın amacıyla tamamen ters. Kaleye geçen oyuncular bilerek gol yerdi. Hatta her golden sonra takım oyuncuları tartışırdı. Kısacası, ödül insanları etik dışı davranışlara iter. Amaç ödül olunca, insanlar doğru ve etik şeylerden uzaklaşır. Ödül, karakteri oturmuş kişileri olumsuz etkilemese bile, bu tür olumsuz ihtimalleri bile doğurduğu için tehlikelidir.

Ödül etik dışı davranışı üretir mi?

Bazı ülkelerde itfaiyeciler söndürdüğü yangın başına para alınca, yangın çıkma ihtimali olan yerleri görmezlikten geliyor, demiştik. Burada kişi pasif olarak seçim yapıyor. Peki, acaba ödül, kişileri aktif olarak ahlaksız işlere yöneltir mi? Yani, itfaiyeci örneğinden gidersek, yangın söndürme primi alan bir itfaiyeci, kendisi yangın çıkarır mı?

1940'larda Hindistan İngilizlerin kontrolündeyken, ülkede çok fazla yılan zehirlenmesi görülüyor. Bundan rahatsız olan İngiliz hükümeti de bir ödül programı başlatıyor. Ölü kobra yılanı getiren herkese belirli miktarda para veriyor. Ödül uygulaması başlayınca, ülkede gerçekten kobra sayısı azalmaya başlıyor. Ama sonra beklenmedik bir şey oluyor, getirilen ölü kobra sayısı her geçen gün artıyor. Araştırınca fark ediyorlar ki "girişimci" Hintliler, kobra çiftlikleri kurmuş. Orada kobraları yetiştirip devlete satıyor! Durumu fark eden İngiliz hükümeti, uygulamayı kaldırmış. Görüldüğü gibi ödül kısa vadede sorunu çözse de, uzun vadede daha büyük sorun yaratıyor.

Aynı şekilde Fransızlar da Vietnam'da benzer bir sorunla karşılaşıyor. Ülkede fare sayısı artınca, Fransa hükümeti ölü fare getirenlere para vermeye karar veriyor. Ama bedenini değil de sadece farenin kuyruğunu talep ediyor. Vatandaşlar da kuyruk getirmeye başlıyor. Ama yine beklenmedik bir şey oluyor. Gelen kuyruk sayısı bir türlü azalmıyor. Araştırınca fark ediyorlar ki vatandaşlar şöyle bir yöntem geliştirmiş: Fareleri yakalıyor ama öldürmüyorlar. Kuyrukları götürüp paralarını alıyor, kuyruğunu kestikleri fareyi ise daha çok çiftleşsin diye kanalizasyona bırakıyorlar. Fareler üremeye devam ediyor ve fare sayısı artıyor. Bir konserve fabrikası, ürünlerin içinde kurtçuk ya da böcek bulan çalışanlara ödül veriyormuş. Çalışanlar da evden fabrikaya böcek getirip, ürünün içine atıyor, sonra da bulduk, deyip paralarını alıyormuş.

İşin içine ödül girdiği zaman insanlar sadece ahlaksız seçenekleri seçmiyor. Aynı zamanda bilinçli olarak ahlaksızlık yapıyor. Bu durumun ekonomide bir ismi bile var. Alman ekonomist Horst Siebert ödülün bu ters etkisine, Hindistan'daki olaydan etkilenerek "kobra etkisi" diyor. Kobra etkisini ödülün ve benzer tüm kontrol mekanizmalarının olduğu yerde gözlemliyoruz. En trajik kobra etkisi de Çin'de gözlemleniyor. Zamanında paleontologlar, Çin vatandaşlarına buldukları her fosil ve kemik başına para (ödül) veriyormuş. Halk da para miktarını artırmak için, bulduğu bir dinozor kemiğini parçaları ayırıyor ve her parça başına ayrı para alıyormuş. Bu durumda da çoğu kemiğin bilimsel değeri azalıyormuş. Yani, bilimsel değerleri korumak için verilen ödül tam tersi bilimsel değeri öldürüyor.

Bazı ülkelerde huzurevleri için performans değerlendirme sistemi var. Örneğin, huzurevleri, hasta yaşlıları iyi bakımla iyileştirirse, devletten para alıyor. Araştırmacı Norton keşfediyor ki bazı huzurevleri birçok yaşlıyı hasta göstermiş ve kısa sürede onları iyileştirdim deyip, devletten para almış. Amaç ödül olmasaydı, insanlar bu tür davranışlar sergilemezdi.

* * *

Bütün bu tartışmalardan sonra Texas'taki kazanın sebebini de net bir şekilde anlayabiliyoruz: ödüllendirme sistemi. Şirketin bonus sistemi şu şekilde işliyor: şirket her yıl masrafları ve geliri hesaplıyor ve oluşan kâra göre yöneticilerine bonus veriyor. O zaman bir müdürün motivasyonu ne olur? Şirkette mümkün olduğu kadar az masraf yapmak. Masrafları kısabileceği bir yer de "gerçekleşme ihtimali çok düşük" olan kazaları önleme çalışmaları. Güvenlik uzmanları buna "süreç güvenliği" diyor. Bir şirkette süreç güvenliği sağlanmazsa, günlük kazalar ve tehlikeler olmuyor ama ileride çok büyük ve vahim felaketler oluşuyor. (Bir insan sık sık fast food yerse, hemen bir sağlık sorunu yaşamaz ama ileride de kalp krizi geçirir.) Yönetici süreç güvenliğini iyileştirmezse, hemen bir sorunla karşılaşmıyor ama ileride oluşacak bir kazanın da temellerini atmış oluyor. Ama iyileştirmeye çalışırsa, çok masraf yapacak. Örneğin bakıma, eğitime, koçluğa, ekipmanlara para harcayacak. Bu durumda hem kendisinin bonusu düşecek hem de bunun mükâfatını kendisinden sonraki müdürler alacak. Çünkü zaten bir müdür görevde 3-5 yıl kalıyor. BP yöneticileri bu yüzden süreç güvenliğine para harcamıyor, sonuçta da şirket kalp krizi geçiriyor ve ölümden dönüyor. Örneğin, havayolları bu riskleri asla almaz. Gerçekleşme ihtimali ne kadar düşük olursa olsun, tüm kazalar için önlem alır ve masraf yapar. Kısacası, ödül sistemi insanları kısa vadeli sonuçlara yönelterek, doğrulardan uzaklaştırıyor. Ödül olunca, insanlar doğru olanı değil, ödül getiren davranışları sergiliyor. Bu davranışlar da bazen etik dışı oluyor. Ödül etik dışı davranışlara yol açmakla kalmıyor, aynı zamanda ilişkileri de etkiliyor. Acaba ödül ilişkileri nasıl etkiler?

Özet

- Amaç ödül kazanmak olunca, insanlar daha çok etik dışı davranışlara yöneliyor. Birçok insan yakalanmayacağını bilirse, ödüle ulaşmak için etik dışı davranışlar sergiliyor. Ödül ahlaklı olmamayı öğretiyor.
- Normal şartlarda insanlar etik dışı davranmak istemiyor ama bir gerekçeleri olursa, etik dışı davranmakta sorun görmüyor. Ödül de bu gerekçeyi sağlıyor. İnsanlar ödülün arkasına sığınıp, etik dışı davranabiliyor.
- İnsanlar sadece etik dışı davranmayı seçmiyor, aynı zamanda etik dışı davranışlar üretiyor.
- Kurumlarda ödül verilince, insanlar ödüle ulaştıran kısa vadeli davranışları sergiliyor ama kurum uzun vadede zarar görüyor.

Ödül ilişkileri bozar mı?

Beden eğitimi öğretmeni çocukları dört gruba ayırdı ve dört ayrı koşu parkuru kurdu. Parkura dubalardan ve çubuklardan farklı engeller yerleştirdi. Çocuklar sıraya geçtikten sonra, öğretmen, "Çocuklar şimdi yarışma yapacağız. Kazanan gruba çikolata vereceğim" dedi ve kuralları anlattı. Kurallar da basit. Her parkurun başında bir grup olacak. Sıranın en başındaki kişi koşmaya başlayacak. Bazı çıtaların üstünden atlaması, bazılarının altından sürünmesi ve bazılarının da arasından geçmesi gerekiyor. Ama herhangi bir engeli yıkarsa, başa dönecek. Parkur bitince, sıradaki arkadaşının eline dokunacak ve o koşmaya başlayacak. İlk bitiren grup da yarışmayı kazanacak ve ödülü alacak.

Çocuklar heyecanla koşmaya başladı. 15 dakika sonra yarışma bitti ve parkuru ilk bitiren grup yarışmayı kazandı. Her biri öğretmenden çikolatalarını aldı. Öğretmen ikinci etkinliğe başlamak üzereyken, arkadan sesler duyulmaya başladı. Bir grup kendi arasında kavga ediyordu. Öğretmen yanlarına gitti ve "Ne oluyor çocuklar?" diye sordu. Çocuğun biri Hasan ile Duygu'nun kavga ettiğini söyledi. Hasan yenilgiden dolayı Duygu'yu suçlamış. Senin yüzünden kaybettik, demiş. Duygu hem yavaş koşmuş hem de birçok kez başa dönmüş. Öğretmen de, "Tamam olur öyle. Kavga etmeyin!" dedi. Çocuklar kızgın bir şekilde tekrar sıraya geçti.

Öğretmen diğer etkinliğe başlamak üzereyken, çocuklar aynı yarışı bir daha talep etti. Öğretmen de çocukların bu heyecanını görünce isteklerini kabul etti, ikinci yarışı başlattı. Yarış sırasında, yenilen gruptan bir çocuk, diğer gruptan birini, koşmaya başlamadan önce çaktırmadan geri çekti. Durum haber verilince öğretmen hemen müdahale ederek, çeken gruba 5 saniye geç başlama cezası verdi. İlk yarışta yenilen grup tekrar yenildi. Kazanan grup öğretmenden ikinci yarış için de çikolata istedi. Öğretmen çikolata kalmadığını söyledi ve "Kazandınız ya o sizin ödülünüz olsun" diyerek geçiştirdi. Bu yanıt çocukları mutlu etmese de bir şey demediler. Yenilen grup bu sefer de Yusuf'a, "Senin yüzünden yenildik" diye kızdı. Yenen grup diğer grupla dalga geçmeye başladı. Öğretmen de tüm sınıfı, "Hadi yarış bitti. Bırakın artık kavgayı" diyerek uyardı ve bir sonraki etkinliğe geçti. Bu dersin benzerini birçok sınıfta her gün gözlemlemek mümkün. Sizce bu derste çocuklar ne öğrendi? Bundan sonra sınıfta çocuklar arasında nasıl bir ilişki gelişir, gruplar birbirine nasıl bakar? Böyle bir sınıfta ders gören çocukların, özellikle Duygu'nun, yirmi yıl sonra hayatı nasıl şekillenir?

Düşman yaratma sanatı

Yıl 1930. Muzaffer Şerif, Türkiye'den ayrılarak Amerika'ya yerleşiyor. Yüksek lisansını ve doktorasını tamamladıktan sonra, psikoloji alanında araştırmalara başlıyor. Tabii o zamanlar sosyal psikoloji henüz ayrı bir disiplin değil. Muzaffer Şerif yaptığı bilimsel çalışmalarıyla, sosyal psikoloji alanı kurucuları arasında yerini alıyor. O yıllarda yazdığı kitaplar hâlâ birçok üniversitede ders kitabı olarak okutulmaktadır. Hatta Muzaffer Şerif'in grup dinamiklerini keşfetmek için yaptığı "Robbers Cave" deneyi sosyal psikoloji tarihinin en ünlü deneylerinden biri kabul edilir. Bu deney bize ödül ve rekabetle ilgili çok önemli ipuçları veriyor. Nasıl mı?

Muzaffer Şerif, yirmi iki çocuğu iki ayrı gruba ayırıyor ve onları evlerinden tek tek topluyor, Robbers Cave Parkı'nda kampa alıyor. Birinci grup, parkın bir bölgesinde, diğer grup da başka bir bölgesinde, birbirinden habersiz kamp yapıyor. Gruplar kendilerine bir de isim veriyorlar. Kendi bayraklarını ve logolarını tasarlıyorlar. Çocuklar bir hafta boyunca gruplarında beraber yaşıyor ve aralarında bir bağ oluşuyor. Bir hafta sonra Şerif grupları tanıştırmaya karar veriyor. Böylece ilk defa iki grup birbirinden haberdar oluyor ve çok şaşırıyor.

Gruplar birbirinden haberdar olduktan sonra, Şerif onları topluyor ve iki gün sonra yarışmalar düzenleyeceğini söylüyor. Gruplar, daha yarışmalar yapılmadan önce bile yarışmanın yapılacağı yere bayraklarını dikmeye ve birbirlerini tehdit etmeye başlıyor. Şerif, kazanan grubun hem ödüller hem de ilk yemek alma gibi ayrıcalıklar (etkinlik ödülleri ve sosyal ödüller) kazanacağını söylüyor. Beysbol, ip çekmece gibi yarışmalar başlıyor ve çocuklar heyecanla rekabet ediyor. Bazen bir grup, bazen diğeri kazanıyor. Ama bir süre sonra tehditler, fiziksel saldırganlığa dönüşüyor. Hatta çocuklar o kadar ileri gidiyor ki birbirlerinin kampını basıp çadırları yıkıyorlar. Şerif de çocuklar zarar görmesin diye iki grubu tamamen ayırmak zorunda kalıyor.

Tabii bu sırada Şerif'in amacı grup dinamiklerini anlamak olduğu için, her birine tek tek kamptaki çocuklar hakkındaki fikirlerini soruyor. Sonuçlar çok net: neredeyse her çocuk kendi grubundaki çocukları övüyor, karşı grubu düşman olarak nitelendiriyor. Grup içinde bağlılık var ama diğer grup düşman olarak görülüyor. Diğer grupla iletişim kurmak ya da paylaşımda bulunmak istemiyorlar. Ödülün ve yarışmanın yarattığı rekabet, gruplar arasında tam bir düşmanlık yaratıyor.

Tabii Muzaffer Şerif, çocukların bu şekilde düşman kalmalarını istemiyor ve bunu düzeltmenin yollarını arıyor. Bu sefer rekabet ve ödül yerine, iki grubun işbirliği yapabileceği oyunlar oynatmaya karar veriyor. Onlara ortak hedefler veriyor. İki grup ortak hedef uğruna beraber çalışınca birbirleri hakkındaki görüşleri yavaş yavaş düzelmeye başlıyor.

Bu araştırma insana dair çok net bir gerçeği bize gösteriyor. İnsanlar ödül kazanmak için yarışınca, birbirlerini düşman olarak görür. Çünkü kendileri ile ödül arasında duran herkesi, bir engel olarak görür. Kimse de engelleri sevmez; seçimlere giren parti liderlerinin birbirlerini engel görmesi ve karalaması gibi. İnsan düşman olarak gördüğü kişilerle sağlam bir ilişki kuramaz. Kişinin amacı ilişkilerini korumak değil, ödülü kazanmak olur. Kısacası, ödüllü ortamlarda insanlar birbirleriyle arkadaşlık ve dostluk kuramaz. Sadece bir haftalık bir rekabet ortamı bile bu etkiyi yaratıyorsa, sürekli rekabet içinde bulunan bir çocuğun hayatı acaba nasıl şekillenir? Ödülü kazanmak için diğer insanlarla ilişki kuramayan bir kişi, mutlu bir yaşam sürebilir mi?

Mutluluğun sırrı

Bir şirkette çalıştığınızı düşünün. Genel müdürünüz şirkette çalışan herkesin maaşına % 36 oranında zam yapıyor. Bu artıştan memnun olursunuz ve yaşam kaliteniz biraz olsun yükselir, yaşam keyfiniz biraz olsun artar. Peki, genel müdürünüzün bu zammı vermediğini düşünün ama şirkette öyle bir ortam yaratıyor ki insanların yönetime duyduğu güven % 2 oranında artırıyor. Sizce bu güven sizin yaşamdan aldığınız keyfi ne kadar artırır? % 36'lık zamdan daha fazla mı olur yoksa daha az mı?

Kanadalı araştırmacı John Helliwell tam olarak bu artışa bakıyor ve görüyor ki işyerlerindeki sadece % 2'lik güven artışı, insanların hayatına % 36'lık zamdan daha fazla katkıda bulunuyor. Güven ile mutluluk arasında bu kadar büyük bir ilişki var. İnsanlar ne kadar çok güven ilişkisi kurarsa, o kadar mutlu oluyor.

Dünyaca ünlü araştırmacılar Ed Diener ve Martin Seligman, öğrenciler üzerinde yaptığı araştırmalarda buluyor ki bir öğrenci, ne kadar güçlü ilişkileri varsa, o kadar çok mutlu oluyor. Başka bir araştırmada yine Ed Diener keşfediyor ki bir insan ne kadar çok gönüllü iş yaparsa, mutluluğu o kadar artıyor. Neden? Çünkü gönüllülük sayesinde insanlar güvene dayalı güçlü ilişkiler kuruyor.

John Helliwell bu araştırmayla da yetinmiyor. 81 ülkeyi birçok açıdan karşılaştırıyor. Bu karşılaştırma sonucunda çok net görüyor ki güven olmayan toplumlarda insanlar daha mutsuz. Örneğin Moldova'da insanlar mutsuz çünkü ne birbirlerine, ne ürünlere ne de devlet kurumlarına güveniyor. Mutluluğun para ve sağlıkla olan ilişkisine de bakıyor. Güvenin mutluluğa etkisi, paradan ve sağlıktan çok daha fazla. Helliwell bir şey daha keşfediyor. Güven olmayan ülkelerde daha fazla intihar vakası yaşanıyor. O zaman mutlu olmak için, insanlarla güven ilişkisi kurmak gerekir. Güven ne kadar fazla olursa, insanlar o kadar mutlu oluyor. Peki, güveni nasıl sağlayacaksınız?

Güvenin yapıtaşı oksitosin

Claremont Üniversitesi'nden Prof. Paul Zak, muhtemelen oksitosin hormonunu en iyi bilen araştırmacı. Oksitosin hormonunun güvenle ilişkisini anlamak için bir deney tasarlıyor. Bu deney için 132 denek buluyor. Bu deneklere bir anket uyguluyor. Anketin amacı deneklerin diğer insanlara ne kadar güvendiğini ölçmek. "Diğer insanlara güvenir misiniz?" gibi sorular soruyor. Anket bitince denekleri iki gruba ayırıyor. Bir gruba oksitosin hormonu veriyor, diğerine sadece su. Tabii ki denekler kendilerine ne verildiğini bilmiyor. Bir saat bekliyor ve her açıdan eşit olan iki gruba tekrar bir anket yapıyor. Sonuçlar çok net: oksitosin hormonu alan grubun güvene bakış açısı değişiyor. İnsanlara, kurumlara, devlete ve topluma daha çok güveniyorlar. Diğer grubun fikrinde çok değişiklik olmuyor. Bu araştırma oksitosin hormonu ile güven arasındaki ilişkiyi çok net ispatlıyor. Bedeninde oksitosin hormonu arttıkça, insan diğer insanlara daha çok güveniyor, bu da mutluluğu artırıyor. Peki, oksitosin hormonunu ne artırıyor?

Paul Zak, bu sorunun yanıtını bulmak için başka bir araştırma tasarlıyor. Amerika'dan İngiltere'ye uçuyor ve bir düğüne katılıyor. Düğünden önce ve sonra 156 kişiden kan örnekleri alıyor. Kan örneklerini analiz edince görüyor ki düğüne katılanların oksitosin hormonu son derece artmış. En yüksek oksitosin oranı gelinde çıkıyor. Daha sonra ailede, sonra akrabalarda, sonra arkadaşlarda ve en az da tanıdıklarda çıkıyor. Oksitosin hormonunu artıran, insanların birbirleriyle kurduğu ilişkiler. İlişkiler ne kadar güçlü olursa, vücut o kadar çok oksitosin salgılıyor. Zaten bundan dolayı bir kişi geline ne kadar yakınsa, o kişinin vücudunda o kadar çok oksitosin bulunuyor. İnsanlar birbirine sarılınca, masaj yaptırınca, partneriyle dans edince veya el ele tutuşunca da vücut oksitosin salgılıyor. Tabii ki oksitosinin salgılanması için iki kişinin birbirine güvenmesi gerekir. İki düşman el sıkışınca, vücut oksitosin salgılamıyor. Yani, insanlar ne kadar sağlam ilişki kurarsa, oksitosin oranı da o kadar artıyor. Zaten bu yüzden Zak, bu hormona "sosyal tutkal" ismini veriyor.

Tüm bu araştırmaları alt alta koyunca, ortaya net bir resim çıkıyor. Mutluluğun temelinde güven var. Güveni sağlayan hormon oksitosin. Oksitosini salgılatan ilişkiler. Dolayısıyla, bir insanın ilişkisi ne kadar güçlü olursa, o kadar mutlu ve huzurlu oluyor.

Rekabetin yapıtaşı testosteron

Dikkat ederseniz, yukarda damadın oksitosin oranından bahsetmedim. Acaba damadın oksitosin oranı ne? Gelininkine yakın mı? Zak, damadın kanını inceleyince, ilginç bir şey keşfediyor. Damadın oksitosin oranı çok düşük çıkıyor ama yüksek oranda başka bir hormon buluyor. O da testosteron. Testosteron da rekabet ve güç ortamında salgılanıyor. Kişiyi daha saldırgan yapıyor. Örneğin, maçlardan önce, oyuncuların testosteron oranları oldukça artıyor. Çünkü çatışmaya ve rekabete hazırlanıyor. Testosteron ile oksitosin arasında ters bir ilişki var. Biri arttıkça, diğeri azalıyor. Testosteron oksitosini bastırıyor. Bu da çok mantıklı. Rekabet ortamlarında testosteron yerine, oksitosin salgılansa, kişi empati kurar ve mücadele edemez. Damat muhtemelen kendini güçlü hissediyor ve bedeni daha çok testosteron salgılıyor.

Ödül, mutluluğun düşmanı mı?

Ödüle ve rekabete geri dönersek, bunların neden mutsuzluk kaynağı olduğunu çok net görüyoruz. Ödül olan yerlerde, insanlar birbirleriyle rekabete giriyor. Rekabet de testosteronu artırıyor, oksitosini azaltıyor. İnsanlar birbirilerine karşı empati kuramıyor. Herkes birbirini engel ve düşman olarak görüyor. İlişkiler bozuluyor.

Düşman gördüğünüz bir kişiye güvenebilir misiniz? Kesinlikle hayır. Güvenmediğiniz kişiye de kendinizi açamazsınız. Karşı taraf sizin hikâyenizi bilemez. Hikâyesini bilmediğiniz kişiyi sevmeniz, kabul etmeniz, ilişki kurmanız ve bağlanmanız çok zordur. Güvenmedikçe vücudunuz oksitosin salgılamaz. Yalnızlık başlar. İlişkileriniz daha da zarar görür. Bu da mutsuzluğun en temel kaynaklarından biridir. Kısacası, ödül olan yerde, insanlar birbirini düşman olarak görür ve güçlü ilişkiler kuramaz. Bundan dolayı da mutsuz olur. Ama ödülün ilişkileri bozmasının tek sebebi bu değil. Bir nedenden dolayı da ödüllü ortamlarda insanlar güçlü ilişki kuramaz. Nedir o?

Ödül ve narsisizm

Carole Ames, ödüllü ortamların çocuklar üzerinde etkisini araştırmak için bir deney tasarlıyor. Çifter çifter çocukları bir odaya alıyor. Onlara çifter olarak çözecekleri sorular veriyor. Ama bazı durumlarda yarışma ve ödül var, bazı durumlarda yok. Ames bir koşul daha yaratıyor. Bazılarını çözemeyeceği sorular vererek başarısız; bazılarını başarılı hissettiriyor. Merak ettiği soru da şu: acaba çocukların başarıya ve başarısızlığa verdiği tepkiler, ödül ve yarışma ortamında farklılık gösterir mi?

Sonuçlar çok çarpıcı. "Yarışma/ödül" ortamında, çocuk eşinden daha başarısız olursa, kendini beceriksiz görüyor, mutsuz oluyor ve kendisini yargılıyor. Ayrıca sorular da zor diyerek suçu dışarıya atıyor. Eşini de becerikli görüyor ve "O şimdi mutludur" diye varsayımda bulunuyor. Bunun sonucunu bir düşünelim. Rekabet ortamında kişi kendisini diğeriyle karşılaştırıyor, başarısız olunca, yargılıyor ve aşağılıyor, eksik görüyor. İşte tam bu eksiklik duygusu da mutsuzluğa yol açıyor. Kendisini yargılamakla kalmıyor, eşini de yüceltiyor. Fakir insanların, zenginlerin mutlu olduğunu varsayması gibi. Yani, diğer insanlarla arasındaki farkı, hem kendini aşağılayarak hem de karşı tarafı gözünde büyüterek, daha da artırıyor.

Ama öğrenci "yarışmasız/ödülsüz" ortamda başarısız olursa, bunların hiçbiri olmuyor. Örneğin, "Ben başarısız olduğum için daha beceriksizim" demiyor. Özgüveni sarsılmıyor. Kısacası, bir kişi rekabet ortamında başarısız olunca, kendini diğeriyle karşılaştırıp, değersiz hissediyor. Rekabet yoksa aynı duyguyu yaşamıyor. Peki, başarı durumunda ne oluyor?

Öğrenci "yarışma/ödül" ortamında başarılı olursa, kendini daha becerikli, eşini de daha beceriksiz görüyor. Onu yargılıyor. Kendi performansından daha memnun oluyor. Başarısını becerilerine bağlıyor. Bunun sonucunu bir düşünelim. Rekabet ortamında kişi kazanınca, diğer kişileri beceriksiz, dolayısıyla kendinden aşağıda görüyor. Bazen de (bilinçaltında) onu aşağılıyor. onunla aynı takımda olmak istemiyor. Bu da onda "üstünlük kompleksi" yani narsisizm geliştiriyor. Narsist bir insan da kendisinden aşağıda bir kişiyle sağlıklı ilişki kuramıyor. İlişkileri bozuluyor. Dolayısıyla mutlu olamıyor.

Ödül odaklı ders

Baştaki öğretmenin sınıfına geri dönersek, bu sınıfta okuyan çocukların nasıl bir hayatı olacağını da tahmin edebiliriz. Muhtemelen çocuklar o sınıfta birbirlerini engel veya düşman olarak görecek. İlişkileri bozulacak. Güçlü ilişkiler kurmayı öğrenemeyecek. Kazananlar, kaybedenleri küçük görecek ve onlarla aynı takımda olmak istemeyecek. Hatta onları aşağılayacak. Kazananlarda narsisizm gelişecek. Kaybedenler istenmeyen kişi olacak ve eksiklik duygusu geliştirecek. Kazansalar da, kaybetseler de muhtemelen çoğu rekabetçi kişilik geliştirecek. Rekabet ortamında yükselmek de her zaman başkasının kaybetmesine bağlı olduğu için çok mutlu olamayacaklar. Bu kişiler en naif ortamları bile yarışmaya dönüştürecek. Örneğin, bir yardım kampanyası için yemek yapsa da en iyisini kendisi yapmak isteyecek. Diğer insanları sürekli engel görecek. Mutsuzluğun temeli bu derste atılmış olacak.

Ama sınıfta ödül ve rekabet olmasaydı, herkes kendi seviyesinin üstüne çıkarak başarı hissini tadabilirdi. Bu durumda diğer bireyler başarının önünde duran bir engel olarak algılanmazdı. Çocuklar birbirine yardımcı bile olurdu; güçlü ilişkiler kurar ve kendisini güvende hissederdi. Herkes mutlu olurdu. Bu sadece bir sınıftaki genel durum. Aynı olay başka sınıflarda da yaşanıyorsa, zarar daha da büyük olacaktır. Ödül, sınıf kültürünü ve ilişkileri kötü etkiliyor.

Duruma bireyler açısından baktığımızda ödül ve rekabet ortamları daha da kötü sonuçlar doğuruyor. Örneğin, duruma bir de Duygu açısından bakalım. Duygu kaybeden grubun bir üyesi. Dahası bir de grup tarafından istenmeyen kişi kabul edildi. Çünkü grubun kaybetmesine yol açtı. Duygu'nun, kaybeden biri olarak hayatı nasıl şekillenir, mutlu olması mümkün müdür? Bu soruları diğer bölümde yanıtlayalım.

Özet

- Ödül ve rekabet olduğu zaman, insanlar birbirlerini düşman olarak görüyor çünkü diğer insanlar ödül ile kişi arasında bir engel oluşturuyor.
- İnsanlar birbirine güvendiği zaman, mutlu oluyor. Güveni sağlayan hormon da oksitosin. Oksitosini salgılatan da ilişkiler. Yani, bir insanın ilişkileri ne kadar kuvvetli olursa, o kadar mutlu oluyor.
- Ödül de ilişkilere zarar verdiği için insanları mutsuz ediyor.
- Testosteron hormonu salgılanınca, insanlar saldırgan oluyor ve empati kuramıyor. İlişkileri bozuluyor. Ödül ve rekabet de testosteron salgılattığı için insanlar arasındaki ilişkiyi bozuyor.
- Aynı zamanda rekabet ve ödül ortamında kişi kazanınca, kazanmayanları kendinden düşük görüyor ve aşağılıyor. Narsisizm gelişiyor. Bu da hem o kişiye hem de ilişkilere zarar veriyor.
- Ödül olmayan sınıflarda insanlar işbirliği yapıyor, birbirlerine güveniyor. Hem daha iyi öğreniyor hem de daha mutlu oluyor.

13. bölüm

Ödül bireyleri nasıl olumsuz etkiler?

Duygu'nun mutlu olup olmadığına karar verebilmemiz için ilk önce bir insanı ne mutlu eder sorusunu yanıtlamamız gerekir. Bu soruyu ünlü araştırmacı Daniel Kahneman'ın araştırmasına bakarak anlayabiliriz. Kahneman diyor ki insanlara sorarsanız mutlu olup olmadıklarını bilmezler. Onun için yaratıcı bir yol buluyor. İnsanlara gün içinde mutlu olduğu anları yazmasını istiyor. Ortaya on yedi etkinlik çıkıyor. Size ilk onunu gösteriyorum:

1. Seks
2. Sosyalleşme
3. Dinlenme
4. Din/Meditasyon
5. Yemek yeme
6. Egzersiz
7. TV
8. Yemek yapma
9. Sohbet
10. Çocuk

Bu etkinliklerin işlevlerine bakalım. Çoğunun işlevi üreme ve hayatta kalma. Peki, sosyalleşme ve sohbetin işlevi ne? Neden bir insan başka bir insanla sohbet edince mutlu olur? Bunun özünde "kabul görme" var. Bir kişi kabul gördüğü an mutlu oluyor. Eşcinsel insanlar, Arap ülkelerinden Amerika'ya taşınınca daha mutlu olduklarını söylüyor. Neden? Çünkü yargılanmıyorlar ve eleştirilmiyorlar. Tam tersi kabul görüyorlar. Bir çocuğun okulda bağlandığı bir öğretmeni varsa, başarısı artıyor. Evli çiftler evlilikte kabul varsa, çok daha mutlu oluyor. Kabul yoksa boşanma artıyor. Peki, o zaman bir sınıfta ne yaparsak, çocuklar kendisini kabul görmüş hisseder, ne yaparsak kabul görmüş hissetmez?

Ödül ve kabul görme

Tabii ki sınıfta rekabet ve ödül varsa, kazanamayan ve ödül almayanlar kabul görmemiş hisseder. Duygu'nun durumunda olduğu gibi. Duygu grup tarafından istenmeyen kişi olarak görülmüş ve kabul edilmemiştir. Duygu o an mutsuz olmuştur. Ama daha da tehlikelisi ne zaman benzer bir etkinlik olsa, Duygu hemen endişe duyacak ve ortamdan kaçmak isteyecektir. Çünkü kabul görmeme riskini tekrar yaşamak istemeyecektir. Doğal olarak da zamanla Duygu spordan soğuyacaktır. Bu ödül ve yarışma uygulaması her derste varsa, o zaman Duygu okuldan tümden soğuyacaktır.

Nitekim de çoğu çocuk yargılanmaktan ve kabul görmemekten korktuğu için okula gitmek istemiyor. Bu durumda da şöyle bir mekanizma geliştiriyor. Diğer insanlar onu reddetmeden önce, o diğer insanları reddediyor. Örneğin, Duygu gibi bir etkinlikte başarısızsa ve arkadaşları tarafından reddediliyorsa, zaten ben o dersi/etkinliği/hocayı sevmiyorum ki, diyor. Böylece başarısız olma durumuna gerekçe buluyor ve kendini koruyor. Yani, "Ben bu etkinlikte kötüyüm. Ama bunun sebebi beceriksiz olmam değil. Bu etkinliği sevmemem ve dolayısıyla emek vermemem" mesajı veriyor. Yani savunma mekanizması geliştiriyor. Özdeğerini bu şekilde koruyor.

Rekabet ortamında başka çocuklar da gece uyuyamadım, midem ağrıyor gibi bahaneleri en baştan söyleyerek kendi değerlerini korumaya çalışıyor. Psikoloji bunu "beklenti teorisi"yle açıklıyor. İnsanlar ulaşamayacağı hedefleri değersizleştirir. Kedi ulaşamayacağı ciğere mundar der, sendromu. Ama sonuçta bu çocuklar başarısız ve daha da önemlisi mutsuz öğrenciler olarak hayatına devam ediyor. Kısacası, sınıfta rekabet ve ödül varsa, çocuk yargılanır ve kendisini değersiz hisseder. Özdeğerini korumak için de okulu önemsizleştirir. Deneyip başarısız olmaktansa, denemeyip başarısız olmayı seçer. Aileler ve sistem bu çocukları kaybeder.

Ödül ortamında kaybeden olmak

Sınıfta sürekli rekabet ve ödül olursa, muhtemelen Duygu'nun geri kalan yaşamı şöyle şekillenir. Reddedilme ve kabul görmeme Duygu'nun hayatında derin yaralar bırakır. Duygu özgüvenini kaybeder. Bu durumda kabul görmek için farklı yollar dener. Örneğin, sevilmek ve kabul görmek için arkadaşlarıyla iyi geçinmeye çalışır veya önceliği sevilmek olur. Yani, bir şekilde kabul görmek için uğraşır. Örneğin, insanlara hayır diyemez. Diğer insanlardan onay görmek için yaşayabilir. Daha tehlikeli bir şey olur. Diğer insanların önüne geçmesinin ilişkisini bozacağını düşündüğü için, başarılı olacağı durumlarda bile başarmamayı seçebilir. Öbür taraftan içine kapanık bir çocuk da olabilir. Utangaçlık veya çekingenlik başlayabilir. Reddedilmemek için iletişime girmez ya da yeni bir şey denemeye kalkışmayabilir. Maalesef bu durum okullarda her gün birilerinin çocukları için yaşanmaktadır. Unutmayın ki Duygu sizin de çocuğunuz olabilir.

Dahası bu çocuklarda öğrenilmiş çaresizlik oluşur. Yirmi dört kişilik sınıfta yapılan bir yarışmada kazananlar hep aynı çocuklardır. Üst sınırı onlar belirler. Bu durumda, orta ve alt seviyedeki çocuklar, o seviyeye ulaşamayacağını düşünerek, çalışmayı bırakıyor. Fiziksel olarak bırakmasa da zihinsel olarak bırakır. Bu bağlamda ödüllü ve yarışmalı ortamlar çoğu çocuğun gelişimini durdurur.

Amaç kazanmak değil de öğrenmek ve dostluk olsa, o zaman kimse Duygu'yu dışlama ihtiyacı duymaz. Duygu da herkes gibi grubun bir üyesi olur. Kimsenin ruhu yaralanmaz. Onun için sınıflarda rekabet ve buna bağlı ödül kalkmalıdır ve güçlü ilişkiler ağında paylaşım, gelişim ve öğrenme olmalıdır. Peki, çocuğunuz Duygu gibi değilse, yani kaybeden değil de, yarışmaları ve ödülleri kazanan, tercih edilen veya birinci olan kişiyse, rekabetin ve ödülün zararlarından kurtulabilir mi?

Ödülü kazananlar

Ahmet Bey 60 yaşında çok değerli bir eğitimci. Bana bir mektup yazmış. Bakın mektubunda ne diyor: "Özgür'cüğüm, ilkokulda çok başarılıydım. Her akşam ailem o gün sınıfta herhangi bir yarışmada birinci olup olmadığımı sorardı. Beni diğer öğrencilerle karşılaştırırlardı. Ben çoğu zaman birinci olurdum ama olmadığım zaman da yalan söylerdim. Çünkü ailemin beklentilerini karşılama ihtiyacı duyardım. Sürekli stres içinde, her yarışmada birinci olmanın yollarını arardım. Ha, ben bunu şu andaki bilinç düzeyimle yeni anlıyorum." Ahmet Bey, neden yalan söylüyor? Yalan söylemese ne olur?

Sürekli kazanan çocuklar da başka bir sorun yaşar. Bu sorun da en az, kaybedenlerin yaşadığı kadar derindir. İlk olarak, sürekli kazanan bir çocuk, başarısıyla kabul gördüğünü düşünür. Ailesinin ve öğretmenlerinin onu başarısı için sevdiğini zanneder. Sürekli sevilmek ve kabul görmek için de sürekli kazanmak ve birinci olmak ister. "Ben kazanmazsam/birinci olamazsam, insanlar beni kabul etmez" diye düşünür. Kazanamadığı zamanlarda kendisini değersiz hisseder. Çoğu zaman da bu, bir üzüntü değil, bir utanç duygusudur. Kazanamadığı zaman da kendisini değersiz hissedeceği ve kabul görmeyeceğini düşündüğü için de (mümkünse) başarısızlığını saklar. Kendisini sürekli iyi gösterme eğiliminde olur. Zaman zaman da kendisini iyi göstermek için yalan söyler. Yaptıklarıyla kabul görmek, yapay sevgi demektir. Kimliğiyle değil de yaptıklarıyla kabul gören bir kişi asla iç huzuru yaşayamaz. Kabul görmek için de Ahmet Bey gibi yalan söyler.

İkinci olarak bu insanlar sürekli kaygı ve endişe içinde yaşar. Çünkü onların gözünde her etkinlik bir başarı veya başarısızlık, dolayısıyla kabul görme ya da reddedilme durumudur. Başarılı olursa kabul görecek, başarısız olursa, kabul görmeyecektir. Bu insanlar sürekli gelecekte yaşar. Çünkü başarısızlık yaşamamak için geleceği planlamak isterler. Gelecekte yaşamak da tam bir endişe kaynağıdır. Geleceği planlamamak onlar için risktir çünkü gelecek kontrolden çıkarsa, başarısız olabilirler ve dolayısıyla kabul görmeme riskleri artar. Kazandığı an, başarıyla kabul gördüğü için hemen bir sonraki kazanma durumuna kendini hazırlar. Ama bir çocuk başarısıyla ya da birinci olduğu için değil de sadece kendi olduğu için kabul gördüğünü düşünürse, o zaman kaygı ve endişe içinde yaşamaz. Sürekli kazanma hırsı içinde olmaz. Bu da sürdürülebilir bir mutluluk ve huzur kaynağıdır.

Rekabet, bu çocukların özgüvenini de sarsar. Çocuk kendisine olan güvenini, rekabet ve kazanmayla tanımladığı zaman, bu güveni ayakta tutmak için sürekli kazanmak zorunda hisseder. Eğer rekabet ortamı çok riskliyse ve bundan dolayı kaybetme riski varsa, kendi kabulünü riske atacağını düşündüğü için o işe girmemeyi seçer. Kazanmaya bağlı bir özgüven çok kırılgandır ve sürdürülemez. Kısacası, yarışmanın ve ödülün olduğu ortamlarda kaybedenler kabul görmediği için mutsuz olur; kazananlar da başarılarıyla kabul gördüğünü düşündüğü için değersizlik duygusu yaşar, dahası sürekli kazanmak zorunda hisseder. Bu kaygı da mutluluğu öldürür.

Yargı ortamı

Rekabet aynı zamanda yargı ortamı da yaratır. Çocuk, kendi dışındaki bir ölçüte göre sürekli yargılanır. Yargı da kabul görmeyi engellediği için mutsuzluk kaynağıdır. Boşanmış çiftleri inceleyen John Gottman keşfediyor ki boşanmanın dört ana sebebinden biri eleştiri. Eleştirmek ne demek? "Ben seni olduğun gibi kabul etmiyorum" demek. Yargının olduğu yerde, sevgi olmaz. Çünkü sevginin özünde koşulsuz kabul vardır. Örneğin, denizi seviyorum dediğinizde, denizi değiştirmek hiç aklınızın ucundan geçmez. "Allah kahretsin birazcık daha mavi olsaydı" demezsiniz. Ama çocuk için bunları kullandığınız an, yani yargıladığınız an, koşullu sevgi başlar. Yargı, koşul koyar. Rekabet ve ödül de bir yargı ortamı yaratır ve kişi kazansa da, kaybetse de kendisini değersiz hisseder. Kaybedince, ödüle ulaşamadığı, kazanınca da kendi özbenliğiyle değil de davranışlarıyla kabul gördüğü için değersiz hisseder (Koşulsuz sevgiyi başka bir kitapta daha detaylı irdeleyeceğim). Kısacası, yargı insanları mutsuz eder ve rekabet ve ödül ortamları da yargı ortamı yarattığı için mutsuzluk kaynağıdır.

Ailede karşılaştırma

İki kız kardeş çocuklarını motive etmek için, onlara bir teklifle geliyor. İkisinin de birer kızı var. Kim takdir belgesi alırsa, ona cep telefonu alınacağını söylüyorlar. Kızlar heyecanla çalışıyor. Aralarında rekabet başlıyor. İkisi de gizliden gizliye birbirinin kötü not almasını istiyor. İkisi de çalışıyor ama sonuçta biri daha yüksek not alıyor ve cep telefonunu kapıyor. Ama beklenmedik bir şey oluyor, kuzenler birbirinden nefret etmeye başlıyor. Bu hikâyeyi yıllar sonra kuzenlerden biri anlattı bana. "Ben tüm kuzenlerimle iyi geçinirim, o kuzenimle geçinemem" dedi. Anlatmaya devam ediyor. "Matematikten yüksek not aldığım zaman, sevinemezdim. Aklıma ilk, "Acaba kuzenim kaç aldı?" sorusu gelirdi.

Karşılaştırma ve rekabet insanlar arasında nefret ilişkisi ve düşmanlık oluşturuyor. Güven ilişkisi kurulmasını engelliyor. Düşünebiliyor musunuz anneler motive etmek için rekabet başlatıyor, ödül veriyor ama birbirine omuz vermesi gereken iki akraba arasında düşmanlık ilişkisi başlıyor. Dahası bu ilişki yıllarca devam ediyor.

Çocuk sınavdan 70 alıyor. Anne soruyor: "100 alan var mı?", "En yüksek kim aldı?", "Sınıf ortalaması kaç?" veya "Ayşe kaç aldı?" Çocuğa verilen mesaj net: sen başarılı olduğun sürece değerlisin, Ayşe'yi geçince değerlisin, sınıf ortalamasının üstünde olursan değerlisin. Çocukta değersizlik duygusu başlıyor. Çünkü bunlar yapay sevgidir. Bir çocuk, "Ben sadece ben olduğum için değerliyim" demelidir. Aile çocuğunu sadece o olduğu için severse, çocuk kendisini değerli hisseder.

Rekabete ve ödüle hem birey hem de sınıf kültürü açısından baktık. Peki, iş hayatında durum ne? İş hayatı, sizin mutluluğunuzla değil, verimliliğinizle ilgileniyor. Çoğu işveren diyor ki "Rekabeti kullanıyoruz. Onun karşılığında da ödül veriyoruz çünkü bu verimliliği artırıyor." Acaba rekabet ve ödül işyerlerinde bireyleri, kültürü ve verimliliği nasıl etkiliyor?

Özet

- ✔ Ödül sadece ilişkilere değil, bireylere de zarar veriyor.
- ✔ Mutluluğun özünde kabul görmek var. Kabul gören insanlar mutlu oluyor.
- ✔ Rekabet ve ödül ortamında kaybedenler, kabul görmedikleri için mutsuz oluyor. Özgüvenleri sarsılıyor.
- ✔ Bu durumda kabul görmek için farklı yollar seçiyor. Bu yollar da bazen bireye daha çok zarar veriyor. Bazıları da kabul görmedikleri için çekingen ve utangaç bir kişilik geliştiriyor.
- ✔ Kazananlar açısından da durum sıkıntılı. Onlar da başarılarıyla kabul gördükleri için, özgüvenleri kırılgan oluyor.
- ✔ Gerçek sevgi bireyi sever, yapay sevgi davranışları sever. Başarılı olan çocuk, başarısıyla (davranış) kabul gördüğünü düşündüğü için kendisini değersiz hissediyor. Kabulünü sürdürmek için sürekli başarılı olmak istiyor. Sürdürülebilir bir mutluluk kaynağı olmuyor.
- ✔ Ödül ortamı yargı ortamına dönüştürür ve bu ortamda herkes endişeli ve kaygılıdır.
- ✔ Özellikle aileler çocuklarını karşılaştırarak, onları değersiz hissettirir. Bir çocuğun başarısıyla veya davranışıyla sevmek, yapay sevgidir, kimliğiyle sevmek ise gerçek.

Ödül şirketlerin performansını düşürür mü?

Dünyaca ünlü Wharton İşletme Fakültesi'nden Prof. Iwan Barankay, Amazon'da çalışan 330 kişiyle bir deney yapıyor. "Mechanical Turk" adlı siteye farklı resimler koyuyor. Deneklerin görevi bu resimleri analiz etmek. Her dört analizden sonra işin kalitesine bakılmaksızın, denekler 0,05 dolar kazanıyor. Ama resimler iki farklı koşul altında sunuluyor. Denekler birinci koşulu seçerse, analiz etme becerileri derecelendirilecek ve puanlandırılacak, diğer kişilerin puanlarıyla karşılaştırılacak ve sıralamaları sitede ilan edilecek. İkinci koşulda, derecelendirme ve sınıflandırma yok. Çalışma bitiyor ve insanlara ödeme yapılıyor. Bir hafta sonra Barankay, deneklere e-posta atıyor ve benzer bir işi için tekrar siteye gelmelerini istiyor. Sıralanan gruptan sadece % 42'si, diğer gruptan % 66'sı geri geliyor. Dahası sıralama yapılan grup çok daha az resim analizi yapıyor. Verimlilikleri % 22 düşüyor. Peki ama neden?

Başka bir araştırmada Londra Ekonomi Üniversitesi'nden (London School of Economics) Oriana Bandiera ödülün şirketler üzerindeki etkisini araştırmak için İngiltere'de meyve üreticisi bir şirkette araştırma yapıyor. Şirketteki çalışanlar beşer kişilik takımlar halinde meyve topluyor ve paketliyor. Bandiera şöyle bir uygulama başlatıyor. İşçilere ilk önce, "Bundan sonra topladığınız ürün başına para ödeyeceğiz" diyor (parça başına ödeme). Çalışanlar ne kadar çok ürün toplarsa, o kadar çok para kazanacak. Bu uygulama sekiz hafta devam ediyor. Doğal olarak bazı takımlar çok, bazıları daha az topluyor. Bu takımları sıralıyor ve sıralamayı ilan ediyor (sıralama uygulaması). Bu sıralama takımların performansını nasıl etkileyecek, diye merak ediyor. Dört hafta sonra da bir de turnuva düzenliyor ve en çok toplayan takıma ödül veriyor (ödül uygulaması).

Daha sonra takımların performanslarını karşılaştırıyor. Sonuçlar beklendiği gibi çıkıyor. Ne demiştik, ödülle iş yaptırtırsınız ve ödül mekanik işlerde işe yarar. Ama tutum geliştiremezsiniz. Ödüllü turnuva verimliği % 24 artırıyor. Yani ortalamada takımlar daha çok meyve topluyor. Buraya kadar şaşırtıcı bir şey yok. Peki, sizce sıralama nasıl bir etki yaratmıştır? Sıralama uygulaması verimliliği % 14 azaltıyor. Ortalamada takımlar daha az meyve topluyor. Peki, bazı takımlarda verimlilik neden düşüyor?

İlk olarak rekabet ortamında, alt gruptaki kişiler ve takımlar çalışmayı bırakıyor. "Nasıl olsa kazanamayacağım" diyor. Öğrenilmiş çaresizlik başlıyor. Bu kişilerin düşük eforla çalışması, şirketin ortalamadaki verimliliğini düşürüyor. Bir okulun amacı, sadece en iyi öğrencileri kazanmaksa ya da bir şirketin amacı sadece en iyi çalışanlardan verim almaksa, bu sistemde sorun yoktur. Ama bir okulun amacı her çocuğu kazanmaktır. Çocuk akademik olarak zayıf olsa da onun ruhunda reddedilme ya da istenmeyen kişi duygusu yaratmaya kimsenin hakkı yoktur. Bir şirketin amacı da her çalışanın yüksek motivasyonla çalışmasını sağlamaktır. Rekabetten dolayı, kazanma ihtimali olmayanlar öğrenilmiş çaresizlikten dolayı, çalışmayı bırakıyor. Bu da genel verimliliği olumsuz etkiliyor.

Bandiera araştırmasında beklemediği bir şey daha keşfediyor. Ödül ve rekabet ön plana çıkınca, takım üyeleri takımlarını değiştiriyor. Normalde birbirini tanıyan ve arkadaş olan kişiler beşer kişilik çalışma grubu kuruyor. Ama amaç ödül olunca, çok meyve toplayan takım üyeleri, az meyve toplayan arkadaşlarını takımdan çıkartmaya başlıyor. Kendi takımlarına meyve toplamada daha etkin olan kişileri alıyor. Takım dışında kalan daha az yetkin kişiler, kendi aralarında gruplar kuruyor. Böylece bazı takımlar yetkin kişilerden oluşurken, bazıları zayıf kişilerden oluşuyor. Gruplar arasında büyük farklar doğuyor. Zayıf takımlar da verimliliği düşürüyor. Şirkette yardımlaşma ve gelişim de duruyor. Zayıf bir çalışan, etkin bir takımda destek olabilir ve kendini geliştirebilir. Ama bir takımda herkes zayıf olunca, birbirlerine destek veremiyor. Gelişim azalıyor ve verimlilik daha da düşüyor. Bir de durumu takımlarından çıkartılan kişiler açısından düşünün. Herkesin önünde istenmeyen kişi ilan ediliyor. Bu da çalışanların morallerini ve dolayısıyla verimliliğini düşürüyor. Tek zarar tabii ki verimlilik değil. Şirkette arkadaş bağları ve sosyal ilişkiler bozuluyor. Adeta insanlar arkadaşlarını satıyor. Bu da güveni ve dolayısıyla işyerinde huzuru azaltıyor. Huzursuzluk da verimliliği olumsuz etkiliyor.

Benzer bir program HP-San Diego ofisinde uygulanıyor. HP, 1991 yılında performans başına ödül programına geçiyor. Kişiler belirtilen performansa ulaşınca, ekstra para kazanıyor. Kişiler daha çok çalışıyor ve hedefe ulaşıyor. Bu uygulama bir süre devam ediyor. Kişiler ekstra para kazanıyor ve maaş algıları ve yaşantıları hemen değişiyor. Ama her ödül sisteminde olduğu gibi sorunlar başlıyor. Takımları etkili çalışmak istiyor ama ellerinde olmayan sorunlardan dolayı etkili çalışamıyor. Örneğin, tedarikte bir gecikme olunca, çalışanlar hemen itirazlara başlıyor. Başkaları yüzünden biz hedefimize ulaşamıyoruz, diye isyan ediyorlar. Şikâyetler artıyor. Birimler arasında bağımlılık olduğu için, bir birim diğer birim yüzünden çalışamazsa, birbirini suçluyor. Birimler arasında kavgalar başlıyor. Yöneticiler, kişilerin işe değil de bonusa odaklanmasından rahatsız olmaya başlıyor. Bonus uygulaması tartışılmaya başlıyor.

Bir süre sonra yöneticiler fark ediyor ki birimler hedeflerine genelde ulaşıyor. Bu durumda yöneticilerin aklına rahatsız edici sorular geliyor. Çalışanlar, konulan hedeflere ulaşma kapasiteleri varsa, daha önce neden ulaşmadılar? Neden gerekli çabayı daha önce göstermediler? Çünkü durum ortaya koydu ki isteseler önceden de ulaşabilirlerdi. Bunun üzerine yöneticiler de hedefleri yükseltme kararı alıyor. Ama çalışanlar buna sert şekilde itiraz ediyor. Yönetim ile çalışanlar arasında çatışma başlıyor ve güven zedeleniyor.

Daha da tehlikeli bir şey oluyor. Şirkette hem öğrenme hem de ilişkiler zayıflıyor. Yetkin insanlar, daha az yetkin olanlardan uzaklaşıyor. Onları ekibine almak istemiyor. Gruplanma başlıyor. Verimlilik düşüyor. Daha da tehlikesi işe yeni giren yıldız çalışanların iyi çalışanlardan işi öğrenmesi gerekir. Ama iyi çalışanlar, potansiyeli yüksek ama öğrenme sürecinde olan yeni kişileri, takımın performansını düşürür diye takıma almak istemiyor. Şirket yeni yıldızları yetiştirmekte zorlanıyor. Etkili çalışanlar ile zayıf çalışanlar arasında öğrenme ilişkisi kurulamıyor. HP'de bir şey daha oluyor. Çalışanlar işleri daha iyi yapmanın değil, performans ölçütlerinin inceliklerini öğrenmeye başlıyor. Çalışanlar kısa vadeli sonuçlara odaklanıyor.

HP, aynı zamanda başka bir ödül uygulaması daha başlatıyor. Bu uygulamada kişi şirkete ne kadar katkıda bulunursa, o kadar çok bonus alıyor. Kişilerin becerilerini ölçüyorlar ve bulundukları görevin becerilerine sahip değillerse, onlara kurslar vermeye başlıyorlar. Amaç kapasiteyi geliştirmek. Ama şirkette gelişim birden duruyor. Neden? Çalışan kişi bir üste geçmek için kurs alırsa, ona zaman ayırması gerekiyor. Bu durumda zamanını şu anda kendine bonus getirecek işe ayıramıyor. Dahası bir üst göreve geçerse, o görevi tam olarak anlaması ve etkili çalışması zaman alacak. Bu zaman sırasında performansı düşük olacak ve dolayısıyla bonus alamayacak. Onun için yeni göreve geçmek istemiyor. Sonuç olarak ödül sisteminin şirkete zarar verdiği görülüyor ve bir yıl sonra program kaldırılıyor. Şirket çalışanları o gün parti yapıyor.

Bu şirketlerde işten ayrılma da çok oluyor. Çünkü amaç ödül olunca, çalışanlar şirket değerlerinden uzaklaşıyor. Tek amaçları para kazanmak oluyor. Peki bu durumda ne oluyor? Kim çok para verirse, kişi oraya gidiyor. Ama bağlılık ve değer odaklı şirketlerde çalışanlar başka yere geçmeyi tercih etmiyor. Ancak çok fazla maaş farkı olması gerekir. İnsanlara soruyorum, mutlu olduğunuz bir şirketten ayrılmanız için, size ne kadar fazla maaş vermeleri gerekir? Genelde kişiler iş yerinde mutluysa, "En az 2,5 katı para verirlerse başka şirkete geçmeyi düşünürüm" diyor. Bir şirket ne kadar ödül, bonus ve rekabet odaklı olursa, çalışanlarını da o kadar hızlı kaybediyor. Ama ödülün verimliliği düşürmesinin tek sebebi bu değil. Ödül başka bir nedenle de verimliliği düşürüyor. Nedir o neden?

Özet

- Ödül ve rekabet olduğu zaman, kurumlarda yetkin insanlar yetkin insanlarla çalışmak istiyor. Yetkin olmayan insanlar gruptan çıkartılıyor.
- Daha az yetkin olanlar kendileri grup kuruyor. Bu grupların da verimliliği düşüyor. Bu gruplarda aynı zamanda öğrenilmiş çaresizlik yaşanıyor. Çünkü kazananlar yetkin gruplar oluyor.
- İnsanlar arasında ilişkiler de bozuluyor. Çünkü yetkin olanlar, daha az yetkin olanlarla aynı grupta olmak istemiyor.
- Kurumda örgütsel öğrenme de duruyor. Çünkü daha az yetkin olanlar, yetkin olanlarla aynı ortamda olamıyor.
- Ödül olunca, aynı zamanda diğerlerini yavaşlatan kişiler ve departmanlar düşman görülüyor.
- Bir süre sonra işten ayrılmalar başlıyor.

15. bölüm

Ödül şirketlerdeki verimliliği düşürür mü?

Türkiye'nin büyük şirketlerinden birinin sahibi, yıllar önce yöneticilerinden birini çağırıyor ve şöyle diyor: "Bu yılki emeklerinden ve katkılarından dolayı, şirket inanılmaz kâr yaptı. Çok teşekkür ederim. Bu katkılarından dolayı kendine ev alabilmen için sana bonus vermek istiyorum." Müdür duygulanıyor ve teklifi kabul ediyor. Para hemen hesabına yatırılıyor. O şirkette çalışmanın gururuyla odadan çıkıyor. Bir ev parası kadar bonus kazanmanın mutluluğunu yaşıyor. Kendisiyle de gurur duyuyor. Ama mutluluğu çok uzun sürmüyor. Ertesi gün, patrondan randevu talep ediyor. Patronun karşısına çıkıyor ve ev parasını kabul edemeyeceğini ve geri vermek istediğini söylüyor. Patron da şaşırıyor ve sebebini soruyor. Aynı gün iki müdür daha patrondan bonus almış ve onların aldıkları para çok daha fazlaymış. Bu da müdürü mutsuz etmiş ve parayı geri vermek istemiş. Bu müdürün bir ev parasına eşdeğer gelen bu bonusu geri vermesi mantıklı mı? Olayı "mantık" çerçevesinde, "rasyonel" olarak değerlendirdiğimizde hiç de mantıklı değil. Paraya sahip olmak, parasızlıktan daha rasyoneldir. O zaman bu müdür, durumu rasyonel olarak mantık çerçevesinde değil, başka bir açıdan değerlendirdi. Bu açı neydi? Bunun ödülle ilgisi ne?

İnsan adalet ister

Ünlü araştırmacı Matthew Lieberman denekleri fMRI makinesinin içine yerleştiriyor ve onlara bir oyun oynatıyor. Bu oyun sırasında da beyin etkinliklerini ölçüyor. Oyunun adı da ültimatom oyunu. İki oyuncu var. Biri verici, diğeri alıcı. Lieberman vericiye 10 dolar veriyor. Verici, bu paranın istediği kadarını alıcıyla paylaşabilir. İsterse 1 dolar verir, isterse 9, isterse 5. Alıcı teklif edilen parayı kabul ederse, ikisinin de parası oluyor. Ama reddederse, ikisi de hiçbir şey kazanamıyor. Rasyonel bir alıcı 1 dolar bile kabul etmelidir çünkü 1, 0'dan daha fazladır ve alıcı kârda olacaktır. Ama Lieberman enteresan bir şey keşfediyor. Çoğu alıcı 5 doların altındaki teklifleri reddediyor. Hiç para kazanmamayı, az para kazanmaya tercih ediyor. Neden? Çünkü insanlar için adalet ve adil olmak, çoğu zaman para kazanmaktan daha önemlidir.

Araştırmadaki asıl can alıcı nokta, deneklerin beyin hareketleri incelenince keşfediliyor. Verici, alıcıya adil olmayan bir paylaşım sunarsa, alıcının beyninde dAAC bölgesi etkin hale geliyor. Burası ne bölgesi biliyor musunuz? Fiziksel ve sosyal acıyı yöneten bölge. Yani, adaletsizlik duygusu resmen beyinde acı olarak algılanıyor. Peki, adil bir paylaşım olursa, beynin neresi etkin oluyor? Beynin VTA ve NAcc bölgesi. Yani, keyif ve zevk duygusunu yöneten bölge. Yani, adalet duygusu insana keyif veriyor. Peki, acaba ödül adalet duygusunu besler mi, zarar mı verir?

Ödül adaletsizlik yaratır

Bir tenis ya da satranç maçını düşünün. Kurallar net ve iki kişi birbirine karşı yarışıyor. Kaybeden kişinin haksızlık oldu demesi biraz zor. Ya peki, kuralların öznel olduğu, puanlama sisteminin ve jürinin olduğu sporlara ne diyeceğiz? Örneğin, buz pateni, bazı kayak müsabakaları, boks, judo, dalma, güreş, eskrim, badminton, sörf, dağcılık, atıcılık, okçuluk veya atletizm. Bu sporlar olimpiyat sporları olmasına rağmen çoğu zaman oyuncular adaletsizlik oldu, diye itiraz ediyor. Mümkün olduğu kadar objektif olunan olimpiyatta bile bunlar yaşanıyorsa, acaba ölçütlerin çok daha öznel olduğu şirketlerdeki ve okullardaki ödül sisteminde ne tür sorunlar yaşanıyordur?

Şirketlerdeki ve sınıf ortamındaki ödül sistemi ne kadar objektif olmaya çalışsa da doğası gereği özneldir. Sınıflara bakalım. Ödüle karar veren öğretmen ve kuralları çocuklar bilmiyor bile. Yukarıda bahsettiğim öğretmenin sınıfını düşünün. Öğretmen çocuk diğerini çekti diye, 5 saniye geç başlama cezası veriyor. Çocuklar da ama haksızlık diye bağırıyor. Çocuklar haklı çünkü böyle bir kural söylenmedi. Yenilen takım da adil davranılmadığını düşünüyor ve tepki gösteriyor. Beyninin dACC bölgesi etkinleşiyor ve resmen çocuklar acı çekiyor. Sınıfta ne zaman ödüllü yarışma olsa, kurallar net olmadığı için çocuklar her zaman adil olmadı diyecek ve kendilerini cezalandırılmış hissedecektir. Çocuklar bu durumda öğrenmeyi düşünemez. Sadece kazanmayı ve kaybedince de öçlerini almaya düşünür. Öğrenme ikinci plana düşer. Öğrenme yuvası olması gereken okullar, mücadele yuvasına dönüşür. Baba çocuğuna, "Uslu durursan sinemaya götüreceğim" diyor. Uslu durmak ne demek acaba? Çocuk bilemiyor. Çocuk uslu durduğunu zannediyor, baba uslu durmadın diye çocuğu sinemaya götürmüyor. Çocuk uslu olmadığını düşünüyor, baba uslu diye sinemaya götürüyor. Çocuk hem tutarsızlıktan hem de bilinmezlikten dolayı stres yaşıyor.

Şirketlerde de durum farklı değil. Hay Grup'un yaptığı bir araştırmaya göre performans ile ödeme arasındaki ilişki çok zayıf. Bir şirket her yıl çalışanlarına inovasyon ödülü veriyormuş. Birinciyi de bir komite seçiyormuş. Çoğu zaman komitedeki müdürler kendi ekiplerindeki kişileri savunuyormuş. Dahası ödül töreni biter bitmez itirazlar başlıyormuş. Diğer adaylar "Neden biz değil de diğer aday seçildi?" diye itiraz ediyormuş. Çalışanları motive etmesi gereken ödül, bazılarını cezalandırıyor ve adaletsizlik duygusu yarattığı için de motivasyonu düşürüyor. Dahası kaybedenler, kazananlardan nefret etmeye başlıyor. Kısacası, ödül her zaman olmasa da çoğu zaman adaletsizlik duygusu yaratır. Etkili bir sistem bazen değil, her zaman çalışmalıdır. Hiç kimse eşine, "Seni her zaman aldatmıyorum. Sadece bazen aldatıyorum" diyemez. Bir kişi eşini bazen değil, hiçbir zaman aldatmamalıdır. Peki, adaletsizlik durumunda ne olur? Adaletsizlik duygusu çalışanların verimliliğini nasıl etkiler?

Adaletsizlik verimliliği düşürür

Diyelim ki siz bir futbol takımı kurdunuz. Takımın başkanı olarak ilk 11 için oyuncu satın alacaksınız. Elinizde de 11 milyon gibi limitli bir bütçe var. Bu parayı nasıl kullanırsınız? Paranın büyük bir kısmını 2-3 yıldız oyuncuya harcayıp, geri kalanla ortalama futbolcu mu alırsınız yoksa hepsiyle ortalamanın üstünde futbolcular mı alırsınız? Yani, her oyuncu için birer milyon mu vermek istersiniz yoksa 5 milyon lirayla iki yıldız oyuncu alıp, geriye kalan sekiz oyuncu için 500 bin lira mı verirsiniz? İkisinin farkı ne? İlk opsiyonda oyuncular arasında fiyat farkı var, diğerinde yok. Fiyat farkı oyuncuların performansını nasıl etkiler?

Bu soruyu soran İtalyan araştırmacı Alessandro Bucciol ve ekibi, İtalya'da birinci lig takımlarında oynayan oyuncuların maaş farklarını karşılaştırıyor. Milan, Roma, Juventus gibi takımları da araştırmaya dahil ediyor. Oyuncuların bazıları 6 milyon avro, bazılar 500 bin avro alıyor. Ortalama futbolcu maaşı 1,5 milyon avro. Görüyor ki oyuncuların maaşları arasında fark arttıkça, o takımın kaybetme ihtimali de artıyor. Neden? Çünkü o takımda adaletsizlik oluşuyor. Benzer bir araştırmayı Matt Bloom beysbol takımları için yapıyor. Oyuncular arasındaki maaş ve prim farkı arttıkça, takım daha çok maç kaybediyor. Neden? Çünkü bir takımda ne kadar adaletsizlik varsa, verimlilik o kadar düşüyor.

İşyerinde ikili takımlar halinde çalışıyorsunuz. Müdür birden maaşlarda kesinti olacak diyor. Maaşınız % 20 azalıyor. Verimliliğinizde düşüş olur mu? Polislerin ve pilotların maaş kesintisinden sonra performanslarını inceleyen araştırmacılar keşfediyor ki performanslar düşüyor. Örneğin, o polislerin şehrinde suç oranı artıyor ve pilotlar daha fazla rötar yapıyor. Bu normal. Peki, arkadaşınızın maaşında % 10'luk, sizinkinde % 20'lik bir kesinti yapılsa ne olur? Dikkat ederseniz, durum ilk senaryoyla aynı. İkisinde de sizin maaşınızda % 20'lik bir kesinti yapılıyor. Bu sefer verimliliğiniz ne kadar düşer? Zürich Üniversitesi'nden Alain Cohn bu araştırmayı yaptığında keşfediyor ki ikinci durumda verimlilik çok daha fazla düşüyor. Neden? Çünkü arkadaşınızda daha az kesinti olduğu için adaletsizlik yaratılıyor ve bu da verimliliği daha da düşürüyor.

Yukarıda bahsettiğim müdür, bir ev parası kazanmış olsa da arkadaşları daha fazla aldığı için durumun adil olmadığını düşünüyor. Adaletin olmadığı bir durumda, az para kazanmaktansa, hiç para almayarak adaletsizliği çözmek istiyor. Şirketlerde ne kadar çok rekabet ve ödül varsa, o kadar fazla adaletsizlik oluşur. Takımlarda olduğu gibi de verimlilik düşer. Peki, neden adaletsizlik verimi düşürür? Bunun altında yatan mekanizma ne?

Neden adaletsizlik verimi düşürür?

Bu soruyu yanıtlamak için Çinli araştırmacı Xingliang Qi ve arkadaşları, öğretmenler üzerinde bir araştırma yapıyor. Qi, otuz öğretmen buluyor ve onlara bir anket uyguluyor. Ankette, öğretmenlerin hak ettiğini alıp almadığını ve maaşlarının adil olup olmadığını soruyor. Bazı öğretmenler, aldığını söylüyor, bazıları almadığını. Sonra bu öğretmenlerden saç örnekleri alıp, saçtaki stres hormonu (kortisol) oranına bakıyor. Anket sonucuyla, hormon derecesini karşılaştırınca enteresan bir sonuca ulaşıyor. Emeğinin karşılığını alamadığını ve adaletsizlik olduğunu düşünen öğretmenler daha stresli çıkıyor, işlerinde stresli bir yaşam sürüyor. Bu stres de onların verimliliğini düşürüyor. Dikkat ederseniz, bu araştırma öğretmenlerin söylemlerini baz almıyor. Direkt vücudun biyolojik tepkisine bakıyor. Biyoloji asla yalan söylemez. Peki, o zaman bir insan ne zaman emeğinin karşılığını alamadığını düşünür? Maaşı düşük olduğu zaman. Peki diyelim ki herkes hak ettiğini alıyor. O zaman adaletsizliği çözmüş olur muyuz? Maaş dışında ne adaletsizliği artırır? Örneğin, ödül işin içine girince, adaletsizlik artar mı?

Adaletsizlik ve emek

1960'larda psikolog Stacy Adams, fark ediyor ki insanların ilişkilerinde ve sosyal ortamlardaki en büyük amaçlarından biri adalet duygusunu korumak. Buna da "eşitlik teorisi" diyor. Herhangi bir nedenle eşitlik bozulursa, kişi bu eşitliği kendisi sağlamaya başlıyor. Örneğin, aynı oranda çalıştığını düşünüyor ama ödülü başkası alıyorsa, o zaman eşitlik ilkesi bozuluyor. Bu durumda kişi ne yapıyor? Eşitliği sağlamak ve durumu dengelemek için farklı yollar deniyor. İlk denediği, itiraz etmek oluyor. İtiraz ederek, kararın değişmesini sağlamak. Bunu başaramazsa, ikinci bir yolu seçiyor. O da kendi verdiği emeği azaltmak. Ne kadar ekmek, o kadar köfte mantığıyla daha az çalışmaya başlıyor. Daha az çalışarak, eşitliği sağlamaya çalışıyor. Bazıları daha da kötü yollar deniyor. Karşı tarafın çabasını sabote ederek, onun alacağı ödülü engellemeye çalışıyor. Arkadan konuşmalar, suçlamalar ya da diğer tarafı engellemeler başlıyor. Şirkette güven azalıyor. İşten ayrılmalar oluyor.

Kısacası, ödül ve rekabet olduğu zaman, şirketlerde adaletsizlik başlar ve kişiler de bu adaletsizliği çözmek için daha az çalışır ya da kazanan kişiyi sabote eder. Verimlilik düşer. Tabii ödülün zararı sadece adaletsizlik duygusu yaratması değil. Bir sebep daha var.

Ödüllü rekabet ve gelişim

Diyelim ki Mehmet'in seviyesi 100 üzerinden 70. Öğretmen sınıfta yarışma yapıyor ve birinciye ödül vaat ediyor. Mehmet yarışmada birinci olamasa da dereceye gireceğini düşünüyor. Çabalıyor ve 90 puan alıyor ama dördüncü oluyor. Sizce Mehmet mutlu mu olur, mutsuz mu? 90 onun için ne ifade eder?

Barbara Mellers ve arkadaşları bu sorunun yanıtını bulmak için bir deney tasarlıyor. Yukarıdaki duruma benzer bir durum yaratıyor. Denekler fMRI makinesinin içinde bir şans oyunu oynuyor. Üç ayrı çarkıfelek var. Her birinin üstünde üç rakam var. "Kötü" çarkıfelekte -6 dolar, -1,5 dolar ve 0 dolar, "ortadaki" çarkıfelekte 2,5 dolar, -1,5 dolar ve 0 dolar, "iyi" çarkıfelekte 10 dolar, 2,5 dolar ve 0 dolar yazıyor. Dikkat ederseniz her üçünde de 0 dolar var.

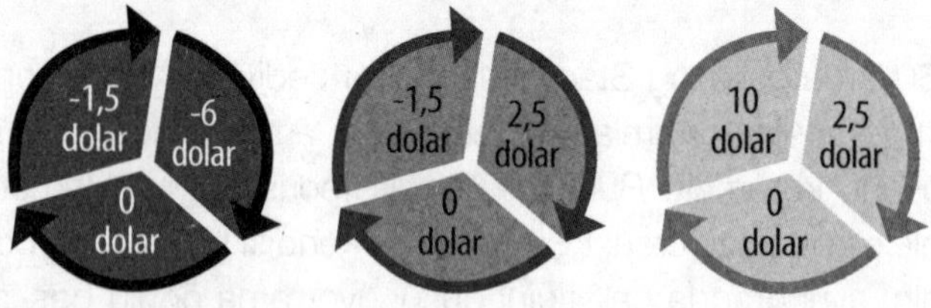

Kişi her çarkıfeleği tek tek çeviriyor ve ibre hangi parayı gösterirse, onu kazanıyor. Merak ettikleri soru da şu: beyin üç ayrı çarkıfelekte bulunan 0 dolara nasıl tepki verecek? Kötü çarkıfelekte 0 dolar gelirse, beyin dopamin salgılıyor (yani kişi keyif alıyor) ama iyi çarkıfelekte 0 dolar gelirse, salgılamıyor. 0 dolar duruma göre farklı anlam kazanıyor. Aynı şekilde Mehmet'in, 90 aldığında sevinmesi gerekir çünkü 70'ten 90'a yükseliyor (iyi çarkıfelek). Ama sevinemiyor çünkü kendisini diğerleriyle karşılaştırıyor. Yani, rekabet ortamı, ona kötü çarkıfeleği sunuyor. 90, bu kötü çarkıfelekte olumsuz olarak algılanıyor. Onun için kimse başkasıyla karşılaştırılmamalıdır. Karşılaştırmak demek, herkes için kötü çarkıfelek yaratmak demektir.

Başka bir araştırmada bir grup çocuğa iki bulmaca veriliyor. Çocuklar ilk bulmacayı çözdükten sonra, onlara şöyle bir şey soruluyor: İkinci bulmaca için ipucu mu istersin, yoksa ilk bulmacada diğerlerine göre dereceni mi öğrenmek istersin? Rekabet ortamında eğitim gören çocuklar derecesini öğrenmek istiyor ama işbirliğine inanan öğrenciler ipucu istiyor. Amaçları kendilerini geliştirmek ve öğrenmek oluyor. Diğer insanları geçmek değil. Kısacası, rekabet ortamlarında insanlar öğrenmek için değil, sürekli derecesini geliştirmek için çalışıyor. Peki, bir çocuk hep birinci oluyorsa ne olur? O kendini daha da geliştirir mi?

Rekabet varsa, bu, çocukların gelişimini durduruyor. Çünkü ödül ve kazanmak "tavan etkisi" yaratıyor. Üniversitede okuyan bir arkadaşım hep sınıf birincisi oluyormuş. Sınıfta da hep çan eğrisi yapılıyormuş. Arkadaşım diyor ki "Ben hiçbir zaman 100 almak için çalışmadım. Hep çan eğrisinin üstünde olmak için çalıştım." Kişinin amacı başkasını geçmek olunca, diğerlerini geçtiği an kendi kapasitesini donduruyor. Kendi kapasitesinin üstüne çıkma ihtiyacı duymuyor. Bir ortaokul öğrencisi çok kapasiteli olmasına rağmen, çalışmıyormuş. Annesi de, "Oğlum birazcık çalışsana" demiş. Çocuk, "Ama anne bu şekilde zaten sınıf birincisiyim (ödül). Çalışmama ne gerek var" demiş. Aynı şekilde çok ünlü bir yüzücü yüzerken ayaklarını kullanmıyormuş. "Neden yüzerken ayaklarını kullanmıyorsun?" diye sorulmuş. "Ayaklarımı kullanmadan da birinci oluyordum. Onun için gerek görmedim" demiş. Kendi kapasitesini dondurmuş.

Bir kişinin amacı ödül olunca, kendi kapasitesinin üstüne çıkma şansı olsa da çıkmak istemiyor. Amaç ödül değil de gelişim olsa, kişi sürekli kendini geliştirecek. Sürekli kendi kapasitesinin üstüne çıkacak. Ödüller ve birincilikler tavan etkisi (bir üst sınır) yarattığı için gelişimi durduruyor. New York'taki taksiciler en çok parayı yağmurlu günlerde kazanıyor. Çünkü herkes taksiye binmek istiyor ama araştırmacılar fark ediyor ki o günlerde taksiler daha az çalışıyor. Neden? Çünkü taksiciler kendilerine belirledikleri hedeflere ulaştığı an, daha fazla çalışmak istemiyor. Hedef, onların tavanı oluyor. Kısacası, ödül de tavan etkisi yaratarak gelişimi durdurur. Peki, ödül birçok açıdan çocuğa zararlıysa, neden hâlâ ödül veriyoruz? Bunun altında yatan mekanizma ne?

Özet

- İnsanlar için en önemli değerlerden biri adalet değeri. Adaletli ortamlarda insanlar hem daha verimli hem de daha mutlu oluyor.
- Ama ödül kurumlardaki adalet duygusunu öldürüyor. Çünkü ölçütler sübjektif olduğu için, ödül adaletsizlik yaratıyor.
- Adaletsizlik de iki nedenle verimliliği düşürüyor. Birincisi, stres yarattığı için kişi verimsiz çalışıyor. İkincisi, haksızlık olduğunu düşünürse, haksızlığı gidermek için daha az emek veriyor. Dahası hem ödülü kazananı hem de ödülü verenleri suçluyor. İlişkiler bozuluyor.
- Eşitliğin olmadığı takımların performansı bile daha kötü oluyor.
- Rekabet ve ödül aynı zamanda dış referans sağladığı için, gelişimi durduruyor. Kendi seviyesinin üstüne çıkan kişi, ödülü alacak performans sergilemeyince mutsuz oluyor. Ya da kendi seviyesinin altında olmasına rağmen kazanan veya ödül alan kişi kendi seviyesinin üstüne çıkma ihtiyacı duymuyor. Ödül tavan etkisi yaratıyor.

Aileler neden ödül verir?

1970'lerde Ford Vakfı, Hindistan'daki nüfus artışını engellemek için bir kampanya başlatıyor. Ailelere, aile planlamasıyla ilgili seminerler veriyor. Aileler seminere gelsinler diye, katılımcılara ödül olarak bir radyo veriliyor. Aileler geliyor, semineri dinliyor ve radyolarını alıp gidiyor. Sonra ne oluyor? Çiftler radyodan müzik dinleyerek daha fazla çocuk yapıyor. Çalışma nüfus artışını engellemede başarısız oluyor. Peki, neden?

Ford Vakfı, temel bir hata yapıyor. Nüfus artışının temelinde yatan asıl sorunu keşfetmeden, bir ödül ve seminerle sorunu çözebileceğini varsayıyor. Peki, asıl sorun ne? O dönemlerde Hindistan'da emeklilik sistemi yok. İnsanlar yaşlanınca bir gelir elde edemiyor. Bundan dolayı bolca çocuk yapıyorlar ki yaşlılık döneminde çocuklar onlara baksın. Yani, veliler, çocuklarını bir güvence ve sigorta olarak görüyor. Asıl sorunu anlamadan verilen ödül, doğal olarak hiçbir işe yaramıyor. Asıl yapılması gereken belirtiyi değil, gerçek sorunu çözmektir.

Şimdi ödülün kullanıldığı ev ortamlarını düşünelim. Çocuk ödevini yapmıyor ve anne de, "Ödevini yaparsan oyun oynayabilirsin" diyor. Bu durumda Ford Vakfı'nın, nüfus artışının temelinde yatan asıl sebebi keşfetmediği gibi anne de çocuğun ödev yapmamasının temelinde yatan asıl nedeni keşfetmiyor. İlgilendiği tek şey var: ödevin yapılması. Yani ödül, davranışın altında yatan gerçek nedeni göz ardı ediyor. Sadece davranışın yapılmasıyla ilgileniyor. Duruma çok yüzeysel bakıyor. Zaten annenin bu yüzeysel bakışı çocuğun ödevle ilgili görüşünü de olumsuz etkiliyor. Çocuk da ödeve yüzeysel bakıyor. Ödevi görev olarak görüyor. Dahası anne tarafından kontrol edilen çocuk ödevden ve dolayısıyla okuldan daha çok soğuyor. Kısacası ödül, ailelerin gerçek sorunla uğraşmak istemedikleri zaman kullandıkları kestirme yoldur. Peki, acaba çocuk ödevini neden yapmıyor? Bunun altında yatan sebep ne?

Çocuklar neden ödev yapmaz?

Aile, çocuğun ödevi yapıp yapmadığıyla değil de neden yapmadığıyla ilgilense çok şey keşfedebilir. Bir sorunu olmasa, çocuk ödevlerini zaten yapar. Bir anne çocuğunun ödev yapmamasından şikâyet etti. Ona dedim ki, "Çocuğunuza sorunca, ödevini neden yapmadığını söylüyor size? Anne, "Hiç sormadım ki" dedi. Başka bir anneyle aynı diyaloğu yaşadım. Anne sormuş ve çocuk sıkıldığını söylemiş. "Neden sıkılıyormuş?" diye sordum. Anne bilmiyordu. Daha da kötüsü, anne çocuğun sıkılmasını kabullenmiş ve onla ilgili bir şey yapmak istemiyor.

Tavsiyem üzerine çocukla şöyle bir uygulama başlattı. Çocuk bir günlük tuttu. Her gün verilen ödevleri ve o ödevlerle ilgili görüşlerini yazdı. Sonuçta ne keşfettik biliyor musunuz? Çocuk matematik ödevlerini çok zor buluyor ve bundan dolayı yapmak istemiyor. Türkçe ödevlerini çok kolay buluyor ve dolayısıyla sıkılıyor. Ama fen ve teknoloji ödevlerini çok seviyor çünkü keşfetme ve tasarım var. Başka bir çocuk, tarih ödevlerini anlamsız, coğrafya ödevlerini saçma buluyor. Bundan dolayı yapmak istemiyor. Başka durumlarda şunları da keşfettik. Bir sınıfta öğretmen ceza olarak daha çok ödev veriyormuş. Çocuk da ödev yapmaya olumsuz anlam yüklemiş. Bir aile, çocuğuna her konuda o kadar baskı yapıyormuş ki çocuk da kendisini kabul ettirmek için bir tepki olarak ödevini yapmıyormuş. Bir çocuk, "Ödev yapmayarak ailemi cezalandırıyorum" dedi.

Duruma çocuk açısından bakınca, ortaya çok net bir resim çıkıyor. Çocukların ödev yapmama nedeni net: ödevin seviyesi çocuğun seviyesinin üstündeyse, ödev çok kolaysa, ödev ilgisini çekmiyorsa, ödev anlamsızsa ya da ödevde keşfetme yoksa, çocuk ödevini yapmak istemiyor. Çocuk ödevi çok zor buluyorsa, onu zorlamak mantıksız olacaktır. Çocuğu zorlamak, kör bir adama, "Görürsen, sana ödül olarak araba vereceğim" demeye benzer. Kısacası, ödül gerçek sebebi göz ardı eder. Ödülü kullanan aile, sorunla değil belirtiyle uğraşır. Ödül davranışın (ödev yapmama) altında yatan asıl sorunu göz ardı ettiği gibi, asıl sorunu zamanla daha da derine gömer. Derine gömülmüş bir sorunu çözmek daha da zorlaşır. Peki, aile neden asıl sorunla uğraşmıyor?

Belirtiyi değil de asıl sorunu çözmek zaman ve emek ister. Durumu analiz etmeniz, çocuğu anlamanız ve uzun süre beraber çalışmanız gerekir. Bunlar için büyük emek ve zaman gerekir. Ama çoğu aile bununla uğraşmak istemez. Neden istemez? Çok çalışıyordur, zamanı veya sabrı yoktur ya da eve yorgun geliyordur. Belki de asıl sorunu derinlemesine inceleyecek bilgisi yoktur. Çocuğun gelişimini okula bırakmıştır. Bundan dolayı asıl sorunla uğraşmak istemez. Ödül ve ceza gibi kontrol mekanizmalarını kullanarak kısa yoldan olayı çözmek ister.

Şöyle düşünün. Kalbinizde bir damar tıkandı. Doktor bunu 10 dakikada açar. Sorun teknik olarak çözülür ama asıl iş şimdi başlar. Sizin yaşam tarzınızı değiştirmeniz gerekir. Kilo vermeniz, spor yapmanız, sağlıklı beslenmeniz lazım. Bunlar da zaman alır, emek ister ve zordur. Aynı şekilde aile gelişim için zor yolu seçmek istemez, kısa yoldan baypasla durumu çözmek ister.

Derin sorunu çözmek istemeyen ve dolayısıyla kısa yolu seçen (ödül ve ceza vermek gibi), kişiler daha sonra daha büyük bir sorunla uğraşır. Çünkü kısa yollar daha sonra kendisi sorun olur. Nasıl mı? Bir kişi stres sorununu alkolle çözmeye çalışırsa, alkol kısa vadede stresi alır ama sonra kendisi sorun yaratır. Kişi alkolik olur. Asıl stres yönetimini öğrenmek gerekir. Kişi finansal sorunlarını borçlanmayla kısa vadede çözer ama daha sonra büyük borca girer. Borcu sorun olur. Asıl sorunu sağlıklı finansal yönetimle çözmesi gerekir. Gıcırdayan tekerleğin gıcırtısı suyla çözülür ama daha sonra su, paslanma sorununu yaratır. Kısacası, aileler asıl sorunla uğraşmak zaman ve emek alacağı için kısa yolları seçer. Ama ödülün kullanılmasının tek sebebi bu değil. Bir sebep daha var.

Otoriter aileler

Bazı aileler daha çok otoriter yani kontrolcü, bazıları esnek, bazıları da demokratik. Otoriter aile çocuğunun her şeyini kontrol etmek ister ve çocuğu onun sözünden çıksın istemez. Esnek aileler evde kural koymaz. Çocuğun istediği her şeyi yaparak, onun sevgisini kazanmak ister. Demokratik aileler kural koyar ve kural içinde çocuğa özerklik verir. (Kısım II'de bu aile türlerini daha detaylı irdeleyeceğim.)

Bir aile ne kadar otoriter olursa, o kadar çok kontrol mekanizması (ödül, ceza gibi) kullanır. Çocuğun kendinden farklı bir kimlik geliştirmesini veya ailenin istediğinden farklı bir şey seçmesini istemez. Bilinçli ya da bilinçdışı, çocuğu kendine bağımlı olsun ister. Bunu da ödül ve ceza gibi mekanizmalarla yapar. Başarılı doktor bir aile düşünün. Ya çocuğu gitarist olmak isterse, ne olacak? Aile bu riski önceden, çocuğu kendine bağımlı kılarak çözmeye çalışır. Kontrolcü aileler, çocuklar kendi seçimlerini değil de ailenin seçimlerini yaşasın diye, bilinçli ya da bilinçsiz, ödül gibi kontrol mekanizmaları kullanır.

Endişeli aileler de başka bir nedenle kontrol mekanizmaları kullanır. Sevilmeye ihtiyaç duyan insanlar genelde terk edilmekten korkar. Anne veya baba terk edilmekten korkuyorsa, çocuğunu kendine bağımlı yetiştirir. Çocuk ne kadar anneye ya da babaya bağımlı olursa, çocuğun aileyi terk etme ihtimali o kadar azalır. Anne ve baba, kendisini garantiye alır. Bunun için de ödül ve övgü gibi bağımlılığı artırıcı kontrol mekanizmalarını sıkça kullanır. Özellikle eşler sevgi ihtiyaçlarını birbirlerinden karşılayamıyorsa, çocuğu kendilerine daha da bağımlı yapar. Kısacası, kontrolcü aileler çocuklar istediklerini yapsın diye, endişeli aileler çocukları onları sürekli sevsin diye, sürekli kontrol mekanizmaları kullanır. Peki, hiç mi ödül kullanılmamalı?

Ödülün kullanıldığı durumlar var mı?

Ödülü bir durumda kullanabiliriz. Çocuğunuzun tenis oynamasını istiyorsunuz ama çocuk oynamak istemiyor. Neden? Çünkü daha önce tenis oynamayı hiç denememiş ve nasıl bir oyun olduğunu bilmiyor. En azından bir kere denerse, seveceğini düşünüyorsunuz. İkna etmeye çalışıyorsunuz ama edemiyorsunuz. Bu durumda "Tenis oynamaya gelirsen, sinemaya gideriz" diyorsunuz. Yani ödül sunuyorsunuz. Çocuk da kabul ediyor. Beraber tenis oynuyorsunuz.

Sonra da sinemaya gidiyorsunuz. Bir hafta sonra, "Hadi tenis oynayalım" diyorsunuz. Çocuk, "Hayır" diyor. "Tenis oynamaya gelirsen, tekrar sinemaya gideriz" diyorsunuz. Çocuk kabul ediyor. Yine tenis oynayıp sinemaya gidiyorsunuz. Bir hafta sonraki teklifinizde çocuk yine kabul etmiyorsa artık hakkınız bitti demektir. Peki ne yapmalıydınız? İlk iki sefer de çocuğu ödülle (dış motivasyonla) korta götürdüğünüzde, etkinliği öyle tasarlamalıydınız ki çocuk tenisten keyif alır hale gelmeliydi. Yani, iç motivasyon oluşturmalıydınız. Ama bunu başaramadığınız için, dış motivasyonla tenisi sürdüremezsiniz. Ödülü bir ya da iki defa çocuğun hiç deneyimlemediği bir etkinliği deneyimletmek için kullanabilirsiniz. Ama o durumda bile hemen iç motivasyon oluşturmalısınız. Peki bu nasıl olacak? Kitabın ikinci kısmında bu konuyu inceleyeceğiz.

Bilinçli bir binicilik öğretmeni nasıl ödül kullandığını anlattı. Bazı çocuklar ilk seferinde attan korkuyormuş. Öğretmen ilk önce ikna etmeye çalışıyormuş ama çocuklar yine de hayır derse, ödül vaat ediyormuş. Sonra öyle etkinlikler yapıyormuş ki çocuklar atı sevmeye başlıyormuş. Öğretmen, "Zaten en fazla iki defa ödül kullanırım. İki seferde de sevdirememişsem, artık sevdirmeye çalışmam, onu başka etkinliğe kaydırırım. Çocuk atı sevmediyse, ya bir travması olmuştur ya da çok endişelidir. O durumda zorlamak zarar verir" diyor.

Araştırmacılar Babcock ve Hartman spor salonuna giden insanların kısa sürede sporu bıraktığını fark ediyorlar. Ama yine fark ediyorlar ki arkadaşlarıyla spor yapanların sporu bırakma ihtimali daha düşük. Akıllarına bir soru geliyor: Acaba insanları ödül vererek (dış motivasyonla) salona getirtip, arkadaşlarıyla hoş vakit geçirmelerini (iç motivasyonla) sağlayarak, spor yapmalarının devamlılığını sağlayabilir miyiz? Bir gruba spor salonuna gitmek için para veriyorlar. Ama bu gruptaki kişiler arkadaş değil. Diğer gruba da para veriyorlar. Ama bu gruptaki kişiler arkadaş. Sonra fark ediyorlar ki ödül alan ve spora yalnız giden kişiler, ödül bittikten sonra salona gitmeyi bırakıyor ama arkadaşlarıyla gidenlerin büyük bir kısmı, ödül kesildikten sonra da gitmeye devam ediyor. Benzer bir araştırmayı Charness ve Gneezy de yapıyor. Aynı sonucu buluyor.

Yani, ödülle (dış motivasyonla) bir etkinliğe başlatabilirsiniz ama başka bir iç motivasyon mekanizması oluşturamazsınız, bu durumda arkadaşlarla sosyalleşme davranışı devam ettiremezsiniz. Kısacası, çocuğun fikri, merakı, ilgisi yoksa ödülle işe başlatabilirsiniz ama bu durumda çok kısa sürede dış motivasyonu, içi motivasyona dönüştürmeniz gerekir. Yoksa çocuk o etkinliğe devam etmez.

Zihinsel engelli çocuklarla durum farklı olabiliyor. Zihinsel gelişimleri zayıf olan bu çocuklarımız sebep-sonuç ilişkisi kurmakta ve bazen kendilerini kontrol etmekte zorlandıkları için, öğretmenler bazen ödülü etkili şekilde kullanıyor. Bu konuya bir itirazım yok ama en kısa zamanda dış motivasyonun yerini iç motivasyonun alacağı bir sistem kurulmalı.

Bir şeyi çocuğa ilk defa deneyimletmek için ödül kullanılabilir. Ama aslında bu durumda bile ödül kullanımını en son çare olarak öneriyorum. Çünkü bu durumda bile aklımıza şöyle sorular geliyor. Acaba aile ödül vermeden çocuğu neden ikna edemiyor? Annenin önerisi ya da teklifine çocuk güvenmiyor mu? Normalde aile ile çocuk arasında güven ilişkisi oluştuysa, annenin teklifine çocuk sıcak bakıyor olmalı. Örneğin anne, "Hadi Kızım, tenisi deneyelim" dediğinde, çocuk bu öneriye sıcak bakıyor olmalı. İlk önce bu sorular yanıtlanmalı. Güvene dayalı bir diyalog yaşanmalı ama olmazsa, iç motivasyon oluşturma sürecine giden yolda, ödül (dış motivasyon) kullanılabilir.

Ödülün işe yaradığını iddia eden araştırmalar da var. Özellikle araştırmacılar Judy Cameron ve David Pierce, yaptıkları meta-analizlerle ödülün işe yaradığını savunmaktadır. Ama Deci ve Ryan, daha güçlü meta-analizler yapmış ve onlara bilimsel makalelerle yanıtlar vermiştir. Deci'ye göre Cameron ve Pierce, verileri tamamen yanlış analiz etmiş, değişkenleri karıştırmış ve yanlış sonuçlara ulaşmıştır. Referans kısmında yazdığım analizleri okuyunca siz de göreceksiniz ki Deci'nin iddia ettiği gibi, yani Cameron'un iddiasının tersine, ödül iç motivasyonu öldürmektedir.

Özet

- Bir sorun, onun ana kaynağı anlaşılmadan çözülemez. Yoksa, asıl sorunu değil, belirtiyi çözmüş oluruz.
- Ödül ana sorunla değil, belirtiyle ilgilenir. Örneğin, anne çocuğun neden ödev yapmadığıyla değil, sadece ödevin yapılmasıyla ilgilenir. Onun için ödül kullanır.
- Asıl sorunla uğraşmak istemeyenler, ödül kullanır. Çünkü soruna emek ve zaman vermek istemez. Bu zor bir süreçtir. Kısa yoldan çözmeyi ister.
- Kısa yoldan çözerse, kısa yol daha sonra daha büyük bir sorun çıkarır. Ödülle iş yaptırtır ama sonra çocuk dış odaklı olur.
- Kontrolcü aileler de ödül kullanır çünkü çocuk kendisine bağımlı olsun ister. Hem kendi istekleri olsun diye hem de çocuğun sevgisinden yoksun kalmamak için.
- Bir durumda ödül kullanılabilir. Çocukta iç motivasyon, merak ya da ilgi yoksa, dış motivasyonla deneyim sağlatılır. Sonra bu deneyimle iç motivasyon oluşturulur.

2. kısım

Ödül yerine ne yapmalı?

Koşulsuz ebeveynliğin prensipleri

Kitabın ilk kısmında ödülün zararlarından bahsettim. Peki, ödül vermek yerine ne yapmalıyız? Bu ikinci kısımda da bu soruyu yanıtlayacağım. Bu bölümde daha çok somut örnekler ve pratik çözümler önereceğim. Ama her ne kadar pratik çözümlerden bahsetsem de, aile "koşulsuz ebeveynlik" prensibi benimsemezse, ödül vermekten ve çocuğunu kontrol etmekten kendisini alıkoyamaz. Onun için ilk önce koşulsuz ebeveynlik anlayışı benimsenmelidir. Bu anlayışı benimseyen ailede, ödül gibi kontrol mekanizmaları zaten otomatik olarak ortadan kalkar.

Koşulsuz ebeveynliğin dört temel prensibi var. Bu prensiplerin her birini sırasıyla dört ayrı bölümde ele alacağım ve somut önerilerde bulunacağım. Ama bu dört prensibi hayatınıza geçirmek istiyorsanız, baştan bazı temel anlayışları kabul etmeniz gerekir. Peki, nedir bu temel anlayışlar?

Belirti mi, kök sorun mu?

Başınız ağrıyor ve doktora gidiyorsunuz. Doktor da size ağrı kesici veriyor. İlacı bir süre kullanıyorsunuz ama başınızın ağrısı geçmiyor. Bunun üzerine doktora tekrar gidiyor ve diyorsunuz ki "Bu ilaç işe yaramadı. Bana başka bir ilaç verebilir misiniz?" Bu, doğru bir soru değildir çünkü bu soru asıl sebeple değil, belirtiyle ilgilenir. Önemli olan hangi ilacın işe yaradığı değil, baş ağrısının neden ortaya çıktığıdır. Doğrusu, "Doktor hanım, başımın ağrımasının nedeni ne?" sorusudur. Bu soru, belirtiyle değil, asıl kök sorunla ilgilenir. Bir önceki bölümde bahsettiğim gibi, önemli olan sorun çıktıktan sonra onunla uğraşmak değil, sorunun çıkmasını engellemektir.

Ödül için de aynı mantık geçerli. Ödül, bir sorun ortaya çıktıktan sonra uygulanan bir kontrol mekanizmasıdır. Yani, ağrı kesicidir. Çocuk ödevini yapmaz, anne ödülle yaptırtmaya çalışır. Artık sorun ortaya çıkmıştır. Çocukta iç motivasyon oluşmamış (kök sorun) ve çocuk ödevini yapmak istememektedir. "Ödül vermek yerine ne yapmalıyız?" sorusu, "Hangi ağrı kesiciyi vermeliyiz?" sorusuyla eşdeğerdir. Burada sorulması gereken, "Çocuğumun öğrenmeye karşı neden iç motivasyonu oluşmadı? Ben bu konuda ona nasıl yardımcı olabilirim? Onun asıl neye ihtiyacı var?" sorusudur. Bu sorular sorulduğu an, zaten çocuğu kontrol etme ihtiyacı ortadan kalkar ve anne çocuğuna rehberlik eder ve ona yardımcı olur. Evde kontrol değil, sevgi ilişkisi kurulur. Onun için amaç belirtileri gidermek değil, kök sorunu çözmek olmalıdır. Aynı önleyici tıp anlayışı gibi.

Ailenin ihtiyacı mı çocuğun ihtiyacı mı?

Çocuğuna ödülle iş yaptıran bir aile, gerçek niyetini sorguladığında fark edecek ki istediği şeyi çoğu zaman çocuğu için değil, kendisi için istiyor. Yani, sorun aslında çocukta ya da işte değil, ailenin niyetinde. Örneğin anne çocuğunun odayı toplaması için ödül vaat ediyor. Neden? Çünkü eve birisi gelirse, rezil olmak istemiyor. Anne çocuğunun yemek yemesi için ödül vaat ediyor. Neden? Çünkü anne olarak görevini yapmak ve iyi hissetmek istiyor. Bazı anneler, "Ama yemek yemezse, büyüyemez" diyor. Çocuğunun kendi kararlarına güvenmiyor. Hiçbir canlı doğada açlıktan ölmez. Dahası ödülle yemek yiyen çocuk, yemek hoşlanılması gereken bir eylem değil, karın doyurmak için yapılan bir eylem zannediyor. Karne hediyesi alan baba, çocuğunun başarılı olmasını istiyor çünkü amacı kendi başarı imajını sürdürmektir.

Restoranda yemek sırasında, baba çocuğuna, "Uslu durursan evde tabletle oynayabilirsin" diyor. Baba sıkılan çocuğunun ihtiyacını değil, kendi ihtiyacını ön planda tutuyor. Onun için aile çocuğuna ödülle bir şey yaptırıyorsa, ilk önce kendine sormalı: "Ben bunu çocuğum için mi istiyorum, kendim için mi? Bunu istemeye hakkım var mı?" Kendisi için istiyorsa, çocuktan talepte bulunmayı bırakmalı. Aile öncelikli olarak kendi isteğini değil, çocuğun ihtiyacını karşılamalı veya her iki tarafın da ihtiyacını karşılayacak bir model bulunmalı.

Kısa vadeli hedef mi, uzun vadeli mi?

Bir gün arkadaşımla onun evinde oturuyoruz. Dışarı çıkmamız gerekti. Çıkarken 4 yaşındaki oğlu, "Ben de geleceğim" dedi. Arkadaşım, "Gelemezsin, geç oldu" dedi. Çocuk ağlamaya başladı. Baba, "Hayır gelemezsin" dedi. Çocuk ağlamaya devam edince baba, "İyi tamam, gel" dedi. Ben ona sordum: "Şu anda çocuğa ne öğrettin?" Baba çocuğa şu mesajı verdi: "Benim kurallarım vardır ama geçerli değildir. Yeteri kadar ağlarsan, kurallarımı delebilirsin." İleride göreceğimiz gibi, bu tür davranışlar, çocuklara sorumluluk almamayı öğretir. Arkadaşıma, "Böyle yapmanın sebebi ne?" diye sordum. "Çok yorgunum uğraşmak istemiyorum" dedi. Aileler bir seçim yapmak zorunda. Arkadaşım kısa vadede sorunu çözdü ama sorumluluk almayı öğretmeyerek uzun vadede daha da büyük bir sorun yarattı. Çocuk oyun oynamak istiyor ama baba yorgun olduğu için kızıyor. Baba, kısa vadede durumu kontrol altına alıyor ama uzun vadede çocuğun duygularını bastırmasına neden oluyor.

Aynı şekilde ödül kısa vadede sorunu çözer ama uzun vadede sorumluluk bilincini, motivasyonu ve gelişimi öldürür. Onun için çocuk yetiştirmede öncelik, uzun vadeli hedeflere verilmeli. Okullarda da benzer durum var. Bazı öğretmenler kısa vade düşünür. Müfredatı yetiştirir ama öğrenciyi yetiştiremez. Amaç işleri değil, her zaman çocuğu yetiştirmek olmalı. Kısa vadede uslu ve söz dinleyen çocuk yetiştirenler, uzun vadede hırçın ve asi yetişkinlere sahip olur.

Günlük bakış açısı mı, vizyon mu?

Bir babanın ilkokula giden çocuğuna, "İleride doktora yaparsan, sana araba alacağım" dediğini düşünün. Ya da bir annenin ilkokul yaşındaki çocuğuna "CEO olursan, sana ev alacağım" dediğini. Bu tür cümleler duymazsınız. Neden? Çünkü o kadar uzun vadeli bir iş için ödül vaat etmek saçma olur. Ödül kısa vadeli işler için verilir. Bu durumda doğal olarak çocuk ödülü almak için kısa vadeli plan yapmayı öğrenir ve ödül sonrasını düşünmez. Bu durumda da çocuk uzun vadeli değil, kısa vadeli düşünmeyi öğrenir. Geleceği düşünmez. Günü kurtarır. Onun için ödül çocukları kısa vadeli düşünmeye iter ve gelecek vizyonu oluşturmasını engeller. Amacınız vizyoner çocuklar yetiştirmekse, ödül bunu engeller.

Mekanik mi organik mi?

Birey yetiştirmenin temelinde iki farklı bakış açısı yatar: mekanik ve organik bakış. Mekanik bakış açısına sahip aileler, çocuğun şekillendirilmesi gerektiğini düşünür. Ailenin kafasında bir yetişkin modeli vardır ve o çocuğu o modele ulaştırmak için değiştirmeye çalışır. Toplumsal normlara ve kendi isteklerine uyması için ona baskı yapar. Nasıl bir heykeltıraş heykele şekil veriyorsa, aile de çocuğa şekil verir. Aile kendisinden yola çıkarak çocuğu yetiştirmeye, sürekli ona bir şey vermeye çalışır. Zaten bu tür ailelerde çocuklar hemen büyümek ister çünkü kontrol edilmek onları güçsüzleştirir. Çocuk en kısa zamanda bu güçsüzlükten kurtulmak ister.

Organik bakış açısına sahip aileler, çocuğu şekillendirmeye çalışmaz. Aile kendisinden değil, çocuktan yola çıkarak onu yetiştirmeye çalışır. Bu anlayışa göre çocuğun şekillendirilmeye ihtiyacı yoktur. O zaten bir tohum gibi açacak ve doğal olarak büyüyecektir. Aile sadece gerekli ortamı sağlar. Çocuğa baskı değil, saygı vardır. Öz, çocuğun kendisidir. Organik düşünen aile sahip olmak istediği değil, sahip olduğu çocuğu yetiştirir. Diyelim ki çocuk yemek yemek istemiyor. Mekanik anlayışa sahip aile, bir şekilde ona yedirmeye çalışır. Organik düşünen aile, çocuğun yemek yememe hakkına saygı duyar. Çocuk isteyince zaten yiyecektir. Ödül, tam olarak birinci anlayışın ürünüdür. Kontrol mekanizmalarıyla çocuk değiştirilmeye çalışır. Yapılması gereken organik anlayışı benimsemektir. Bu anlayışa sahip olunca, zaten kontrol etme ihtiyacı ortadan kalkar.

Çocuğu mu değiştirmek, kendini mi?

Aile kendi ihtiyacını çocuğun ihtiyacından önce tuttuğu zaman zaten sorunlar ortaya çıkıyor. Bu durumda önemli olan çocuğu değil, kendini değiştirmektir. Baba imaj odaklıysa, imaj kaygısını yenmelidir. Anne, elâlem ne der diyorsa, yargılanma korkusunu yenmelidir. Anne, çocuk yemek yemeyince reddedilmiş hissediyorsa, bu duygusunu yenmelidir. Yoksa, kendi eksikliğinden dolayı çocuğa baskı kurar. Onu kontrol etmeye çalışır. Bu da çocuğa yapılan en büyük haksızlıktır. Ailenin kendini değiştirmesi için de davranışlarını değil, düşüncesini değiştirmesi gerekir. Bir anne, çocuğu yemeğini yere dökünce, "Dudaklarımı ısırdım ama kızmadım" diye anlattı. Bu gerçek değişim değildir. Gerçek değişimde düşünceler de değişir. Anne sinirlenmiş ama bunu göstermemiş. Bu hiçbir şeyi değiştirmez. Çocuk beden dilinden bunu zaten anlar. Önemli olan annede, o davranıştan dolayı öfke oluşmamasıdır. Onun için gerçek değişim için, davranışlar değil düşünceler değişmelidir. Aile çocuğu değil, kendini değiştirmelidir.

Kolay olanı mı seçmek, zor olanı mı?

Ailenin benimsemesi gereken en önemli prensip "kolay" olanı değil, "doğru" olanı yapmak olmalıdır. "Kolaylığı" "doğruya" tercih eden aileler, maalesef, kitabın bundan sonraki kısmında anlatacaklarımı uygulayamayabilir. Çünkü doğru olanı yapmak zaman, emek ve enerji ister. Örneğin, ödevini yapmayan çocuğa ödülle iş yaptırmak kolay olandır. Peki, doğru olan nedir? Bir önceki bölümde anlattığım gibi, doğru olan çocuğun ödev yapmama sebebini anlamak, ona göre destek vermek ve çocuğun öğrenme aşkını geliştirmektir. Bunlar da zaman alır. Benzer bir şekilde birçok aile çocuğuna hiç durmadan oyuncak alır. Çünkü kendisi çocuğuyla oynayamadığı için (oyuncaksız oyun), ona sahte bir oyun sistemi yaratır. Oyuncak almak kolaydır ama çocukla uzun uzun oynamak doğru ve dolayısıyla zor olandır. Mutlu ve başarılı çocuk yetiştirmenin en önemli prensibi, kolay olanı değil, zor olsa da doğru olanı yapmaktır.

Kitabın bundan sonraki bölümünde koşulsuz ebeveynlik anlayışından bahsedeceğim. Bu biraz zor olabilir. Bildiklerinizi sorgulamanızı ve kendinizi değiştirmenizi gerektirebilir. Uygulamak da zaman alır. Ama doğru olanı yapmak zor olsa da ömür boyu sürdürülebilir bir mutluluğun ve başarının temellerini atar. Çocuk küçükken zor olanı seçenler, çocuk büyüyünce kolayı seçebilir. Çünkü sorumluluğunu bilen bir yetişkin yetiştirmiş olur. Şu anda kolayı seçenler ise ileride zor olanla (sorumsuz, asi veya çekingen bir yetişkin) uğraşmak zorunda kalabilir. Koşulsuz ebeveynliğin ilk temel prensibiyle başlayalım.

Özet

- Ödül yerine yapılması gereken davranışlar, koşulsuz ebeveynlik prensibi gerektirir.
- Koşulsuz ebeveynlik prensibinin de bazı temel anlayışları vardır.
- Ödül, belirtiyle çözmeye çalışır ama asıl amaç belirtinin altında yatan kök sorunu çözmek olmalıdır. Örneğin, ödev yapmama bir belirtidir ama asıl sorun motivasyon eksikliğidir.
- Ödül, ailenin ihtiyacını ön planda tutar. Ama asıl önemli olan çocuğun ihtiyaçlarının öncelik gerektirdiğini bilmektir.
- Ödül çocuğu kısa vade düşünmeye iter. Ama önemli olan vizyoner yaratmaktır.
- Ödül, mekanik çocuk yetiştirme anlayışının ürünüdür. Önemli olan çocuğu şekillendirmek değil, çocuğun doğal büyüme ve gelişme sürecine (organik yapı) yardımcı olmaktır.
- Çocukla bir sorun yaşıyorsak, yapılması gereken ilk şey çocuğu değil, kendimizi değiştirmek olmalıdır. Kendimizi değiştirmek de sadece davranışlar düzeyinde değil, düşünce düzeyinde de olmalıdır. Düşüncemizi değiştirmeden yapacaklarımız, sonuç vermeyecektir.
- Çocuk yetiştirmede bir kolay olan vardır bir de doğru olan. Doğru olan anlayışı yerleştirmek zaman ve çaba ister. Bugün kolayı seçen, yarın zorla uğraşır.

Çocuk nasıl öğrenir?

Yıl 1959. Bilim insanları çocukların dili nasıl öğrendiğini merak ediyor. Davranış bilimciler de "Tabii ki çocuklar, dili pekiştireçle öğrenir" diyor. "Çocuk bir şey söyler, aile ona olumlu tepki verir, çocuk da o sözcüğü kullanır." Davranışsal bilimin en güçlü olduğu bu yıllarda, ünlü dilbilimci Noam Chomsky bu görüşe katılmıyor ve görüşü eleştiren bir yazı yazıyor ve diyor ki: "Pekiştireçlerle dil öğrenilemez. Çünkü çocuklar hiç duymadıkları veya hiç pekiştirilmeyen cümleleri rahatlıkla söyleyebilir." Şu anda sıradan kabul edilen bu eleştiri, o yıllarda büyük tartışma yaratıyor. İlk defa bir bilim insanı davranışsal ekolü bu kadar sertlikle eleştiriyor. Bundan dört yıl sonra Stanford Üniversitesi profesörü Albert Bandura aynı eleştiriyi "davranış kazanımı" için yapıyor. Bandura, "Çocuklar davranışları pekiştireçle (ödül, ceza ve övgü) öğrenmez" diyor. "Çünkü çocuklar pekiştirilmeyen birçok davranışı kendisi yapar. Aynı şekilde pekiştirilen davranışları bir süre sonra yapmayabilir." Peki, çocuklar davranışları pekiştireçle öğrenmiyorsa, nasıl öğreniyor?

Bandura, bu soruyu yanıtlamak için bir deney tasarlıyor. Yaşları üç ile altı arasında olan 36 kız ve 36 erkek çocuğu üç gruba ayırıyor ve onları tek tek bir odaya alıyor. Çocuklara oynamaları için oyuncaklar veriyor ve odanın bir köşesine de Bobo adlı büyük bir maket bebek koyuyor.

Birinci grup oyuncaklarla oynarken, içeriye giren bir yetişkin Bobo'ya çekiçle vuruyor. İkinci grupta içeriye bir yetişkin giriyor ama Bobo'ya vurmuyor. Üçüncü grupta da odaya hiç yetişkin girmiyor. Bandura'nın merak ettiği şu: yetişkinin Bobo'ya vurduğunu gözlemleyen çocuklar, tek başlarına kalınca Bobo'ya nasıl davranacak? Yani, şiddet gözlemleyen çocuk, Bobo'ya şiddet uygulayacak mı?

Ortaya çok net sonuçlar çıkıyor. İlk grup (şiddet uygulayan yetişkini gözlemleyen grup) Bobo'ya aynı şekilde şiddet uyguluyor. Özellikle odaya giren yetişkin ile çocuğun cinsiyeti aynıysa, şiddet oranı daha da artıyor. Yani erkek çocuklar, erkek yetişkini daha çok model alıyor. Diğer iki grup çok az şiddet uyguluyor ya da hiç uygulamıyor. Bandura çocukların gerçekte nasıl öğrendiğini keşfediyor, çocuklar büyük oranda yetişkinleri model alarak öğrenir. Çokça söylendiği gibi, "Çocuk kulaktan değil, gözden eğitilir."

Benzer bir deneyi yıllar sonra Grusec ve Rice yapıyor. Çocuklar iki gruba ayrılıyor ve bowling salonuna alınıyor. Çocuklar oyun oynamadan önce, oyun alanına bir yetişkin giriyor ve oyun oynayarak jeton kazanıyor. İlk gruptaki yetişkin kazandığı jetonlarla kendine hediye alıyor. İkinci gruptaki yetişkin jetonları fakir çocuklara bağışlıyor. Daha sonra çocuklar oyun oynuyor ve jeton kazanıyor. Grusec, "Acaba hangi gruptaki çocuklar jetonlarını bağışlayacaklar?" diye izliyor. Bağış yapan yetişkini gözlemleyenler daha çok bağış yapıyor. Bu deney bir kez daha gösteriyor ki çocuklar gözleme ve model alma yoluyla öğreniyor (tabii ki aynı zamanda deneyim ve oyunla da). Peki, model alma neden çocuklar için bu kadar güçlü bir öğrenme yöntemi?

Çocuklar neden model alarak öğrenir?

Bunun yanıtı da başka bir araştırmada gizli. Emory Üniversitesi'nden araştırmacı Dr. Victoria Horner bir kutu tasarlıyor.

Kutu iki bölümden oluşuyor. Üst bölüm ile alt bölümü bir kapak bağlıyor. Yukarıdaki delikten bir çubuk sokarak, kapağı açabilirsiniz. Kapak açılınca, aynı çubukla şekere ulaşıp, onu ileriye itebilir, alt kutunun önünde bulunan ikinci kapaktan şekere ulaşabilirsiniz. Araştırmacı bu kutuyu bir şempanzenin önüne koyuyor. Şekeri nasıl alacağını gösteriyor. Aynı şeyi şempanzenin de yapmasını istiyor. Acaba şempanze sadece izleyerek, şekeri almayı öğrenebilir mi? Şempanze aynı işlemi yapıp şekeri alabiliyor. Yani, izleyerek öğreniyor. Dr. Horner, aynı deneyi 4 yaşındaki çocuklarla da yapıyor. Çocuklar da şempanze gibi sadece izleyerek şekeri almayı öğreniyor. Buraya kadar bir sorun yok. Şimdi deneyin ikinci kısmına geçiliyor.

Bu sefer kutunun yapısı değişiyor. Kutu şeffaf yapılıyor ve üst bölüm ile alt bölüm arasındaki bağlantı kapağı kaldırılıyor. Yani, yukarıdan çubuk sokmanıza gerek yok. Doğrudan alttaki kapaktan şekere ulaşabilirsiniz. Bu durumda şempanze ilk durumda öğrendiği gibi mi davranır (yani üst taraftan çubuğu sokmaya mı çalışır), yoksa kapak olmadığını anlayıp doğrudan, alttan şekere mi ulaşır? Peki, çocuklar ne yapar?

Dr. Horner, şempanze ile çocuklar arasında büyük bir fark keşfediyor. Şempanze kapak olmadığını görüp, yani yukarıdan çubuğu sokmanın gereksiz olduğunu anlayıp, doğrudan şekere uzanıyor. Ama çocuklar, kutu değişmiş olmasına ve çubuğu yukarıdan sokmak anlamsız olmasına rağmen, halen çubuğu olmayan kapakçıktan sokmaya çalışıyor. Doğrudan alt kutudan şekeri almıyor. Neden?

Çünkü 4 yaşındaki çocuklarda henüz soyut düşünme gelişmemiştir. Soyut düşünme gelişmediği için de çocuk mantık yürüterek değil, etraftakileri izleyerek öğrenir. Çocuk deneyin ilk kısmında gözlemlediği davranışı, deneyin ikinci kısmında da kullanır. Erken yaşlarda model alarak öğrenme işte bu kadar güçlü. Onun için çocuklara bir şeyi açıklayarak anlatmak çoğu zaman işe yaramaz. Küçük yaşlarda öğrenme soyut düşünmeye bağlı olsaydı, çocuklar öğrenemezdi. Beyinde sırf bu model alma sürecini yöneten ayna nöronlar var. İnsanoğlu model alarak öğrenmeseydi, beyinde ayna nöronlar bulunmazdı. Deneyde kullanılan şempanze yetişkin olduğu için o soyut düşünebiliyor ve direkt sonuca gidiyor.

Kısacası, bir aile kendisinde olmayan bir değeri ya da kendisinin sergilemediği bir davranışı çocuğuna veremez. Çocuk henüz soyut düşünemediği için, ne gözlemlerse onu yapar. Bulunduğu ortamda gözlemlediği davranışları doğru kabul eder. Onun için çocuğa değer kazandırmanın en iyi yolu, çocuktan beklenen davranışı ailenin ilk olarak kendisinin yapmasıdır, yani model olmaktır. Şimdi ödül verme yerine model olma nasıl kullanılır ona bakalım.

Ödül yerine model olma

Çocuk bir davranışı yapmak istemiyor, aile de ödülle yaptırmak istiyorsa, sorulması gereken, "Çocuğuma bunu nasıl yaptırırım?"

sorusu değildir. Çünkü bu kontrol sorusudur. Asıl sorulması gereken şunlardır: "Çocuk yapmak istemediği davranışı acaba beni gözlemleyerek mi öğrendi? Farkında olmadan ben aynı davranışı yapmış olabilir miyim? Bu sorunun kaynağı ben olabilir miyim? Bu sorular sorulduğu zaman, bakış açınız değişecek ve siz kendinizi değiştirdikçe, başka etken yoksa çocuk da değişecektir. Nasıl mı?

Anne-Baba Okulu'na katılan bir anneyle aramızda şöyle bir diyalog geçti:.

- Özgür Hocam, çocuğum kola içmek istiyor. İçmesine izin vermiyorum. Sonra sorun yaşıyoruz.
- Nasıl çözüyorsunuz?
- Bazen yasaklıyorum, bazen kızıyorum. Bazen de yemekte kola içmezse, tabletle oynayabileceğini (ödül) söylüyorum.
- Siz kola içiyor musunuz?
- Ben bazen içerim.
- Çocuk görüyor mu içtiğinizi?
- Evet.
- Siz içiyorsunuz. Peki, çocuğunuzun neden içmesini istemiyorsunuz?
- Zararlı.
- Sizin için değil mi?
- Bana da zararlı.
- Siz kola içtiğiniz sürece, çocuk da kola içmek isteyecektir.

Başka bir anne aynı sorunu yaşıyor. Onunla da aramızda şöyle bir diyalog geçti:

- Siz kola içiyor musunuz?
- Hayır. Ama baba içiyor.
- Baba içtiği sürece, siz çocuğa kolayı yasaklayamazsınız.
- Babayla konuştum ama o bırakmak istemiyor. Hatta çocuğu rahat bırak, içsin diyor.
- O zaman çocuğun da bırakmasını isteyemezsiniz. Baba içerken çocuğun içmemesi mantıksız. Aranızda mutlaka tutarlılık olmalı.

Bir anne çocuğun kitap okumamasından şikâyetçi. Kitap okuması için sürekli tablette oyun ödülü veriyormuş. Onunla da aramızda şöyle bir diyalog geçti:

- Siz kitap okuyor musunuz?
- Okurum ama bu aralar çok okuyamıyorum.
- Neden?
- İşten yorgun geliyoruz.
- Çocuk da okuldan yorgun geliyor. Bir de üstüne ödev yapıyor. Siz gelince ne yapıyorsunuz?
- Dizi izliyoruz (gülüyor).
- Anne baba evde dizi izleyip eğlenirken, çocuk anne babasından ve eğlenceden uzaklaşıp kitap okumak istemez. Ailede hep birlikte kitap okumazsanız, çocuk da okumaz.

Başka bir anne çocuğunun abur cubur yemesinden şikâyetçi. Onunla da aramızda şöyle bir diyalog geçti:

- Çocuğum sürekli abur cubur istiyor. Kural koyuyorum ama dinlemiyor.
- Kural koyuyorsanız ama uymuyorsa, aslında kural koymuyorsunuz demektir.
- Evet, bozuyorum hep. Ama ne yapayım, ağlıyor?
- Ne yapıyorsunuz? Gece gece bakkala mı gidiyorsunuz?
- Hayır. Evde var. Gidip çekmeceden alıyor.
- Evde niye abur cubur var?
- Ben çayla seviyorum.
- Siz istediğiniz zaman yiyor musunuz?
- Evet (gülüyor). Bazen o görmeden de yiyorum.
- Anne abur cubur yiyorsa, çocuğun da yeme hakkı vardır. Yemesini istemiyorsanız, siz de yemeyeceksiniz.

Bu anne beni üç hafta sonra aradı. Kendisi yemeyi bırakmış. Çocuk da artık abur cubur istemiyormuş.

Bir baba çocuğunun "aptal" kelimesini kullanmasından şikâyetçi. "Siz ya da annesi hiç aptal kelimesini kullandı mı?" diye soruyorum. "Geçen gün trafikte ben birine kullandım" diyor. Çocuk da babasından duymuş ve kullanıyor. Çocuğun aptal sözcüğünü kullanması çok doğal.

Kısacası, çocuk ailesinden ne görürse onu yapar. Aile çocukta bir davranışı değiştirmek istiyorsa, bunu ödülle yapamaz. Düşünsenize, anne abur cubur yerken, ödülle çocuğunu ne kadar abur cuburdan uzak tutabilir? Aileler çocuğun bir şey yapmasını istemiyorsa, ilk önce kendisi yapmayacak. Çocuk için geçerli olan kural, tüm aile için geçerli olacak (Bu anlayışın yatma saati gibi sadece birkaç istisnası var). Çocuklar anne ve babasının yaptığı her şeyi kopyalar. Çoğu zaman da sadece görüneni değil, görünmeyeni de kopyalar. Nasıl mı?

Gizli model alma yöntemleri

Bir baba sordu: "Çocuk ödevini yapmıyor. Ne yani, ödev yapmamayı da mı benden gözlemledi?" Ben de, "Evet olabilir" dedim. Baba şaşkınlıkla baktı. "Sizin hayatınızda ödev olmayabilir ama çocuklar her zaman davranışları gözlemlemez. Tutumları da gözlemler" dedim. Baba da, "Nasıl yani?" dedi.

Yukarıdaki örneklerde çocuğun model aldıkları, gözlemlenebilir davranışlar. Aile kola içiyor, abur cubur yiyor, küfrediyor veya TV izliyor. Çocuk da bu somut davranışları görüyor ve aynısını yapıyor. Çocuklar sadece davranışları değil, düşünceleri ve tutumları da modeller. Bunlar gözle görülmediği için keşfetmesi ve düzeltmesi daha zordur. Aileler bu gizli dinamikleri keşfetmelidir.

Baba akşam işten eve geliyor. Anne, "Hoş geldin, yemek hazır" diyor. Baba, "Canım istemiyor, siz yiyin" diyor. Babanın canı neden yemek istemiyor, bilmiyoruz. Belki bir şeye canı sıkkın, belki midesi ağrıyor, belki de eve gelmeden atıştırdı. Anne babayı zorlamıyor ve çocuğuyla yemek yiyor. Bu olayda çocuk bir tutum gözlemliyor: "İnsanlar aç değilse, yemek zorunda değildir." İki gün sonra, anne yemek hazırlıyor ve mutfaktan sesleniyor: "Hadi yemek hazır." Çocuk yemek yemek istemediğini söylüyor. Anne, "Hayır olmaz. Yiyeceksin" diyerek çocuğa baskı yapıyor. Anne yemek yememe hakkını babaya veriyor ama çocuğa vermiyor. Çocuğa haksızlık ediyor. Aslında çocuk sadece gözlemlediği tutumu sergiliyor. Ama aile bu direnci kendisinin yarattığının farkında değil ve bu gizli dinamiği keşfetmeden, zorla (ödül, ceza, kızma) çocuğa yemek yedirirse sorunlar yaşanıyor.

Annenin arkadaşları, aileyi hafta sonu için pikniğe davet ediyor ama baba gitmek istemiyor. "Çok yorgunmuş dersin" diyor. Çocuk da bu diyaloğu dinliyor. Çocuğa gizli bir mesaj gidiyor: Bir şey yapmak istemezsen, gerçek duygunu ve düşünceni söyleme, bahane üret. Bunu gözlemleyen çocuk bir şey yapmak istemediği zaman, örneğin ödevini yapmak istemediği zaman, bahane üretiyor. Aslında çocuk sadece gözlemlediği tutumu sergiliyor. Bu davranışı ona, babası öğretti.

Anne odada çalışıyor. Çocuk da babasıyla konuşmak için odaya girmek istiyor. Baba, "Annen meşgul, rahatsız etme" diyor. Çocuğa, insanlar çalışırken rahatsız edilmez, mesajı veriliyor. İki gün sonra çocuk oyuncaklarıyla oynuyor. Baba, "Yemek hazır" diye bağırıyor. Çocuk oyuncaklarla meşgul olduğu için babası onu rahatsız etmez, diye düşünüyor ama baba oyununu bozup, onu masaya oturtuyor. Çocuk da itiraz ediyor. Aslında çocuk sadece gözlemlediği tutumu sergiliyor.

Anne çocuğunun sebze yemesini istiyor ama çocuk istemiyor. Anne çocuğu zorluyor. Aslında çocuk ailesinde gördüğü bir tutumu sergiliyor. Aile dışarıya çıktığında hiçbir zaman sadece sebze yemeği ya da salata yemiyor. Her zaman et, kebap, balık vs. yiyor. Çocuk da "Sebze (yemeği) tek başına değerli değildir" mesajını alıyor ve evde de yemek istemiyor. Çocuk aslında sadece gözlemlediğini yapıyor.

Bu açıdan baktığımızda ödev yapmayan bir çocuk babasında bir tutum gözlemlemiş olabilir. Baba işten eve sinirli bir şekilde geliyor. Eşi, "Ne oldu?" diye soruyor. Baba, "Müdür bir rapor hazırlamamı istedi. O kadar gereksiz ve anlamsız bir rapor ki, zaman kaybı. Yarın konuşacağım kendisiyle" diyor. Çocuk da bu konuşmayı dinliyor. Çocuğa bir mesaj gidiyor: "İnsanların, anlamsız ve gereksiz bulduğu şeyleri yapmama hakkı vardır. Daha sonra çocuk ödevinin başına oturuyor ama ödevi anlamsız ve gereksiz bulduğu için yapmak istemiyor. Ama anne bunu kabul etmiyor. Yapması için çocuğuna baskı yapıyor, ödül vaat ediyor. Yetişkinlere sunulan hak çocuğa sunulmuyor. Aslında çocuk sadece babasında gözlemlediği tutumu sergiliyor.

Dove, özgüven ve güzellik üzerine yaptığı bir araştırmada, araştırmacılar, annelere bedenlerinde sevmedikleri yerlerini soruyor. Bir anne burnunu sevmiyor, bir anne gözlerini sevmiyor, bir anne bacaklarını sevmiyor. Aynı soruyu, bu annelerin çocuklarına soruyorlar. Çocuklar da anneleriyle aynı yanıtı veriyor. Anne kendinde neyi sevmiyorsa, çocuklar da kendinde onu sevmiyor. Yani çocuklar annelerini gözlemleyerek, kendi bedenlerini sevmemeyi öğreniyor.

Kısacası, çocuklar sadece davranışları değil, tutumları da gözlemler. Çocuk bir şey yapmak istemiyorsa, bu davranışı ya da o davranışı engelleyen tutumu ailede gözlemlemiş olma ihtimali çok yüksek. Sizin ilk önce kendinize şu soruyu sormanız gerekir: "Acaba benzer bir tutumu farkında olmadan ben sergiledim mi?" Sergilediyseniz, ilk önce kendinizi düzeltmeniz gerekir. Kendinizi düzeltmeden, çocuğa ödülle iş yaptırmak sorunu çözmez. Kısa vadede sonuç getirse de uzun vadede getirmez.

Nasıl model olunur?

Model olma, ödül, ceza gibi bir teknik ya da yöntem değildir. Sorun ortaya çıktığı zaman, siz model olarak sorunu çözemezsiniz. Model olma, daha çok bir yaşam tarzıdır. Model olma sorunu çözmez ama sorunun çıkmasını engeller. Örneğin, damar tıkanıklığınız varsa, bunu ameliyatla çözebilirsiniz. Ama yaşam tarzınızı değiştirmezseniz, yine damarınız tıkanır. Ne yapmanız gerekir? Beslenme ve uyku alışkanlığınızı değiştirmeniz ve spor yapmanız gerekir. Bu da zaman alır. Sağlıklı beslenmiş ve spor yapmış olsaydınız, damarınız tıkanmazdı. Aynı şekilde aile, iyi bir model olursa (sağlıklı beslenme), çocukta çoğu sorun zaten ortaya çıkmaz. Onun için yapılması gereken ilk şey, aile kendi değerlerini analiz edip, nasıl bir aile olacağına karar vermeli. O doğrultuda da değerleri sürekli modellemeli. O zaman çocuk bu değerleri benimser ve çoğu sorun ortaya çıkmaz.

- Aile yukarıdaki yazdığım sorunları şu şekilde çözebilirdi.

- İnsan genellikle stresli veya üzgün olduğunda, canı sıkılınca veya sağlıklı beslenme alışkanlığı yoksa, abur cubur yer. Anne, üzüntü ve stres duygularını yönetmeyi öğrenirse veya sağlıklı beslenme alışkanlığı kazanırsa, zaten abur cubur yemez. Bu durumda çocuk da annesini model alır. Abur cubur yeme sorunu otomatik olarak ortadan kalkar.
- Duygularını ifade edemeyenler küfrederek ifade eder. Babanın kendisinde de duygusunu ifade etme sorunu var. Baba, aptal deyip olumsuz örnek olmaktansa, kızgınlık duygusunu ifade etseydi, çocuk duygusunu ifade etmeyi model alır o da babası gibi, kızdığında, aptal demez, kendi duygusunu ifade eder, örneğin, "Şu anda çok kızgınım" derdi.
- Anne ve baba akşam okuma saatleri belirleyip hep beraber kitap okuyup tartışsalardı, çocuk hem ailesiyle ilişki kurduğu (İlişki kurmayı ileriki bölümlerde daha detaylı irdeleyeceğiz) hem de beraber etkinlik yaptığı için kitap okumayı severdi.
- Anne yemek yememe hakkını çocuğuna da verseydi ya da baba yemek istemiyorum dediğinde, anne, yemek yemesek de masada otururuz, kuralını hatırlatsaydı, çocuk da yemeyecek bile olsa masaya otururdu.
- Anne, babaya önerdiği gibi, çocuğa da öğretmeniyle konuşmasını önerseydi, çocuk sorumluluk almayı öğrenirdi.
- Anne çocuğun etkinliğini bölmektense, ona oyunun ne zaman biteceğini sorsaydı ya da çocuk başlamadan önce zaman planlaması yapsaydı ve kural belirleseydi (Kural koymayı ileriki bölümlerde daha detaylı irdeleyeceğiz), sorun yaşamazlardı.
- Reddedilme korkusu olan insanlar direkt iletişim kuramaz. Baba bu sorunu çözüp, bahane üretmektense, neden gitmek istemediğini direkt söyleseydi, çocuk da neden ödev yapmak istemediğini söylerdi ve aile buna çözüm bulurdu.

Görüldüğü üzere, aile doğru davranışı modellediği zaman, çoğu sorun zaten ortaya çıkmıyor. Peki, her zaman model olmak mı gerekir? Sadece söylemler yeterli olmaz mı?

Model alma ve söylemler

Söylemlerle çocuklar davranış kazanabilir ama bu sadece söylem ile ailenin davranışı örtüştüğü zaman mümkün olur. Aile bir şey söylüyor ama aynısını kendisi yapmıyorsa, çocuk söyleneni değil, davranışları baz alır. Aile istediği davranışı kendisi yapmıyor ama çocuğunun yapmasını istiyorsa, çocuk söylem ile o davranışı yine de yapabilir. Ama içselleştirdiği için değil, korktuğu veya suçluluk duygusunu yaşamamak için. Ailesi orada değilse de o davranışı yapmaz. Yani çocukta söylemlerle bir değerler sistemi oluşturmak zordur. Aile model olursa, çocukta bir değerler sistemi oluşur. O davranışı korkudan değil, değerinden dolayı yapar. Değerleriyle iş yapan çocuk ailesi yanında olsa da, olmasa da o işi yapar.

Bazen de aile çok iyi model olsa da (kitap okumak gibi), çocuk o davranışı modellemeyebilir. Bunun da birçok sebebi olabilir. Çocuk aile dışından başkasını model almış olabilir. Aile çocuğa baskı yapıyorsa, çocuk etkinliğe değil de baskıya tepki için o davranışı yapmıyor olabilir. Ailenin mükemmellik beklentisi varsa, çocuk başarısızlıktan korktuğu için o davranışı sergilemiyor olabilir. Kısacası, alışkanlık kazandırmanın temelini model olma oluşturur ama belirleyici olmayabilir. Çünkü çocukların davranışlarını belirleyen model alma dışında başka mekanizmalar da vardır. Peki, nedir bu mekanizmalar? Diğer bölümlerde de tek tek bunları işleyeceğiz.

Özet

- ✔ Çocuklara ödül gibi kontrol mekanizmalarıyla davranış kazandırmak zordur. Çünkü sayısız davranış şekli vardır ve onların hepsini ödüllendirmek imkânsızdır. Önemli olan çocukta davranışı belirleyen temel bir değerler sistemi oluşturmaktır. Değer de kontrol mekanizmalarıyla değil, model olarak oluşturulur.
- ✔ Çocuklar söylenenleri değil, gözlemlediklerini yapar. Özellikle küçük yaşlarda soyut düşünme gelişmediği için çocuklar daha çok gözlemleyerek öğrenir.
- ✔ Çocuk bir davranışı yapmıyorsa ya da bir tutumu sergilemiyorsa, o davranış ve tutum ailede eksik olabilir. Özellikle tutumları gözlemlemek zor olduğu için çoğu aile kendi tutumlarının farkında değildir. Aslında çocuk ailesinde gördüğü, ailenin de kendisinin farkında olmadığı bir tutumu sergiliyor olabilir.
- ✔ Aile ödül vermek yerine, kendini analiz ettiği ve çocuğuyla etkinlik yaptığı zaman, çoğu sorun çözülür.
- ✔ Aile model olsa bile, çocuk bazı davranışları yapmayabilir. Onun da, sonraki bölümlerde göreceğiniz gibi başka sebepleri olabilir.

Çocukla gerçek ilişki nasıl kurulur?

İnsanların hayatta yaşadığı sorunların çoğu ilişki sorunudur. Örneğin, kişi mükemmeliyetçidir. Biz bunun bir kimlik sorunu olduğunu düşünürüz ama aslında bir ilişki sorunudur. Kişi "diğer insanlar" tarafından yargılanmaktan korkuyordur. Bir kişi sinirlidir. Biz bunu kişiyle ilgili bir sorun olarak görürüz ama bu da bir ilişki sorunudur. Kişi "diğer insanları" güçle ve kontrolle etrafında tutmak veya taleplerini korkuyla karşılatmak istiyordur. Kişi utangaçtır. Çünkü "diğer insanlar" tarafından aşağılanmaktan veya yargılanmaktan korkuyordur.

Çocukta bir sorun varsa ya da çocuk aileyle bir sorun yaşıyorsa, çoğu zaman evdeki ilişkide bir sorun var, demektir. Çocuktaki sorun ile evdeki ilişki sorunu doğru orantılıdır. Örneğin aile baskıcıysa, ailesinin baskısına karşı çıkmak veya onları cezalandırmak için, çocuk okulda başarısız olur. Aile yargılıyorsa, çocuk içine kapanık olur. Aile sinirliyse, çocuk sinirini ifade edemez. Bu durumda tırnaklarını yer ya da gece yatağını ıslatır. İlişki zayıflığından kaynaklanan bu sorunları, ilişkiyi düzeltmeden kalıcı bir şekilde çözmek çok mümkün değildir. Şimdi kritik soru şu: ödül evdeki ilişkiyi geliştirir mi, zayıflatır mı?

Ödül ilişkileri nasıl etkiler?

Çocuk evde televizyon izliyor. Anne de onun ödevini yapmasını istiyor. Çocuk da bir türlü yapmak istemiyor. Çatışıyorlar. Daha sonra anne çözüm olarak çocuğa ödül vaat ediyor: Ödevini yaparsan, bilgisayarda oyun oynayabilirsin. Acaba çocuk burada kendisini anlaşılmış hisseder mi? Anne çocuğunun gerçekte neden ödev yapmak istemediğini anladı mı? Ona yardımcı oldu mu, rehberlik etti mi? Ona saygılı davrandı mı? Anne ile çocuk arasında güven ilişkisi kuruldu mu? Çocuk yemek yemek istemiyor. Baba da, "Yemeğini yersen, televizyon izleyebilirsin" diyor. Acaba baba burada onun neden yemek yemediğini anlamaya çalıştı mı? Saygı gösterdi mi? Çocuk kendisini anlaşılmış hissetti mi? Baba ile çocuk arasında güven ilişkisi kuruldu mu?

Bu durumların hiçbirinde çocuk kendisini anlaşılmış hissetmez. Tam tersine, kontrol ve hatta manipüle edilmiş hisseder. Aile kendi isteklerini yaptırtmak için çocuğu kontrol etmektedir. Bir ilişkide ne kadar kontrol varsa, güven o kadar az olur. Güven ne kadar azsa, ilişki o kadar zayıf olur. Güven ilişkisinin temelinde anlaşılma vardır. Ödül aile ile çocuk arasındaki ilişkiyi zayıflatır. O zaman çocuğu ödülle kontrol etmek yerine, onunla gerçek bir ilişki kurmak gerekir. Peki çocukla gerçek ilişki nasıl kurulur?

Gerçek ilişki kurma yöntemi

Gerçek ilişkinin temelinde güven, saygı ve anlayış, yapay ilişkinin temelinde kontrol vardır. Yapay ilişki "Nasıl yaptırabilirim?", gerçek ilişki "Nasıl anlayabilirim ve yardımcı olurum?" sorusunu sorar. Gerçek ilişki kurma konusunda Marshall Rosenberg, Roger Fisher, William Ury, Douglas Stone ve Bruce Patton'dan esinlenerek PİDE (**P**erspektif, **İ**htiyaç, **D**uygu, **E**mek) adlı bir anlayış geliştirdim. Bu anlayışı benimserseniz, ödülle kontrol etmektense, çocuğunuzla gerçek ilişki kurarsınız. Peki, nedir bu anlayış?

1- Perspektif: Çocuğun bakış açısını öğrenin. Öğretmen sınıfa bağırıyor: "Çocuklar gürültü yapıyorsunuz. Ders işleyemiyoruz. Sessiz olun." Bu yorumun üstüne ben de çocuklara soruyorum: "Çocuklar sınıfta gürültü var mı?" Çocuklar, "Hayır yok" diyor. Öğretmen sınıftaki "sesi", "gürültü" olarak yorumluyor ama çocuklar aynı şekilde yorumlamıyor. Öğretmen duruma çocukların yorumuyla değil, kendi yorumuyla yaklaşıyor. Doğal olarak ilişki, kurulmadan bozuluyor. Öğretmen, öznel yargı yerine nesnel gözlemini paylaşsa, öğrencilerle hemfikir olabilir. Örneğin, "gürültü" yerine "konuşma sesleri var" dese, çocuklar itiraz edemez. Çünkü bu, objektif ve herkes tarafından kabul edilebilecek bir gözlemdir.

Anne masaya yemek koyuyor ve çocuk makarna ile salataya dokunmadan sadece köfteden yiyip masadan kalkıyor. Ama anne, "Yemeğini ye" diyor. Çocuk, "Yedim" diyor. Anne de haklı, çocuk da. Çünkü ikisi için de yemek yemek ayrı anlamlar ifade ediyor. Anne için yemek yemek, önüne konulanları (köfte, salata, makarna) bitirmek, çocuk için köfte yemek. Aynı durum farklı yorumlanınca, anlaşmak mümkün olmuyor. Anne, öznel yargı yerine (yemeğini bitir), nesnel gözlemini paylaşsa (makarna ve salata da ye), uzlaşabilirler.

Anne çocuğundan oyuncaklarını toplamasını istiyor. Çocuk topladığını söylüyor. Toplamak, her biri için farklı anlamlar içeriyor. Anne için toplamak demek, kutuya koyup odasına götürmek, çocuk için sadece kutuya koymak veya bir yere biriktirmek. Anne, öznel yargı yerine (oyuncaklarını), nesnel gözlemini paylaşsa (oyuncakları kutuya koy ve odandaki dolaba koy), hemfikir olabilirler.

İki kardeş oyun oynuyor. Büyük olan küçüğü itiyor. Anne de bağırıyor: "Kardeşine vurma." Çocuk "Vurmadım ki" diye yanıt veriyor. "Dokunma" davranışını, anne şiddet olarak yorumluyor ama çocuk yorumlamıyor. Anne duruma çocukların yorumuyla bakamadığı için sorun yaşıyorlar. Anne, öznel yargı yerine (vurma), nesnel gözlemini paylaşsa (dokunma), hemfikir olabilirler.

Çocukla ilişki kurmanın ilk adımı, duruma öznel değil, objektif yaklaşmak. Eğer bir konu hakkında öznel bir yaklaşımımız varsa, bu yargıyı empoze etmeden önce, çocuğun o davranışa yüklediği anlamı öğrenmeniz gerekir. Kendi yargımızı empoze ettiğimiz an, çocuk anlaşılmadığını hissedecek ve doğal olarak itiraz edecektir. İtiraz ettiği an, zaten ilişki kuramazsınız.

2- **İhtiyacını anla:** Durumu objektif olarak adlandırdıktan ve onunla hemfikir olduktan sonra, çocuğun ihtiyacını anlamak gerekiyor. Çocuk sizin istemediğiniz bir davranışı sergiliyorsa, o davranışı bir ihtiyacını karşılamak için yapıyordur. O davranış sizin ihtiyacınızı karşılamıyor olabilir ama çocuğun ihtiyacını karşılıyordur. Yani, çocuğun yaptığı her davranış, kendisi açısından bir anlamı taşıyordur. Çocukla ilişki kurmanın temelinde, davranışının altında yatan bu anlamı keşfetmek vardır. Annenin ve babanın mantıksız bulduğu bir şey çocuk açısından mantıklı olabilir. Bunu anlamadan sergileyeceğiniz tüm davranışlar ilişkiye zarar verecektir.

Yetişkinler dünyasında da bu böyledir. Örneğin, ilacını zamanında alması gereken yaşlı biri ilaç almayı reddedince, çocukları kızıyor. Çocuklara göre, yaşlı adamın ihtiyacı ilaçları almak ve iyileşmek. Ama adama göre ihtiyaç çok farklı. Yaşlı amca çocuklarının, onunla sadece hasta olunca ilgilendiğini düşünüyor. Onun ihtiyacı hastalığını devam ettirmek. Onun için ilacını almayı reddediyor. Çocukları yaşlı adamın bu ihtiyacını (ilgi görme) anlamadan, yapacakları her şey ilişkiye zarar verecektir. Aynı şekilde çocuk aileye göre istenmeyen bir davranışı sergilediği zaman, aile ödülle çözmeye çalışırsa, çocuk kendisini kontrol edilmiş ve anlaşılmamış hisseder ve ilişki bozulur. Şimdi aşağıda ailelerin ödülle yaptırmaya çalıştığı bazı işleri tek tek inceleyelim. Ödül vermek yerine, aile çocuğun ihtiyacını nasıl anlar ve nasıl destek verebilir bakalım.

Ödev yapmayan çocuk

Çocuk ödevini yapmıyor. Anne de çocuk ödevini yapsın diye, ona ödül vaat ediyor. Aile ödev yapmamanın altında yatan asıl ihtiyaçla ilgilenmeyip, ödevi yaptırmayla ilgilendiği için ilişki bozuluyor. Anne ilk önce ihtiyacı anlamalı ve daha sonra destek çıkmalı. Yukarıda görmüştük ama şimdi nedenlere bir kez daha tek tek bakalım.

- Ödev çocuğun seviyesinin üstünde olabilir. Çocuk yapamaz. Bu durumda annenin yapması gereken, çocuğuna akademik destek vermek ya da akademik destek sağlamaktır. Ödevi ödülle yaptırmaya çalışmak, hem çocukta kaygı yaratır hem de ilişki bozulur.
- Ödev çocuğun seviyesinin altında olabilir. Çocuk sıkılır. Anne ödül vermektense, çocuğun öğretmenle konuşmasını sağlayıp farklılaştırılmış ödev vermesini sağlamalı. Her çocuk seviyesine uygun ödev almalı.
- Ödev çocuğun ilgisini çekmiyordur. Anne ödül vermektense, çocuğun öğretmenle konuşmasını sağlayıp “tekrar” değil, “keşfetme” ödevi vermesini sağlaması. Ya da anne çocuğuyla beraber evde keşfetme etkinlikleri ve deneyleri yapabilir.

- Ödev anlamsızdır. Anne ödül vermektense, ödevi gerçek hayatla bağdaştıracak şekilde vermesi için, öğretmenle konuşabilir.
- Çocukta endişe vardır ve tek başına kalmak istemiyordur. Anne ödül vermektense, çocuğunla aynı ortamda bulunarak, çocuğuna destek verebilir.

Anne çocuğun ihtiyacını anlamadan ona uygulayacağı ödül, çocukta değersizlik duygusu yaratır ve ilişkileri zedelenir. Ama anne çocuğun hangi nedenle ödev yapmadığını anlarsa, ona göre destek verir, ödül kullanmasına gerek kalmaz ve ilişkileri güçlenir.

Yemek yemeyen çocuk

Çocuk yemeğini yemiyor ve anne de, "Yemeğini yersen, tatlı vereceğim" diyor. Anne çocuğun yemek yememe davranışı altında yatan nedeni keşfetme gereği duymuyor. Yemek yememenin birçok sebebi vardır.

- Gün içinde abur cubur yiyen çocuk, akşam yemek yemez.
- Zorla yemek yedirilen çocuk, asilik geliştirir ve savaşı kazanmak için yemek yemez.
- Ailesi için beden imajı çok önemliyse, kilo almamak için yemek yemez.
- Anne, çocuk yemek yemeyince üzülüyorsa, annesini cezalandırmak için yemek yemez.
- Evde kural yoksa, çocuk istediklerini yiyebilmek için yemek yemez.
- Yemek saati belli değilse, çocuk uzun süre aç kalmamak için gün içinde sürekli yemek yer ve akşam yemek yemek istemez.

Bunları keşfetmeyen ve sadece çocuğa ödülle veya zorla yemek yedirmeye çalışan anne, çocuğuyla ilişki kuramaz.

Küfreden çocuk

Çocuk küfrediyor. Anne de küfrettiği için ona kızıyor. Bazı anneler de evde kötü söz kullanmayan çocuğa ödül veriyor ama "Bir çocuk neden küfreder?" sorusunu sormuyor. Duygularını ifade edemeyen, televizyon izleyen, büyükleri model alan çocuklar küfreder. Ailenin yapması gereken, ödülle bu davranışı bastırmak değil, çocuğa duygusunu ifade etmesini öğretmektir. Duyguyu ifade etmesini öğretmek, sorunu temelden çözer. Ödül sadece geçici bir çözümdür.

Yatmak istemeyen çocuk

Çocuk yatmak istemiyor. Anne kızıyor ya da, "Her gece saat 9.00'da yatarsan hafta sonu seni sinemaya götüreceğim" diyor. Anne çocuğum neden uyumak istemiyor, sorusunu sormuyor.

- Gün içinde enerjisini atmayan çocuk uyumak istemez. Beden uyku istemiyordur.
- Annesi ve babasıyla yeteri kadar ilişki kuramayan çocuk ilişki kurmak için uyumak istemez.
- Kendisiyle yüzleşmemek için (kendisiyle baş başa kalmak istemeyen çocuk) uyumak istemez.
- Uyuyunca, anne veya baba eğlenceli bir şey yapacak ya da diğer kardeşiyle ilgilenecek diye korkan çocuk uyumak istemez.
- Çocuk mükemmeliyetçiyse, uyuyunca hayat kaçacak diye uyumak istemez.
- Endişeli çocuk odasında korktuğu için uyumak istemez.

Kök sebepleri anlamadan çocuğuna ödül veren anne, ona iki büyük zarar veriyor. Birincisi, zorla uyutuyor, ona rehberlik etmiyor ve çocuğunu korkusuyla baş başa bırakıyor. Çocuk kendisini terk edilmiş ve yalnız hissediyor. İkinci büyük tehlike, anne çocuğa sinema ödülü vererek, benimle zaman geçirmek kazanılması gereken bir haktır, mesajı verir.

Görüldüğü üzere, ödül gerçek sebebi göz ardı eder ve sadece sonuçla ilgilenir. Ödülle iş yaptırtmaktansa, çocuğun asıl ihtiyacını anlamak gerekir. Asıl ihtiyacı anlayan bir anne, zaten çocuğuna ödülle bir iş yaptırmak istemez. Bunun haksızlık olduğunu bilir. Onun yerine, onunla empati kurar ve çocuğuna yardımcı olur. Bu durumda da çocukla olan ilişkisi gelişir.

3- Duyguyu anla ve onayla: Çocuk babasıyla havuza gidiyor. Çocuk, "Yunuslar nerede?" diye soruyor. Cevap, "Oğlum burada yunus yok." Çocuk, "Yunus istiyorum!" diye ağlamaya başlıyor. Akşam oluyor, güneş batıyor. Çocuk, "Güneş batmasın" diyor, anne, "Saçmalama, yarın tekrar doğacak" diyor, çocuk başlıyor ağlamaya. Çocuk kalemini okulda unutuyor. "Ödevimi yapacağım, kalemimi istiyorum" diyor. Anne, "Şimdi okula mı gidelim? Ne fark eder, başka kalemle yap" diyor. Çocuk da "Ben o kalemsiz yapmam" diyor.

Bu davranışların hepsi yetişkinler açısından mantıksız ama çocuklar açısından mantıklı. Neden mi? Bunun iki sebebi var. İlki bilişsel, ikincisi duygusal.

Öğrenme, deneyim aracılığıyla beyinde şema oluşturma sürecidir. Çocuk dünyaya öğrenme makinesi olarak geldiği için her deneyimde beyninde bir şema oluşturur. Bu şemayla da hayatı anlamlandırır. Çocuk yunus gösterisine gittiği an, kafasında bir şema oluşur. Bu şemada yunus, havuz ve kalabalık bulunur. Çocuk bu üçünü paketler ve bu şemaya bir isim verir. Örneğin, bunun adı "etkinlik" şeması olsun. Bu şemaya bir de duygu yükler. Çocuğun burada hissettiği duygu, mutluluktur. Başka bir zaman çocuk babasıyla kalabalık bir havuza gider. Havuz ve kalabalık, "etkinlik" şemasının içinde olduğu için, o şema aktive olur ve çocuk hemen o şemadaki diğer objeyi (yunusu) arar. O objeyi bulamayınca da hayal kırıklığı yaşar. Tabii ki baba hayal kırıklığı yaşamaz çünkü onda "yunussuz havuz" şeması mevcuttur. Çocuk babasından yunus isteyince baba bir açıklama yapar, "Burada yunus yok" der. Peki, bu açıklama çocuğu ikna eder mi? Bir durum dışında bu açıklama işe yarar. Peki o durum ne?

Hatırlarsanız, çocuk "etkinlik" şemasına "mutluluk" duygusunu da koymuştu. Dolayısıyla çocuk diyor ki: "Tamam, yunus yok, kabul ediyorum. Ama şu anda burada eğlence/mutluluk da yok." Çocuklar objelerin olmamasını hoş görebilir ama duygunun yokluğunu hoş görmekte zorlanır. Aslında çocuk yunus olmadığı için değil, yunussuz havuzda "mutluluk" duygusunu yaşayamadığı için ağlıyor. Baba da yunus yok diye ağladı zannediyor, çocuğun bu davranışını mantıksız buluyor ve ona kızıyor. İlişkileri yaralanıyor. Çocuk yunussuz havuzda mutluluk duygusunu yaşasaydı, ağlamazdı. Örneğin, o havuzda kaydırak olsaydı ve çocuk mutlu olsaydı, ağlamazdı.

Aynı şekilde, aslında çocuk güneş battığı için ağlamıyor, güneş batınca eve gideceği ve sıkılacağı veya korktuğu için ağlıyor. Anne çocuğun bu duygusunu anlamıyor ve çocuğa kızıyor. Çocuk, gece olunca da gündüz yaşadığı olumlu duyguları (neşe ve mutluluk gibi) yaşasaydı, ağlamazdı. Kalemini okulda unuttuğunu söyleyen çocuk da aslında sıkıcı ödevden kurtulmak için kalemini okulda bırakıyor. O kalem olmadan yapmam diyerek, kendi bahanesini yaratıyor. Anne de sorunun kalem olduğunu zannediyor ve çocuğa kızıyor.

Görüldüğü üzere, çocuk aslında objeler üzerinden (yunus, güneş, kalem) duygusunu söylemeye çalışıyor. Ama aile çocuğun davranışının altında yatan asıl duyguyu anlamıyor. Çocuğa kızıyor ve ilişkiler bozuluyor. Ama burada daha derin bir sorun var. Bir baba dedi ki, "Çocuk duygusunu söylemezse, nasıl anlayacağım ki?" İşte asıl kritik nokta bu. Acaba çocuk neden direkt duygusunu söylemiyor da objeler üzerinden mesaj vermeye çalışıyor?

Önceki bölümlerde üç çeşit aileden bahsetmiştim: otoriter, esnek ve demokrat. Hem otoriter hem de esnek ailede, çocukların duyguları bastırılır. Otoriter ailede baskı olduğu için, çocuk olumsuz duygusunu söylemekten korkar, "Duygumu söylersem, kabul görmem ve ailem bana kızar" diye düşünür. Esnek ailede ise olumsuz duygular endişe yarattığı için, çocuk olumsuz duygularını söylemekten çekinir ve "Duygumu söylersem, annem/babam gerilecek, bu duygumu yaşamama izin vermeyecek" diye düşünür. Bu durumda direkt söylemektense, dolaylı yoldan duygusunu ifade eder. Objeleri kullanmak (yunus, güneş), küfür, espriler, şakalar da dolaylı yoldan duyguyu ifade etme yoludur. Bu strateji çocuk açısından inanılmaz mantıklıdır. Çünkü her iki aile türünde de çocuk duygusunu direkt söylerse, reddedilecek (otoriter aile) veya duygusu bastırılacaktır (esnek aile). Obje üzerinden mesaj vermek, bu riskleri ortadan kaldırır. Örneğin, "Anne, akşam olunca, yeteri kadar oyun oynayamadığım için üzülüyorum" diyemez, "Güneş batmasın," der. O zaman çocukla ilişki kurmanın en önemli yolu onun duygusunu anlamak ve onaylamaktır.

Şimdi iki çocuk düşünün. Ödev seviyelerinin çok üstünde olduğu için ikisi de yapmıyor. İlkinin annesi çocuğunun neden ödev yapamadığını anlamadan, ödev karşılığında çocuğuna ödül vaat ediyor, diğerinin annesi çocuğun neden ödev yapıp yapmadığını anlamaya çalışıyor. Hangisi çocuğun duygusunu anlamış ve onaylamış olur?

Seviyesinin üstündeki bir ödevi yapamayan çocuk, endişe ve hatta utanç hisseder. Ödül vaadiyle ödevi yaptıran anne, çocuğun bu duygusuyla ilgilenmez. Endişe ve korku duygusundan habersiz, çocuğa ödevi ödülle yaptırır. Çocukta endişe ve utanç duygusu uyandırır. Çocuğa verilen mesaj nettir: "Ben senin neden ödevi yapamadığınla ilgilenmiyorum. Onu çözmekle ilgilenmiyorum. Sadece yapılmasıyla ilgileniyorum." Bu durumda doğal olarak çocuk, duygusu anlaşılmış ve onaylanmış hissetmez.

İkinci anne, çocuğunun neden yapmadığını anlar. "Ödev seviyenin üstünde. Anlıyorum, endişe duyuyorsun. Nasıl halledebiliriz?" der. Bu çocuk, duygusu anlaşılmış ve onaylanmış hisseder ve onun, doğal olarak, annesiyle ilişkisi güçlenir. Bu anne sorunu ilişki kurarak çözer.

Yukarıdaki olaylarda aile çocuğunu duygusunu anlasaydı, onu kontrol etmeye çalışmaz, tam tersi onaylar ve yardımcı olurdu. Örneğin baba, "Oğlum anlıyorum. Burada canın sıkıldı" derdi. Anne, "Oğlum evde korkuyorsun. Korkmaman için ne yapalım?" derdi.

Böyle duygu koçluğu yapılan çocuklar bir süre sonra objeler üzerinden mesaj vermeyi bırakır. Direkt duygusunu söyler. Örneğin, sıkılan çocuk, "Burada yunus yok" deyip ağlamaz, "Baba ben burada sıkıldım, gitmek istiyorum" der. "Güneş batmasın" demez, "Eve gidince sıkılıyorum/korkuyorum. Evde başka bir şey yapalım" der. "Anne ben kalemimi unuttum" deyip ağlamaz, "Bu ödevi yapamamaktan korkuyorum," der. Aile de bu söylemlerin karşılığında çocuğunu anlar ve ona destek çıkar. Çocuk birey olmayı öğrenir ve ailesiyle arasındaki ilişki gelişir ve derinleşir.

4- **Emek:** Aile olayı objektif olarak değerlendirdikten ve çocuğun (1) perspektifini, (2) ihtiyacını ve (3) duygusunu anladıktan sonra, zaten doğal olarak empati kuracaktır. Ondan sonra ödülle kontrol etmek ve iş yaptırmak zaten mantıksız olacaktır. Aile sorunu çözmek için çocukla işbirliği yapmalıdır ve ona rehberlik etmelidir. Yani sorunun çözümü için (4) emek vermelidir. Emek çocukla aile arasındaki ilişkiyi kuvvetlendirir. Zaten sevginin birimi emek, emeğin birimi zamandır. Ama ödül tam tersi kısa ve kolay yoldur. Zaman ve emek vermez. Zorla işi yaptır ve kurtul, yöntemidir. Tüm ilişki kurma sürecine ket vurur. Ödül ne sorunu anlar ne de çocuğun ihtiyacını anlar. Sorunu anlamak ve kökünden çözmek, emek ister.

Bir aile çocuğuyla ilişkisini, her zaman gelişiminden ve öğrenmesinden önce tutmalıdır. İlişki her şeyin temelini oluşturur. Zorla ödev yaptırılan bir çocukla ailenin ilişki kurması çok zordur. İlişki zarar gördükten sonra, işlerin yapılmasının çok önemi yoktur. Çünkü çocuk zorla iş yaparak başarıya ulaşsa da değersizlik ve mutsuzluk duygusuyla yaşamak zorunda kalacaktır. Ailesine güvenemeyecek ve boşlukta hissedecektir. Aile, çocuğun limanıdır. Çocuk limansız büyüyecektir. Yukarıda bahsettiğim durumların hepsinde çözümleri yazmıştım. Dikkat ederseniz hepsinde emek var. Çocukla olan ilişkisine emek veren anne, çocuğuna zorla ödev yaptırmıyor. Neden yapmadığını anlıyor ve ona destek veriyor. Yani, emek veriyor. Şimdi örnek bir olaydan giderek, bir babanın nasıl PİDE anlayışını uyguladığına bakalım.

Aile hafta sonları hep beraber büyükbabayı ziyarete gidiyor. Ama küçük çocukları büyükbabanın evine gitmek istemiyor. Baba da bazen kızarak, bazen tehditle, bazen de ödülle çocuğu götürüyor. Götürmekte başarılı oluyor ama çocuk kendisini anlaşılmamış hissediyor ve ilişkileri bozuluyor.

Baba sonradan PİDE yöntemini uygulayarak oğluyla gerçek ilişki kuruyor, çocuk kendisini hem anlaşılmış hissediyor hem de büyükbabayı ziyaret etmekten keyif almaya başlıyor. Peki, baba ne yapıyor?

1. **Perspektif:** Baba çocuğunu kontrol yöntemleriyle (ödül, ceza, kızma) büyükbabaya gitmesi için şu şekilde ikna etmeye çalışıyormuş. "O senin büyükbaban, seni çok seviyor. Sen gidersen, sana yeni bir oyuncak alacağım." Ama çocuğunun perspektifini anlamadığını fark ediyor ve soruyor: "Oğlum neden gitmek istemiyorsun?" Çocuk da, "Sıkılıyorum" diyor. "Büyükbabanla oyun oynayalım öyleyse" diyor. "Büyükbabam benimle oyun oynamıyor ki" diyor. Çocuğun bakış açısı ortaya çıkıyor. Çocuk, hem büyükbabasının onunla oyun oynamak istemediğini, belki de reddedildiğini düşünüyor ve hem de orada tüm gün sıkılıyor. Çocuğun bakış açısı bu.

2. **İhtiyaç:** Baba çocuğunun ihtiyacını anlıyor. Çocuk hem eğlenmek hem de büyükbabayla ilişki kurmak istiyor. Ama bu ihtiyaçlar karşılanmıyor. Baba şimdiye kadar bu iki ihtiyacı da göz ardı ettiğini fark ediyor. Üzülüyor. Çocuğun bu ihtiyaçlarını karşılamaya karar veriyor.

3. **Duygu:** Çocuk aslında iki temel duygu yaşıyor. Birincisi, endişe. Aslında endişe bir duygu değildir. Onun temelindeki duygu korkudur. İkincisi de sıkılma. Aslında sıkılma da duygu değildir. Sıkılma da öfkenin örtülmüş halidir. Ama baba şimdiye kadar çocuğuna duygularını ifade etmeyi öğretmediği için çocuk bu duyguları ifade edemiyor. Aslında daha doğru bir ifade şu: Çocuklar duygularını söylemeyi bilir ama bastırılırsa, yukarıda söylediğim gibi direkt söylemez. Başka yollarla söylemeye çalışır. Örneğin, "Ben gitmeyeceğim" diye ağlar. Baba bu durumda çocuğuna "Büyükbabanlarda sıkılıyorsun ve büyükbaban seninle oynamıyor diye üzülüyorsun" diyerek onun duygusunu onaylıyor ve onu anladığını gösteriyor. Çocuk anlaşıldığını hissedince, rahatlıyor. Tabii bu arada baba, çocuğuna duygusunu ifade etmeyi öğretmemiş olduğunu da fark ediyor. Bunun üzerinde çalışmaya karar veriyor. Hatta bir süre sonra çocuk sinirlendiği zaman vurmayı bırakıyor ve "Baba ben sinirlendim" demeye başlıyor.
4. **Emek:** Baba durumu analiz ettikten ve çocuğunu anladıktan

sonra, ilişki kurduğunu hissediyor ve mutlu oluyor. Sonra tüm aile düşünmeye başlıyor. Düşündükten sonra çözümü buluyor. Çocuk en favori oyuncaklarını yanına alıp götürecek, büyükbabasıyla oyun oynayacaklar. Çocuk büyükbabasının oynamayacağını düşünüyor. Baba da büyükbabayla konuşmaya karar veriyor. Ona durumu açınca, büyükbaba da üzülüyor. "Gerçekten onunla oyun oynamadığımı mı düşünüyor" diyor. Evet yanıtını alınca da "Gelsin torunum, ben akşama kadar onunla oynarım" diyor. Çocuk oyuncaklarını alıyor ve büyükbabayla oyun oynuyor. Şu anda çocuk hafta sonları büyükbabasına gitmek için can atıyor.

Düşünsenize, baba bu sürece girmeden çocuğunu ödül ya da ceza yoluyla zorla götürmeye devam etseydi, onunla ilişki kuramazdı ve çocukta değersizlik ve yalnızlık duygusu sürer, ilişkileri kötüye giderdi. Kendi ihtiyacını değil de çocuğun ihtiyacını öncelikli hale getiren aile, çocuğunu kontrol etme ihtiyacı duymaz ve doğal olarak ödül, ceza gibi kontrol mekanizmalarına başvurmaz.

Onunla ilişki kurmak, çocuğu sadece değerli hissettirmez. Aynı zamanda iç motivasyonu da artırır. Çocuk herhangi bir alışkanlığı ilişki içerisinde daha çabuk öğrenir. Örneğin, anne çocuğuna kitap oku, dişini fırçala ya da odanı topla derse, burada çocuğuyla ilişki kurmuş olmaz. Sadece bir emir veya talimat vermiş olur. Ama, "Hadi, dişlerimizi fırçalayalım" derse ve çocukla beraber dişlerini fırçalarsa, onunla ilişki kurmuş olur. Annesiyle yan yana değil de beraber kitap okuyan çocuğun, kitap okuma alışkanlığı kazanması çok daha kolaydır. Birçok aileyi gözlemliyorum, çocuğuyla beraber oyun oynamıyor, çocuğuna oyun oynatıyor ve onu izliyor. Doğal olarak onunla ilişki kuramıyor. Örneğin, çocuk trambolinde zıplıyor, baba dışarıdan izliyor. Baba tramboline çıkıp çocuğuyla zıplamıyor. Ailelerin çoğu çocuğunu eğlendiriyor ama onlarla eğlenmiyor. Yani ilişki kurmuyor.

Kontrol mekanizmasının kullanıldığı ilişkiler bazen dışarıdan kötü görünmez ama temelinde kötüdür. Çünkü çocuk babasının ve annesinin sevgisini kaybetmemek için iyi davranır ama içinde kaygı ve korkudan kaynaklanan fırtınalar eser. PİDE anlayışı ilişkileri derinden sağlamlaştırır. Şu da unutulmamalıdır ki bu yöntemi Anne Baba Okulu'nda öğretiyorum ve görüyorum ki bu anlayışı yerleştirmek zaman alıyor. Burada sabır çok önemli. Zaten her yeni anlayış ve beceri zaman gerektirir. Peki, çocuğunuza model oldunuz ve onunla ilişki kurdunuz, peki, gelişim için bunlar yeterli mi? Çocuğun gelişimini sağlamanız ve iç motivasyonunu geliştirmeniz için başka ne yapmanız gerekir? Bu soruyu da bir sonraki bölümde yanıtlayalım.

Özet

- Çocukla gerçek ilişki kurmak, onun gelişiminden çok daha önemlidir. İlişkisi zayıf olan çocuk, başarılı olsa da mutlu ve huzurlu olmakta zorlanır.
- Ödül verip iş yaptırmaktansa, çocukla ilişki kurmak gerekir. Bunun için de dört adımlı PİDE yöntemi uygulanabilir.
- İlk olarak çocuğun bakış açısını anlamak gerekir. Çünkü bizim için mantıksız olsa da her davranış çocuk için mantıklıdır.
- İkinci olarak çocuğun ihtiyacını anlamak gerekir.
- Üçüncü olarak ihtiyacın temelindeki duyguyu keşfetmek gerekir. Ailede baskı varsa, çocuk duygusunu söyleyemez. Çocuk duygusunu söylemelidir ve bu duygu onaylanmalıdır.
- Hem ihtiyaç hem duygu anlaşıldıktan sonra, amaç çocuğa kontrolle (ödül) iş yaptırmak değil, çocuğun ihtiyacını karşılamak için onunla işbirliği yapmaktır. Yani, çocukla ilişki kurarak beraber çözüm üretmektir.

Çocuk nasıl gelişir?

Bazı insanlar bir iş yaparken o kadar keyif alır ki kendisini kaybeder. Seslenirsiniz duymaz. Bazı insanlar da vardır ki bir işe bir türlü odaklanamaz. Örneğin, bazı çocuklar asla severek ödev yapmaz. Şikago Üniversitesi'nden Prof. Mihaly Csikszentmihalyi bir iş yaparken, kendilerini kaybeden insanların özelliklerini öğrenmek istiyor ve araştırmaya başlıyor. Bunun için birçok sanatçı, dağcı, sporcu, bilim insanı ve uzman kişiyle görüşme yapıyor. Merak ettiği soru şu: Neden bazı insanlar bir işi heyecanla yapıyor da bazı insanlar yaptıkları işten sıkılıyor?

Edward Deci de, Csikszentmihalyi'den bağımsız olarak aynı sorunun yanıtını merak ediyor ve sorusuna yanıt bulmak için bir deney tasarlıyor. Deneyde çocukları iki gruba ayırıyor. Bir gruba seviyelerinin çok üstünde, diğer gruba da seviyelerinin biraz üstünde bulmacalar veriyor. Çocuklar bulmacaları çözmeye çalışıyor. Doğal olarak birinci grup çok başarılı olamıyor, ikinci grup başarılı oluyor. Deneyin ilk kısmı burada bitiyor, ikinci kısmında onlara serbest bir zaman veriyor. Bu serbest zaman sırasında çocukların önüne farklı bulmacalar ve dergiler koyuyor. Çocuklar bulmacayla da uğraşabilir, dergileri de okuyabilir. Bu sırada da onları gizli bir bölmenin arkasından izliyor. Acaba hangi grup bulmacalarla uğraşmaya devam edecek, hangi grup ilgilenmeyi bırakacak? Deci çok net şekilde görüyor ki ilk grup yani seviyelerinin çok üstünde bulmaca verilenler bulmacalarla ilgilenmiyor. Diğer grup ise aynı heyecanla bulmacaları çözmeye devam ediyor. Acaba ilk grubun ilgisi neden kayboluyor?

İç motivasyonu sağlayan en önemli özellik gelişimdir. Bir kişi bir işi yapabildiğini ve dolayısıyla o işte geliştiğini hissedince, o işten keyif almaya başlar. Bir işi yapamazsa veya gelişim gösteremezse, o işten sıkılır. İlk grup bulmacadan sıkılıyor çünkü bulmacalar seviyenin çok üstünde. Bu nedenle yapamıyor ve dolayısıyla gelişim gösteremiyor. Gelişim gösteremeyince de iç motivasyon oluşmuyor. İkinci grubun ilgisi devam ediyor çünkü bulmacaları yapabiliyor ve iç motivasyon oluşuyor. Csikszentmihalyi de araştırmasında tam olarak bunu keşfediyor. Yaptığı işten keyif alanlar o işte gelişim gösterdikleri için keyif alıyor. Zaten bir işte gelişim gösteremeyen insanlar, o işi bırakıyor. Peki, bir insan ne zaman bir işte gelişim gösterir?

Csikszentmihalyi bunu da araştırıyor. Keşfediyor ki yapılan işin zorluğu, kişinin becerisinin biraz üstündeyse, o kişi gelişim gösteriyor ve o işten keyif alıyor. 'Biraz'dan kastımız ne? İşin, "ulaşılabilir zorlukta" olması. Kişi, "Çalışarak ben bu seviyeye ulaşabilirim" demeli. Ama işin seviyesi kişinin becerisinin çok üstündeyse, yani iş çok zorsa, kişi o seviyeye ulaşamıyor ve endişe duyuyor. Bu endişe uzun süre devam ederse, kişide "öğrenilmiş çaresizlik" oluşuyor. Bu durumda kişi o işi tamamıyla bırakıyor. Birçok çocuğun ödev yapmayı veya okulu bırakması gibi.

Öbür taraftan işin seviyesi kişinin becerisinin çok altındaysa, yani iş çok kolaysa, kişi sıkılıyor. O işten keyif almıyor. Bu uzun süre devam ederse, kişi artık o işe ilgi duymayı bırakıyor. O zaman bir kişinin bir işten keyif alması için, iş ne çok zor ne de çok kolay olacak. İş, "erişilebilir zorlukta" olacak. Bu durumda kişi o işte gelişim gösteriyor. İşe kendini kaptırıyor ve o işi ilgiyle yapıyor. Bir süre sonra kişi o işi sevmeye başlıyor ve iç motivasyon oluşuyor. Csikszentmihalyi bu duruma "akış alanı" diyor.

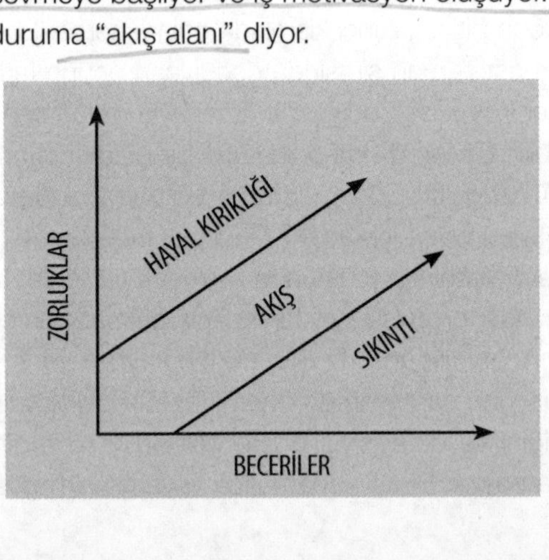

Kısacası, bir insanı akış alanına sokmadan ona o işi sevdirmek çok zordur. Aslında insanlar sevdikleri işleri iyi yapmazlar, iyi yaptıkları işi severler. Bir çocukta iç motivasyon oluşturmak istiyorsanız, ona seviyesinin biraz üstünde işler ve o süreçte destek vermeniz gerekir.

Hatta bir araştırmada Yale Üniversitesi'nden araştırmacı Amy Wrzesniewski farklı meslek gruplarındaki insanlarla görüşme yapıyor. Araştırma sonucunda öğreniyor ki insanların işe karşı üç farklı tutumu olabiliyor: yaptığı işi (1) meslek, (2) kariyer veya (3) ulvi bir çağrı olarak görmek. Araştırmanın burası ilginç değil. Ama ilginç olan şu: Amy, "Doktorluk, öğretmenlik gibi mesleklerde mesleğini ulvi görenlerin sayısı daha fazladır" diyor. Ama görüyor ki her meslek alanında işini ulvi görenlerin sayısı neredeyse eşit. Bu insanlar işlerini tutkuyla yapıyor. Bu tutkuyu oluşturan ne, diye bakıyor? Fark ediyor ki deneyimleri arttıkça ve uzmanlaştıkça, kişilerin işlerine olan tutkusu artıyor. Yani, Amy de keşfediyor ki insanlar sevdikleri işleri iyi yapmıyor, iyi yaptıkları işleri seviyor.

Benzer bir deneyi Harvard profesörlerinden Teresa Amabile yapıyor. Amabile, yedi farklı şirketten 238 kişiyle anlaşıyor. Onlara her gün e-posta atıyor ve gün içinde yaşadıklarını yazmalarını ve bazı olayları derecelendirmelerini istiyor. Örneğin, bugün sizi en mutlu eden şey neydi? Bugünkü motivasyonunuza 7 üzerinden kaç verirsiniz? Bugün sizin için önemli olan bir olayı anlatın, gibi. Bu araştırma sonunda keşfediyor ki işyerinde insanların en mutlu olduğu an gelişim gösterdikleri an. Zaten bundan dolayı da kitabının ismini *Gelişim Prensibi* koyuyor.

Kısacası, insanlar gelişim gösterdikleri an keyif alıyor ve akış alanına giriyorlar. O zaman bir çocuğa ne kadar yapabilme duygusu verirseniz ve onun gelişim ihtiyacını ne kadar karşılarsanız, o derece iç motivasyon oluşturursunuz. Kasnak araştırmasını hatırlayın. Çocuklara kasnak atmak çok kolay gelince, fırsat da verilince, çocuklar kendi işlerini zorlaştırmaya başladı. Neden? Gelişimi tatmak için.

Dikkat ederseniz, "başarı" demiyorum, "gelişim" diyorum. Çünkü ikisi çok farklı. Her gelişim başarıdır ama her başarı gelişim değildir. Örneğin, çocuk sınavdan 100 almıştır ama bu onun öğrendiği ve geliştiği anlamına gelmez. Çocuk sadece ezberleyerek 100 alabilir ve kendini başarılı gösterebilir ama gerçekten öğrenen bir kişi, öğrendiğini gerçek hayatta uygular. Çocuk öğrendiklerini gerçek hayatta uygulamıyorsa sınavdan 100 alması, onun geliştiği anlamına gelmez. Gelişim olmadan başarı insanda özgüven oluşturmaz ama gelişim oluşturur. Maalesef günümüzde gelişimin yerini, başarı almış durumda. Aynı şekilde, öğrenmenin yerini not, keşfetmenin yerini ödev, eğitimin yerini diploma, bilgeliğin yerini bilgi, okumanın yerini okul, düşünmenin yerini bilmek, oyunun yerini oyuncak, oynamanın yerini yarışmak almıştır.

Gelişim bir insanın en temel ihtiyaçlarından biri. Ama maalesef çocuklar bu ihtiyacı okulda karşılayamıyor. Okullarda herkese aynı ders anlatılıyor ve aynı ödev veriliyor. Dersler ve ödevler bazılarına çok zor, bazılarına çok kolay geliyor. Dolayısıyla, bu öğrenciler akış alanına giremiyor ve iç motivasyon oluşmuyor. Derslerden ve okuldan kopuyor. Ödevini yapmak istemiyor. Peki, gelişim temel bir ihtiyaçsa ve bu ihtiyaç okulda karşılanamıyorsa, çocuk bu ihtiyacını nasıl karşılıyor?

Oyunlar ve gelişim

Ryan ve arkadaşları, 99 üniversite öğrencisi ile anlaşıyor ve onlara Super Mario oyununu oynatıyor. Oyundan önce ve sonra onlara bazı anketler uyguluyor. Anket, deneklerin kendilerini ne kadar becerikli bulduklarını ve ne kadar keyif aldıklarını soruyor. Analizleri sonunda keşfediyorlar ki kişiler kendilerini ne kadar becerikli hissettiyse, oyundan o kadar çok keyif alıyor ve oyuna o kadar çok devam etmek istiyor. Bu araştırma çok net gösteriyor ki çocukların bilgisayar oyunlarını oynamasının en büyük nedenlerinden biri, gelişim ihtiyaçlarını karşılamak. Oyunların doğası gereği, çocuk oyunlarda sürekli seviye atlar. Yani, sürekli gelişim gösterir. Hiçbir çocuk bir oyuna altıncı seviyeden başlamaz. İlk seviyeden başlar ve sürekli gelişir. Geliştikçe de keyif alır. Aynı şekilde hiçbir çocuk aynı seviyeyi tekrar tekrar oynamaz. Çünkü başarılı olduğu seviye artık ona basit gelir. O seviye artık gelişim ihtiyacını karşılayamaz. Bir üst seviyeye çıkmak ister. Bir üst seviyede oyun biraz zorlaşır. Kişi tekrar akış alanına girer. Kısacası, okullarda gelişim ihtiyacını karşılayamayan çocuk bunu bilgisayarda karşılar. Çocuğun bilgisayar bağımlılığını çözmenin bir yolu, onun gelişim ihtiyacını karşılamaktır. Bu arada bir önceki bölümde bahsettiğim ilişki ihtiyacını karşılayamayan çocuk da bilgisayara yönelir. Bir çocuğun ailesiyle ilişkisi ne kadar kötüyse, teknoloji, oyun ve sosyal medyaya o kadar yönelir. Sonuç olarak gelişim en temel ihtiyaç ve insanlar gelişim gösterdikleri işleri seviyor. O işlerde iç motivasyonları yüksek oluyor.

Şimdi kritik soru şu: Ödül, çocuğun gelişim ihtiyacını karşılar mı? Ödülle ödev yapan çocuk, kendisini gelişmiş hisseder mi? Önceki bölümlerde gördüğümüz gibi ödül bu ihtiyacı karşılamaz, tam tersi öldürür. Çocuk basit işleri seçer. Gelişmek için değil, ödülü almak için çalışır. Bir çocuğa ödülle iş yaptırdığınız zaman, onun daha iyi olma ihtimalini artırmazsınız. Gelişmiş hissetmediği için de iç motivasyon oluşmaz. Övgü de karşılamaz. Çünkü iyi bir işten sonra överseniz, çocuk o işi daha iyi nasıl yapacağını öğrenmez. Peki öyleyse, bunu sağlayan mekanizma ne? Gelişim temel bir ihtiyaçsa, bir insanın gelişimini artıran ve dolayısıyla iç motivasyonu sağlayan mekanizma nedir?

Geribildirim ve gelişim

Efsanevi koç John Wooden, UCLA takımının başında bir dünya rekoruna imza atıyor. Takımı 88 kez üst üste maç kazanıyor, 4 yılı yenilgisiz geçiriyor ve 10 defa şampiyon oluyor. John Wooden ne yapıyor ki bu başarıyı sağlıyor?

Araştırmacılar Ronald Gallimore ve Roland Tharp, Wooden'ın antrenmanlarını saatlerce gözlemliyor ve söylediği ve yaptığı her şeyi kaydediyor. Saatler süren analizden sonra 2326 farklı kod buluyorlar. Yani, Wooden 2326 farklı söylemde bulunmuş ya da davranış sergilemiş. Daha sonra bu kodları grupluyorlar ve ortaya çok şaşırtıcı bir şey çıkıyor. Wooden'ın söylemlerinin çok az bir kısmı övgü ya da eleştiri. Söylemlerin büyük bir kısmı geribildirim.

Wooden çok iyi gözlem yapıyor ve her oyuncuya ne tür geribildirim vereceğini yazıyor. Yeri gelince de yanlış hareket yerine, doğrusunu gösteriyor. Daha sonra oyuncular doğru hareketi deniyor. Wooden, olmuş mu olmamış mı ilk önce oyuncularına soruyor, sonra tekrar geribildirim veriyor. Geribildirimler de genel değil, oyuncuya özgü. Bütün bu geribildirim verme süreci de en fazla 20 saniye sürüyor. Uzun uzun konuşmaktansa, kısa ve net şekilde konuşuyor. İşte bu geribildirimler, oyuncuları geliştiriyor ve onları sürekli akış alanında tutuyor. Peki, geribildirim nasıl bir kişiyi sürekli akış alanında tutar?

Bir kişinin seviyesi 10 üzerinden 6 olsun. Ben o kişiye yaptığı her denemeden/işten sonra översem ya da bir üst seviyeye çıkması için ödül vaat edersem, ona nasıl gelişeceğini göstermiş olmam. Ama geribildirim verirsem, 6'dan 7'ye nasıl çıkılacağını göstermiş olurum. Kişi geribildirimden sonra bir üste nasıl çıkacağını öğrenir. Bir üst seviye onun için "ulaşabilir zorluk" olur. Bu durumda da kişi sürekli akış alanında kalır. Yani, iç motivasyonu yüksek olur. Aşağıda geribildirimlere örnek vereceğim ama ondan önce bir kavramı da açmak gerekir.

Özdeğerlendirme ve gelişim

Bir insan geribildirim alınca gelişir ama sürekli geribildirim alırsa, kendini değerlendirmeyi bırakır. Gelişim için dışarıya bağımlı olur. Bir iç pusula geliştiremez. Kişinin bir birey olarak gelişimine devam etmesi için özdeğerlendirme becerisi de gelişmelidir. Yani, yaptığı işle ilgili herhangi bir yargıda bulunmadan veya geribildirim vermeden, çocuğun kendisini değerlendirme fırsatı vermek gerekir.

Üst seviyeye ulaşan bir uzman, bir ürün çıkartınca ilk önce kendisine sorar, acaba bu eser içime sindi mi, diye. Elimden gelenin en iyisini yaptım mı? İçine sindiğine karar verdikten sonra, güvendiği insanlara sunar ve onların geribildirimini ister. (Tabii ki bazıları da başkalarına sunma gereği duymaz.) Kısacası, sürekli geribildirim olursa, kişi kendisini değerlendirme becerisini geliştiremez. Dışa bağımlı olur. Özdeğerlendirme çok olursa ama geribildirim olmazsa, kişi bir süre sonra körlük yaşar. Kendini geliştiremez. Onun için geribildirim ile özdeğerlendirme arasında denge oluşturulmalıdır. Bir çocuğun iç motivasyonunu artırmak için aynı zamanda ona özdeğerlendirme fırsatı da vermek gerekir. Peki, nasıl geribildirim verilir ve özdeğerlendirme sorusu sorulur?

Özdeğerlendirme sorusu nasıl sorulur?

Bir okulda birinci sınıf dersini gözlemliyorum. Çocuklar defterlerine "lal" yazıyor. Bitiren de gelip öğretmene gösteriyor. Bir çocukla ben ilgilendim. Yazısını bana gösteren çocukla aramızda şöyle bir diyalog geçti.

Öğrenci: Nasıl olmuş?
Ben: Sence nasıl olmuş?
Öğrenci: Güzel olmuş.
Ben: Güzel yapan ne?
Öğrenci: Hmm, aslında burası olmamış.
Ben: Neden?
Öğrenci: Yamuk olmuş.
Ben: Başka?
Öğrenci: Burası da olmamış.
Ben: O neden?
Öğrenci: Çok bitişik olmuş.
Ben: Başka?
Öğrenci: Burası da çizgi dışına çıkmış.
Ben: Peki, bunlar olursa, yazı güzel mi olur?
Öğrenci: Evet.
Ben: Tamam. Hadi o zaman sen git, söylediklerini düzelt.

Çocuğu övmedim, ödül vaat etmedim ve kendi yargılarıma bağımlı kılmadım. Çocuk kendisini değerlendirdi ve eksikliklerini kendisi keşfetti. Daha sonraki derslerde başka bir hece yazdığında kendisini rahatça değerlendirebilir ve kendisini geliştirebilir.

Bir öğretmen anlattı. Lise öğrencisi bir resim yapmış ve öğretmenine göstermiş. Öğretmen de, "Sence nasıl olmuş?" demiş. Çocuk da bakmış. "Berbat. Ben daha iyisini yaparım," demiş ve ayrılmış. Öğretmen çocuğu övseydi veya ödül vaat etseydi, çocuk o öğretmen beğendiği için kendi seviyesinin üstüne çıkma gereği duymayabilirdi. Özdeğerlendirme, çocuğu birey yerine koyar ve onun düşünmesini sağlar. Düşünen, kendini değerlendiren ve farkındalık yüksek bireyler yetişir.

Bazı çocuklar, “Sence nasıl olmuş?” deyince, yanıt vermek istemez. Çoğu aile ve öğretmen de “Ama soruyorum söylemiyor” diye şikâyet eder. Ailesinin ve öğretmenin yargılarına bağımlı yetişen çocuğun kendi fikirlerini söylememesi gayet doğaldır. Burada yapılması gereken, özdeğerlendirme sorularından kaçınmak değil, yavaş yavaş değerlendirme hakkını çocuğa devretmektir. Bu da zaman alır. Çocuk zamanla kendi yargılarına güvenmeye başlayacaktır. Peki, çocuk kendini değerlendirecek ölçütlere sahip değilse, ne olacak? Bu durumda da geribildirim vermek gerekiyor.

Geribildirim nasıl verilir?

Çocuk resim yapıyor ve anneye gösteriyor. Anne, “Aferin çok güzel olmuş” derse, bu ifade gelişimi sağlamaz. Çünkü çocuk, resmi güzel yapan nedir bilmiyordur. Bir daha resim yaptığında resmi daha iyi nasıl yapacağını öğrenmez. Ama anne şöyle derse: “Aferin. Farklı renkler kullanmışsın”, “Aferin. Objeler arasında yakınlık ve uzaklık dengesini sağlamışsın.”, “Aferin, bütün sayfayı doldurmuşsun...”

Çocuk farklı renkler kullanmadıysa, anne şöyle diyebilir: “Şimdi renklere bakıyorum. Burada farklı renkler kullanmamışsın. Renkleri çeşitlendirmek gerekir.”; “Burada objeler arasındaki yakınlık-uzaklığı sağlamak gerekir. İstersen göstereyim.”

(Bu arada “Aferin” sözcüğü hem övgü hem de geribildirim olabilir. Kendisinden sonra ne geldiğine bağlı olarak anlamı değişir.)

Geçen senelerde tenis öğrenmeye karar vermiştim. Hoca raketi bana verdi ve tut dedi. “Hocam doğru şekilde nasıl tutacağım?” dedim. “Şimdi kendin keşfedeceksin” dedi. Bir duvarın önüne gittik. “İstediğin gibi vur” dedi. Vurdum. Top duvara çarptı ama geri gelmedi, yukarı gitti. “Tekrar vur” dedi. Top yukarı gittiği için, raketi biraz kapattım ve bir daha vurdum. Bu sefer top, aşağıya gitti. Raketi biraz kaldırdım ve bir daha vurdum. Bu sefer yine yukarı gitti. Kapattım, tekrar vurdum. Top bana geldi. Tekrar aynı şekilde denedim ve duvarla oynamaya başladım. Hoca sonunda, “İşte doğru tutuş bu” dedi. Hoca, bana özdeğerlendirme ve geribildirim ortamı yaratarak, kendi kendime öğrenmemi sağladı.

Yargılayıcı geribildirim de en az eleştiri kadar çocuğa zarar verir. Örneğin, anne, "Ağaç kırmızı mı olur?", "Yakındaki obje böyle küçük mü olur? Bu objeler niye böyle farklı büyüklükte?" veya "Oğlum şimdi bu renkler olmuş mu? Hep aynı renkleri kullanmışsın" derse, çocuk kendisini yargılanmış hisseder ve işe olan ilgisi azalır. Maalesef birçok "profesyonel" anne ve baba, çocuğu da o alanda iyi olsun diye ona yargılayıcı geribildirim veriyor ve çocuk da ailesinin yaptığı işi yapmak istemiyor. Kötü iş yapıp, yargılanmak istemiyor.

İlişki kurmak ve gelişim

Dikkat ederseniz, söylediğim iki yöntem de gelişimi ve dolayısıyla iç motivasyonu artıran yöntemlerdir. Ama küçük yaşlarda önemli olan çocuğun bir işte gelişimi değil, birey olarak kabul edilmesidir. Duygusal gelişimi her şeyden daha önemlidir. Onun için ilk önce "ilişki kurmak" daha önemlidir. Bazen de amaç çocuğu geliştirmek değil, sadece ortak etkinlik yapmaktır. Bu durumlarda geribildirim veya özdeğerlendirme sorularının yanı sıra, ilgi soruları sormak çok önemlidir. İlgi sorusu ne demek? Çocuk yaptığı bir işi size gösterince, sizin çocuğunuzla ve işle ilgilenmeniz gerekir. İlgi soruları bir ilişki kurma yöntemidir ve küçük yaşlarda aile ne kadar çok ilgi sorusu sorarsa, çocukla ilişkisi o kadar güçlü olur.

Çocuk resim yapıp anneye gösterince, anne geribildirim vermektense ilgi sorusu sorabilir. "Anlat bakalım, ne çizdin?" derse, çocuk yaptıklarını anlatacak ve yaptığı işe ilgisi artacaktır. Ama maalesef çoğu aile, "Aferin çok güzel olmuş" diyerek çocuğun paylaşımını engellemektedir. Peki, aile neden engelliyor? Çünkü "Anlat bakalım" derse, çocuk uzun uzun konuşacak ve ailenin o kadar zamanı ve enerjisi olmayabilir! Anne, "Aferin" diyerek kısa yolu seçmektedir. Bir konferansa konuşmacı olarak davet edildiğinizi ama organizatörün, son dakika, zaman sıkıntısından dolayı sizi konuşturmadığını düşünün. İnanılmaz değersiz hissedersiniz kendinizi. Bunun gibi, çocuklar da yaptıklarını anlatamayınca, kendisini değersiz hisseder. Kısacası, çocuk bir şey yaptığında, aile, "Anlat bakalım" diyerek ve daha çok soru sorarak, hem çocuğuyla ilişki kurabilir, hem ona kendisini değerli hissettirebilir hem de çocuğun o işe ilgisini artırabilir.

Sonuç olarak, ödül değil ama özdeğerlendirme ve geribildirim, iç motivasyonu artırır. Çünkü her ikisi de gelişimi sağlar. Tabii bir ailenin amacı her zaman gelişim değildir. Bazen sadece çocuğun yaptığı işle ilgilenmek ve ilgi sorusu sormak, çocuğu değerli hissettirecek ve onun iç motivasyonunu artıracaktır. Peki, iç motivasyonu artıran başka mekanizma var mı?

Özet

- Bir insanın en temel ihtiyaçlarından biri gelişimdir.
- Birey geliştikçe, iç motivasyonu artar. Yaptığı işten keyif alır. Bunun için de çocuklar kendi seviyelerinin biraz üstünde işler yapmalıdır.
- Seviyelerinin çok üstünde, zor işler yaparlarsa, o işten keyif almazlar ve o işi bırakırlar. Seviyelerinin çok altında, kolay işler yaparlarsa, sıkılırlar ve yine o işi bırakırlar. Kişinin seviyesi ile yapılan işin zorluğu örtüşürse, çocuk "akış alanı"na girer ve o işten keyif alır.
- Gerçek hayatta gelişim ihtiyacını karşılayamayan çocuk, bilgisayara yönelir. Çünkü oyunlarda çocuk seviye atlayarak gelişim ihtiyacını karşılar.
- Ailesiyle ilişkisi zayıf olan çocuk da bilgisayara yönelir çünkü oyunlarda ilişki ihtiyacını karşılar.
- Yetişkinler için de durum farklı değildir. Şirkette kendisini geliştiren insanlar, daha mutlu olur.
- Ödül gelişim ihtiyacını karşılayamadığı için iç motivasyonu artırmaz.
- Gelişim ihtiyacını, geribildirim ve özdeğerlendirme artırır.
- Çocuk kendini değerlendirdikçe ve geribildirim aldıkça, gelişir ve dolayısıyla yaptığı işten keyif almaya başlar.
- Ama bazen amaç çocuğu geliştirmek değil, onunla ilişki kurmaktır. Bu durumda da yapılması gereken, çocuğa ilgi soruları sormaktır. Çocuk yaptıklarını anlattıkça, o işten keyif alır.

Çocuğa sorumluluk nasıl kazandırılır?

Çocuk ödevini yapmak istemiyor. Anne, "Ödevini yaparsan, bilgisayarla oynayabilirsin" diyor. Çocuk yemeğini yemek istemiyor. Baba, "Yemeğini yersen, playstation oynayacağız" diyor. Çocuk kitap okumuyor. Anne, "Kitap okursan çikolata vereceğim" diyor. Çocuğun tüm bu etkinlikleri (ödev, yemek, kitap) yapmamasının birçok sebebi olabilir. Ama bir sebep var ki çok önemli. O ne acaba?

Rochester Üniversitesi'nden, Prof. Zuckerman ve arkadaşları bu sorunun yanıtını bulmak için bir deney tasarlıyor. Denekleri iki gruba ayırıyor. İlk gruba altı farklı Soma küpü veriyor. Denekler altı küpten istediği üç tanesini seçip, onlardan düzenli şekiller oluşturacak. İkinci gruba da "Bu üç Soma küpüyle çalışmanız gerekiyor" diyor. Yani ilk gruba seçme hakkı veriyor, ikinci gruba vermiyor. Sonra denekleri izliyor. Acaba hangi grup küplerle daha uzun süre uğraşacak? Tahmin edildiği üzere, denekler kendi seçtikleri küplerle daha uzun süre uğraşıyor. Kendi iradeleriyle seçim yapmayan grup, küplerden kısa zamanda sıkılıyor. Bu sonuç ne anlama gelir? İnsanlar kendi seçmediği işlerle, başka bir deyişle, onlara dikte edilen işlerle uğraşınca, motivasyonları çabuk düşer.

Benzer bir deneyi Deci de yapıyor. Öğrenciler, bilgisayarın başında çok sıkıcı bir oyun oynuyor. Oyun, sadece bir nokta görünce, düğmeye basmayı gerektiriyor. Bir gruba oyunu "zorunluluk" olarak, diğer gruba "seçim" olarak sunuyor. Yani, bir gruba, "Bu oyunu oynamak zorundasınız", diğer gruba, "Bu oyunu denemek ister misiniz?" diyor. Deney bittikten sonra, öğrencileri bilgisayarın başında bekletiyor. Tabii bu sırada da bilgisayarda oyunu açık bırakıyor. Acaba bu bekleme sırasında, öğrenciler oynamaya devam edecek mi? Zorunluluk olarak sunulan grup, oyuna devam etmiyor ama seçim olarak sunulan grup bekleme sırasında da oyunu oynamaya devam ediyor. Bu deney de gösteriyor ki, insanların, seçim yaptıkları ya da seçenek sunulduğu durumlarda, motivasyonları daha yüksek oluyor. Seçmek, motivasyon için bu kadar önemli. Bu deneylerde yüksek motivasyonu direkt gözlemleyebiliyoruz. Peki, seçme hakkının sağladığı yüksek motivasyonu, beyni gözlemleyerek de ispatlayabilir miyiz? Seçme hakkı verilen insanların beyinleri farklı mı tepki verir?

Bu soruyu yanıtlamak için Rutgers Üniversitesi'nden Prof. Mauricio Delgado ve arkadaşları, bir grup deneği fMRI makinesine alıyor. Denekler bir bilgisayar ekranına bakıyor. Ekranda sırayla farklı numaralar beliriyor. Numaralar belirmeden önce de denekler ekranda çıkacak numaranın 5'ten küçük olup olmadığını tahmin ediyor. Tahminleri doğru çıkarsa, kazanıyorlar. Ama bazen de bilgisayar deneklere tahmin etme hakkı vermiyor, kendisi otomatik tahmin yapıyor. Deney başlıyor ve Delgoda bu sırada beyindeki etkinliklerini kaydediyor. İki durumdaki sonuçları (deneğin tahmin ettiği ve bilgisayarın otomatik tahmin yaptığı) karşılaştırınca ilginç bir şey keşfediyor. Deneklerin kendilerinin tahmin ettiği durumlarda, ekranda rakam görünmeden önce beynin *caudate nucleus* kısmı yanmaya başlıyor. Ama aynı hareketlilik, bilgisayarın seçim yaptığı durumlarda olmuyor. Sonuçta kendileri de tahmin etse, bilgisayar da tahmin etse, sonuç değişmeyecek ama birey seçimleri kendisi yaparsa, beyin aktive oluyor. Kişi heyecanlanıyor ve motivasyonu artıyor. Beyin etkinliklerine bakarak da ispatlayabiliyoruz ki seçim yapmak motivasyon için bu kadar önemli. Peki, seçim yapmak neden motivasyonu artırıyor?

Neden seçim motivasyonu artırır?

Ormana yürüyüşe gidiyorsunuz ve kayboluyorsunuz. Geri dönüş yolunu da bulamıyorsunuz ve hava kararıyor. Geceyi ormanda geçirmeye karar veriyorsunuz. Yanınızda taşıdığınız çadırı kurmanız ve orada uyumanız gerekiyor. Çadırı kurma motivasyonununuz ne kadar yüksek olur? Arkadaşlarınızla kampa gidiyorsunuz. Gün boyunca yürüyüş yapıp yoruluyorsunuz. Çadırları kurma zamanı geliyor. Arkadaşınız, "Ben yoruldum hadi sen kur" diyor. Siz de, "Ben de yoruldum. Sen kur" diyorsunuz. Kura çekiyorsunuz ve çadırları kurma işi size kalıyor. Bu durumda çadırları kurma motivasyonunuz ne kadar yüksek olur? İki durum da benzer. İkisinde de benzer bir iş yapacaksınız. Ama birincisinde motivasyonunuz çok daha yüksek olur. Çünkü ortada ciddi bir sorun var. Çadırı kurmazsanız, hayatınızı riske atabilirsiniz. Ama diğerinde çadır kurmayı, çözülmesi gereken bir sorun değil, yapılması gereken bir iş olarak görüyorsunuz. İkisinde de iş benzer ama işi nasıl yorumladığınız, motivasyonunuzu değiştiriyor.

Aynı şekilde başkası sizin için seçim yapınca, o seçimi bir "iş" olarak görüyorsunuz. Ama kendiniz seçerseniz, çözülmesi gereken bir "sorun" olarak görürsünüz. Çözülmesi gereken sorunlar her zaman daha çok motive edicidir. Çocuklar ödevlerini yapmak, odalarını toplamak veya kitap okumak istemiyor çünkü bunların hiçbiri kendi seçimi değil (Tabii başka sebepler de var). Ödevi, kendi öğrenmek istediği konuyu öğrenmek için yapmıyor, öğretmen zorladığı için yapıyor. Çocuklar ödevleri merak uyandıran ve çözülmesi gereken bir sorun olarak değil, yapılması gereken ve öğretmen tarafından kontrol edilen bir iş olarak görüyor ve motivasyonu düşüyor. Çocuk ödevi yaparak kafasındaki bir soruya yanıt bulacağını veya bir merak duygusunu gidereceğini düşünse, motivasyonu yüksek olur. Okuması gereken kitabı kendisi seçmiyor. Odasını kendine uyan zamanda değil, annesinin istediği zaman toplamak zorunda kalıyor. Yukarıdaki deneyde de aynı şey oluyor. Denekler kendileri tahmin ettiği zaman oyunu aşılması gereken bir sorun ama bilgisayar tahmin ettiği zaman yapılması gereken bir iş olarak görüyor.

Kısacası, insanlara seçme hakkı, yani özerklik verilmeyince, insanların motivasyonu düşüyor. Özerklik o kadar temel bir ihtiyaç ki gerçek hayatta özerklik ihtiyacını karşılayamayan çocuklar bu ihtiyacını bilgisayarda karşılıyor. Okul ve aile çocuklara özerklik sunmuyor ama oyunlar sunuyor. Çocuk oyunu kendi seçiyor, karakterlerini kendi seçiyor, davranışlarını kendi seçiyor, arkadaşlarını kendi seçiyor. Teknoloji bu ihtiyacı karşıladığı için çocuklar bilgisayara yöneliyor. Peki, çocuk eğitiminde özerklik prensibini nasıl kullanacağız? Ödül yerine, seçme hakkı vererek, çocuğu nasıl motive edebiliriz? Ona gerçek sorumluluk duygusunu nasıl kazandırabiliriz?

Ödül yerine özerklik vermek

İlişki kurmak, model olmak, gelişimi sağlamak gibi, özerklik vermek de bir teknik veya yöntem değil, bir anlayıştır. Özerklik anlayışı olan bir evde, kontrol ihtiyacı ortaya çıkmaz ve ödül otomatik olarak ortadan kalkar. Ödülü bir ağrı kesiciye benzetebiliriz. Hastanın başı ağrıyınca, ağrı kesici verilir. Özerklik olmayan ev hasta bir evdir ve ödül de ağrı kesici olarak kullanılır. Özerklik olan bir ev sağlıklı ev olduğu için, baş ağrısı olmaz. Doğal olarak da ağrı kesiciye (ödüle) gerek kalmaz. Özerklik anlayışına bu açıdan bakmak gerekir. O zaman ödül kullanmamak için ilk önce evde özerklik anlayışını oturtmak gerekir. Peki, nasıl bir aile yapısında özerklik vardır? Bu aile yapısı nasıl oluşturulur?

Aile yapıları

Aile yapılarını "düzen" ve "özerklik" açısından değerlendirirsek, Baumrind'e göre dört farklı tür ortaya çıkar: otoriter, esnek, ihmalkâr ve demokrat. Nedir bu aile türlerinin özellikleri?

Otoriter aile (düzen var, özerklik yok): Otoriter ailede, ebeveyn çok fazla kontrole ve güce sahiptir. Kurallar ve davranışlar katıdır. Hiyerarşik bir yapı vardır. Çocuklar da hiyerarşinin en altındadır. Evde katı bir düzen vardır ama özerklik yoktur. Çocuğa çok fazla seçme hakkı verilmez. Ailenin duyguları, istekleri, ihtiyaçları, çocuğunkinden daha önemlidir. Çocuk çoğu zaman ailenin istediğini yapmak zorundadır. Kendi istediğini yaparsa, gizlilik ve korku içinde yapar. Yaptıktan sonra da suçluluk duygusuyla yaşar.

Bu tür ailelerde çocuk ailesinden bağımsız bir kimlik geliştiremez. Onların kararlarına bağımlıdır. Bu çocuklar genellikle güçsüz yetişir ve korktukları ya da kabul görmeyeceklerini düşündükleri için seçimlerini ve duygularını dile getiremezler. Dile getiremedikleri için de kendilerini değersiz hissederler. Bu tür ailelerde çocuklar hemen büyümek ister çünkü güçsüzlük duygusundan kurtulmak ister. Baba veya anne çok sık öfkelenir. Ödül, tehdit veya ceza sıkça kullanılır. Evdeki neşe de hesaplıdır. Çocuk üzülünce, anne veya baba ortama hesaplı bir neşe getirir.

Esnek Aile (düzen yok, özerklik var): Esnek ailede tam tersi çocuğa çok fazla özerklik verilir. Çocuk çok kısıtlanmaz ve onun hemen hemen her istediği yapılır. Çocuğa seçme hakkı verilir ama evde kurallar net değildir. Çocuk bunu bir düzensizlik ve hatta kaos olarak algılar. Evde kaos olduğu için çocuk kendisini güvende hissetmez.

Dahası her istediği yapıldığı ve sınırları olmadığı için, çocukta özdenetim gelişmez. Disiplin ve sorumluluk duygusu oluşamaz. Dahası aile sınırları çizemediği için, çocuk nereye kadar tehlikeli nereye kadar tehlikeli değil bilemez. Bu yüzden endişeli büyür. Çocuğun her istediği yapıldığı ve kararları çocuk verdiği için, yaşının üstünde kararlar vermek zorunda kalır. Sağlıklı karar verme becerisi kazanamaz. "Şımarık" olarak nitelendirilen çocuklar bu ailelerden çıkar. Evde sınır olmadığı için çocuklar kendi sınırlarını bulmak için sürekli zorlarlar. Biz de buna şımarıklık deriz. Anne ve baba sınırları belirlemediği için insanlara güvenmekte zorluk çekerler. Hem otoriter hem de esnek ailede korku vardır. Otoriter ailede çocuk ailesinin sevgisini kaybetmekten korkar; esnek ailede aile, çocuğun.

İhmalkâr aile (düzen yok, özerklik yok): Bu tür ailelerde ne düzen ne de özerklik vardır. Genelde annede ya da babada bir tür bağımlılık vardır. Uç noktalarda yaşayan bu tür aileler çok az sayıda olduğu için fazla detaya girmeyeceğim.

Demokratik aile (düzen var, özerklik var): Bu tür ailelerde hem düzen hem özerklik vardır. Anne ve baba sınırları net şekilde çizer (düzen) ve bu sınırlar içinde çocuğa seçme hakkı (özerklik) verir. Sınırlar net olduğu için çocuk kendisini güvende hisseder. Ona seçme hakkı verildiği için de bir birey olarak gelişir. Kendi kararlarını kendisi vermeyi öğrenir. Ailedeki ilişkileri korku, suçlama, utandırma değil, sevgi ve saygı yönetir. Çocuk aileden korkmadığı için gizli işler çevirmez ve bundan dolayı da ailesinin rehberliğine başvurur. Ona yaşının uygunluğuna göre karar verme hakkı verildiği için çocuk kendisini kontrol edilmiş hissetmez. Yaşını aşan durumlarda aile karar verdiği için de endişe yaşamaz çünkü evde güven vardır.

Ödev yapmayan bir çocuk düşünün. Esnek aile, çocuğu üzmeden yaptırmaya çalışır. Ödül verir. Otoriter aile zorla yaptırır. Kızar. Demokratik ailede büyüyen çocuk, zaten ödev yapıp yapmama kararını kendi verebilir. Gerekirse ailesinden destek alır. Aile sadece rehber olur.

Çocuğa özerkliğin verilmesi için, daha doğrusu özerkliğin bir çocuk yetiştirme anlayışı olarak benimsenmesi için, evde demokrat aile düzeninin kurulması gerekir. Bu düzen kurulunca, çocukta özerklik gelişmeye başlar. Peki, demokrat bir aile düzeni nasıl kurulur? Yani evde düzen kurup bu düzen içinde çocuğunuza nasıl özerklik vereceksiniz? Aslında özerklik sistemi, sorumluluk sisteminin (düzen ve özerklik) bir parçasıdır. Onun için daha doğru soru şudur: "Çocuğa nasıl sorumluluk kazandırayım ki onu dışardan bir motivasyon aracıyla (ödül ve ceza gibi) motive etme ihtiyacım olmasın?

Sorumluluk nasıl kazandırılır?

Çocuğa sorumluluk kazandırmak için, demokrat bir aile yapısı kurulmalıdır. Bu yapıyı kurmanın da üç adımı vardır: Düzen kurmak, problem çözmek ve bedel ödetmek. Sistemin ilk adımı evde düzen kurmaktır. Peki, evde nasıl düzen kurulur?

A- Düzen kurmak: Demokrat bir aile oluşturmak için yapılması gereken ilk iş, özerklik alanlarının ve çerçevenin net bir şekilde belirlenmesidir. Alan çok geniş belirlenirse esnek aile yapısı, çok dar belirlenirse otoriter aile yapısı oluşur. Bir evde ne kadar düzen varsa, çocukların özerklik alanı da o kadar net olur. Peki, düzenden kastımız ne?

Çoğu zaman düzen kavramı yanlış algılanır. Düzenden kastımız fiziksel düzen (eve ve eşyalara getirilen düzen) değil, sosyal düzendir. Sosyal yaşamdaki düzen, ilişkilerin ve ebeveyn davranışlarının düzenli, yani tutarlı ve tahmin edilebilir olmasıdır. Aile kendi duygularına göre veya benzer durumlarda farklı davranıyorsa, çocuk kendini güvende hissetmez. Düzen olmayan evde, çocuk ne zaman ne olacağını bilemediği için endişeli büyür.

Yemek saatini örnek alalım. Evdeki yemek saatleri belirli değilse, çocuk aç kalma ihtimaline karşı sürekli bir şey atıştırır ve adı üstünde "düzensiz" beslenme davranışı geliştirir. Çocuk ne zaman yemek yiyeceğini bilirse, aç kalma endişesi yaşamaz ve işlerine odaklanabilir. Birçok aile fiziksel dünyadaki düzene yoğunlaşır. Çocuğun odasının düzenli olmasını ister. Oyuncaklar toplansın ister. Sosyal yaşamın düzensiz olduğu ortamlarda, fiziksel düzenin hiçbir anlamı yoktur. Zaten çoğu zaman da aile, komşuları ayıplayacak diye evinin ve çocuğunun düzenli olmasını ister. Sırf, sahte bir imaj algısından dolayı, çocuğuna düzenli olması için baskı yapar ve değersizlik duygusu oluşturur. Peki, evde düzeni sağlamanın yolu nedir? Düzeni sağlamanın birçok yolu var ama üç tanesi çok önemli: tutarlı davranışlar, rutinler ve kurallar.

Tutarlı davranışlar: Aile, aynı durumlarda farklı tepkileri, farklı durumlarda aynı tepkileri veriyorsa veya anne ile baba çocuğa farklı davranıyorsa, çocuk için evde bir düzensizlik oluşur ve çocuk kendisini güvende hissetmez. Gözlemleyince görüyorum ki aileler çocukların sorularına bazen yanıt veriyor bazen vermiyor, aynı şeye bazen kızıyor bazen kızmıyor, çocuk ağlayınca bazen rahatlatıyor bazen rahatlatmıyor. Çocuk da nasıl davranacağını bilemiyor ve endişeli büyüyor. Peki, bir aile neden tutarlı davranmaz? Çünkü kendisinin duygularla sorunları vardır. Duygularını kontrol edemeyen aileler maalesef tutarlı davranamaz. Örneğin, anne kendisini iyi hissettiğinde çocuğa sevecen ama sinirlendiğinde duygusunu kontrol edemediği için kötü davranır. Bundan dolayı tutarlı davranmak için anne ve baba ilk önce kendisine bakmalıdır.

Kurallar: Düzeni sağlayan diğer en önemli mekanizma kurallardır. Sınırları belli olursa, çocuk çevre nereye kadar tehlikeli nereye kadar değil bileceği için kendisini güvende hisseder. Kural olmazsa, belirsizlik başlar ve çocuk endişe içinde yaşar. Kural koymanın bazı temel öğeleri vardır.

1. **Prensipler:** Her kural, ailenin bir değerini veya prensibini yansıtmalıdır. Örneğin aile, "bizim aile saygılıdır" prensibini belirleyebilir.

2. **Net davranış:** Genel prensipler yazıldıktan sonra her prensip için davranışlar belirlenmeli. Örneğin, saygılı olmak farklı anlamlara gelebilir. Aile toplantılarında bu tartışılmalı. Örneğin, saygı değerinin bir davranışı şu olabilir: "Bireyler kendilerini, diğerlerine vurarak değil, duygularını söyleyerek ifade eder" veya "Diğer kişinin konuşması bittikten sonra konuşulur." Belirlenen davranışlar çok açık ve net olmalı. Bir aile, "Hava soğuk olunca, mont giyilir" diye bir kural koymuş ama çocukla soğuk hava kavramı üzerinde hemfikir olamamışlar. Baba da kuralı şu şekilde değiştirmiş: Sıcaklık 19 derecenin altında olunca, mont giyilir. Kural çok açık ve net olduğu için çatışmalar otomatik olarak ortadan kalkmış.
3. **Hemfikirlilik:** Prensipler ve davranışlar konusunda ailede herkes hemfikir olmalıdır. Anne kural koyuyor, baba bozuyorsa, o kuralın uygulanması mümkün değildir. Ya da kurallar sadece çocuklar içinse, çocuklar itiraz eder. İstisnalar dışında (yatma saati gibi) kurallar ailenin her bireyi için geçerlidir.

4. **Mantıklı:** Kurallar çocuk açısından mantıklı olmalıdır. Maalesef görüyorum ki çoğu kural anne ve baba açısından mantıklı ama çocuk açısından mantıksız oluyor. Çünkü aile kuralları bir düzen kurma değil, kontrol etme aracı olarak kullanıyor. Örneğin bir aile, yemek yenmeden önce tatlı yenmez, diye kural koymuş. Bu kuralın amacı ne? Çocuğa yemek yedirmek. Tamamen kontrol ve mantıksız. Çocuk aç değilse, tatlı yiyemiyor ve kendisini cezalandırılmış hissediyor. Bir anne çocuğunun eşofmanla çıkmasına izin vermiyor. Başka bir anne üniversitede okuyan çocuğunun akşam 20.00'de evde olmasını şart koşuyor. Bu iki kural da mantıksız.
5. **Kabul edilemez davranışlar:** Kurallar mümkün olduğunca olumlu cümlelerle ifade edilmeli. Örneğin, "Bağırarak konuşulmaz" yerine "Yumuşak sesle konuşulur" cümlesi kullanılmalı. Ama ailenin bazı prensipleri ve değerleri vardır ki o değerlerin ihlali asla kabul edilemez. Bu ifadeler "olumsuz" ifade edilebilir. Örneğin, "Bizim aile asla yalan söylemez!" denilebilir.

Kurallar açık ve net olunca, çocuğa güvenli bir sınır çizilir ve özerklik alanı da otomatik olarak ortaya çıkmış olur. Kurallar aile toplantısında belirlenmeli ve yazılı olarak evin bir yerine asılmalıdır.

Rutinler: Çocukta kendisini güvende hissettiren diğer mekanizma da rutinlerdir. Her ailenin çocuklarla rutinleri olması gerekir. Örneğin, bazı anneler çocuklarına her akşam yatmadan önce kitap okur. Bazı babalar her pazar çocuklarıyla oyun oynar. Bazı aileler her hafta sonu büyükbabaya ziyarete gider. Bazı aileler yatmadan önce birlikte dişlerini fırçalar. Görüldüğü üzere rutinler bir ilişki çerçevesinde hayata geçirilir.

Aslında düzeni sağlayan en önemli mekanizma kurallar olarak görünse de rutinler kurallardan daha önemlidir çünkü onlar sayesinde aile birbiriyle ilişki kurar. Dahası, bazen kuralların, kontrol aracı olarak kullanılma riski olmasına rağmen, rutinlerin yoktur. Rutinlere tüm aile bireyleri ya da ana babadan en az biri katıldığı için çocukla sağlıklı ilişki kurulur. Onun için mümkün olduğu kadar evde rutinler oluşturmalısınız. Tarihi incelediğimizde görüyoruz ki verimli insanların da hep rutinleri vardır.

Görüldüğü üzere kurallar, rutinler, tutarlı davranışlar eve bir düzen getirir. Çocuk o düzen içinde kendisini güvende hisseder. O güven içinde de aile çocuğa seçme hakkı verir. Aslında aile çocuğa seçme hakkı verdiği kadar, çocuk da aileye seçme hakkı verir. Örneğin çocuk gazlı içecek isterse, evde aile gazlı içecek içilmiyorsa, aile bu konudaki kuralı ona hatırlatır ve sonra da çocuğa sorar: "Başka ne içmek istersin?" Çocuk istediklerini söyler. Söyledikleri arasında kurala uyan varsa, aile izin verir. Yoksa vermez. Peki, kurallar net ve açık, herkes hemfikir ama çocuk kurala uymak istemiyor. Bu durumda ne yapacaksınız?

B- Problem çözmek: Çocuk kurala uymazsa, onu kontrol mekanizmalarıyla (ödül, ceza, tehdit gibi) kurala uydurmaya çalışırsanız, o zaman kuralları kontrol mekanizmasına dönüştürmüş olursunuz. Burada amaç çocuğu kurallara uydurmak değil, çocuğun neden kurala uymadığını anlamaktır. Zaten çocuğu anlamaya çalıştığınız an, çocuğunuzla arasında otomatik olarak güvene ve saygıya dayalı bir ilişki kurulur. O zaman çocuk, "Annem-babam bana yaptırım uygulamıyor, beni anlamaya çalışıyor" der. Önceki bölümlerde anlattığım gibi asıl amaç çocuğun problemini anlamak ve ona çözüm bulmak yani ilişkiye emek vermektir. Örneğin, belirli saatte yatma kuralına uymayan çocuğa kuralları empoze etmektense, ilk önce yatmamasının nedenini keşfetmek gerekir. Çocuk babasıyla vakit geçiremediği için yatmak istemiyorsa, baba ile çocuk beraber zaman geçirme rutini oluşturmalıdır. Bu rutin oluşturulunca, çocuk otomatik olarak kurala uyar.

Unutulmamalıdır ki kurallar, gelişen ve değişen ihtiyaçlara göre zamanla şekil değiştirilebilir. Bir de unutulmamalıdır ki bir kriz yaşandığında açıklama yapmak ya da orada yeni kural koymak mantıksız olacaktır. Çünkü sadece çocuklar değil, kimse sinirliyken dinlemez. Bir iki gün sonra anne tekrar çocukla konuşup yeni kural koyabilir veya kuralı değiştirebilir. Problem çözme kısmı, düzen kurmak için önemli. Peki, problemi kim çözecek? Çocuk mu, aile mi, yoksa beraber mi?

Çocuğun çözmesi gereken sorunları aile onun adına çözdüğü an, çocukta güçsüzlük duygusu oluşur. Çocuk sorumluluk almayı öğrenemez. Örneğin çocuk ödevlerini yapmıyor. Öğretmen, anneyi okula çağırıyor. Anne ile öğretmen, çocuğun sorununu tartışıyor. Daha sonra anne çocuğuna kızıyor. Oysa asıl yapılması gereken, sorunu çocuk ile öğretmenin çözmesidir. Ben sizinle bir sorun yaşasam, eşiniz beni arasın, desem, siz kendinizi aşağılanmış hissedersiniz. Sorunun varsa, benimle çöz dersiniz. Bu şekilde okulda çocuklar sürekli aşağılanıyor, değersizleştiriliyor ve güçsüzleştiriliyor.

Aile dışarıya yemeğe çıkıyor. Çocuk sıkılıyor. Çoğu aile bunu kontrol yöntemleriyle (ödül, kızma, tehdit, ceza) çözüyor. Bir baba yemeğe çıkmadan önce çocuğuna soruyor: "Yemekte sıkıldığını görüyorum. Bu sorununu nasıl çözelim? Çocuk arkadaşının ailesini de davet etmeyi öneriyor. Baba da o aileyi davet ediyor. Kız çocuğu arkadaşıyla yemekte güzel vakit geçiriyor. Tüm aile çok mutlu oluyor. Başka bir sefer de çocuk kitabını götürüyor. Babasının bu çabasını gören çocuk bir süre sonra ailesiyle sohbet etmeye ve sıkılmamaya başlıyor. Dışarıda yemek, çatışma alanından işbirliği alanına dönüşüyor. Görüldüğü üzere, baba çocuğun sıkılma sorununu sahiplenmiyor ve sorunu beraber çözüyorlar.

Bir anne anlattı. Öğretmen, anneyi aramış ve çocuğun ödev yapmamasından şikâyet etmiş. Anne de "Lütfen sorununuzu benimle değil, çocuğumla konuşun" demiş. Çocuğunun sorumluluğunu almamış. Sorumluluğu çocuğuna vermiş hem de çocuğuna "sen bir bireysin" mesajı vermiş.

Bir anne çocuğunun sabah kalkmamasından şikâyetçi oluyor. Konuştukça anlıyorum ki evde çocuğa hiç sorumluluk verilmiyor. Onu sabahları anne uyandırıyor. Bir gün anne çocuğuna çalar saat alıyor ve bundan sonra sabah uyanmak senin sorumluluğun diyor. Çocuk, kendisi kalkmaya başlıyor.

Kısacası aile, sorunları her zaman kendisi çözmemelidir. Sorunların çözülmesi için çocuğuna sorumluluk vermelidir. Bu sırada gerekirse kendisi de destek olmalıdır. Bir aile ne kadar çocuğun sorununu kendisi çözemeye çalışırsa, çocuk da o kadar sorumluluktan kaçar. Dahası başarısız olursa, üzülmez ve bu konuda bir şey yapmaya çalışmaz çünkü sorumluluk kendisine değil, ailesine aittir. Ama tabii bazı sorunlar vardır ki çocuklar onları tek başına aşamaz. O zaman aile çocuğunun sorunlarını onun adına çözmez ama ona rehberlik yapar. Örneğin, çocuk disleksi olduğu için ödevlerini yapamaz. Anne bu durumda devreye girer ve ona özel eğitim aldırır.

Diyelim ki çocuğunuz kurala uymak istemiyor. Onu yargılamadınız ve hemen ikinci adıma geçtiniz. Yani, çocuğun neden kurala uymak istemediğini anladınız ve çözmeye çalıştınız. Ama sorunu da çözemediniz ya da koşullardan dolayı çözmeniz mümkün değil. Çocuğun şartlardan dolayı kurala mutlaka uyması gerekir. Bu durumda ne yapmalısınız?

Yukarıda Deci'nin deneyinden bahsetmiştim. Deci, deneklere bilgisayarda sıkıcı bir oyun oynatıyordu. Bir gruba oyunu "zorunluluk", diğer gruba bir "seçim" olarak sunuyordu. Sonuçta da seçim olarak sunulan grubun motivasyonu yükseliyordu. Aslında o deneyde farklı bir grup daha var. O gruba da oyun zorunluluk olarak sunuluyor ama sunulmadan önce Deci, deneklere, "Biliyorum bu oyun sıkıcı" diyor. Bu cümle ne anlama geliyor? Deci, deneklerle empati kuruyor, onların duygularını tahmin ediyor ve onaylıyor. Zorunluluk olmasına rağmen, duyguları onaylanan deneklerin motivasyonu artar mı azalır mı? Deci görüyor ki duyguları onaylanınca, deneklerin motivasyonları çok düşmüyor.

Benzer bir deneyi Koestner yapıyor. Çocukları tek tek bir odaya alıyor ve onlardan resim yapmasını istiyor. Ama bir kural var: iki grup da çok tertipli ve düzenli olmak zorunda. Bu isteğini iki gruba da açık ve net şekilde iletiyor. Ama bir farkla. İlk gruba, "Bir insan her zaman düzenli olmak istemeyebilir" diyor, diğer gruba bu cümleyi söylemiyor. Bu cümlenin özelliği ne? Düzenli olmanın zor olduğunu belirtiyor. Yani, çocukların duygularını onaylıyor. Daha sonra çocuklara serbest zaman verdiğinde, ilk grup daha çok resim yapıyor. Yani motivasyonunu çok kaybetmiyor.

Bu iki deney çok net ispatlıyor ki bazen çocuklara seçenek vermek zor olabilir veya onların problemlerini çözemeyebiliriz. Ama bu durumda onların duygularını mutlaka onaylamalıyız. Duygular onaylanınca, çocuklar kendilerini kontrol edilmiş hissetmiyor. Annem ve babam beni anlıyor, diyor. Örneğin, çocuk oyun oynuyor ama ailenin gitmesi gerekir. Anne demeli ki "Biliyorum, oyunu bırakman ve

arkadaşlarından ayrılman zor. Üzüldün ama uçağı yakalamak için çıkmamız gerekir." Çocuk, annesi duygusunu anladığını belirtiği an, daha rahatlayacaktır. Bir de çocuğa yeni bir plan söylenebilir. "Haftaya salı tekrar geleceğiz. O zaman oynarsınız."

C- Bedel ödetmek: Diyelim ki kuralları belirlediniz ama çocuk uymadı. Daha sonra ikinci adıma geçtiniz. Problemin kaynağını anladınız ve beraber çözmeye çalıştınız. Ama çocuk hâlâ kurallara uymuyor. Bu durumda ne yapacaksınız? Aslında ilk iki adımı yerine getirdiyseniz, sorunun otomatikman çözülmüş olması gerekir. Çocuğun o kuralı yerine getirmemesi için bir sebebi olmaz. Bu durumda başa dönmekte yarar var. Ama bazen çocuk istese de kurala uymayabilir ya da uymamayı seçebilir. Örneğin, arkadaşlarıyla oyunu seçip, yemek saatine gelmek istemeyebilir. Bu durumda maalesef birçok aile ceza, uyarı gibi kontrol mekanizmalarını seçiyor. Bu da bütün sistemi çökertiyor çünkü ilişkiyi bozuyor. Peki, çocuk kurala uymazsa ne yapmalı?

Bu durumlarda çocuklara ceza vermek yerine, kendi davranışlarının sonuçlarını deneyimleme fırsatı sunulmalı. Yani, bedel ödetilmeli. Bedel ödemek, cezadan çok farklıdır. Ceza dışardan verilen bir yaptırımdır. Ama bedel davranışın doğal sonucudur. Örneğin, zamanında havalimanında olmazsanız, uçağı kaçırırsınız. Bu ceza değil, bedeldir. Kimse bu bedeli kişisel algılamaz ve bende bir sorun var, demez. Ama havayolları sizin evdeki elektriğinizi keserse, bu ceza olur. Tabii hiçbir havayolu böyle mantıksız bir şey yapmaz. Ama maalesef evde, çocuk ödevini yapmayınca, bilgisayar yasaklanıyor. Uçak kaçırma ile elektrik kesme arasında nasıl bir ilişki yoksa, ödev ile bilgisayar kullanımı arasında da ilişki yoktur. İkisi de mantıksızdır. Çocuk yemek yemezse, tatlı yasaklanmaz. Bu da ceza olur. Ama çocuk yemek yemezse, acıkınca yemeği kendisi hazırlar ya da bir sonraki yemek saatine kadar aç kalır. Ceza verilen çocuk bende bir sorun var, der ama davranışının bedelini öderse, kişisel algılamaz. İlişkiler de bozulmaz. Dikkat ettiyseniz, bir sonraki yemek saatine kadar dedim. Bedel ödetmeniz için ilk önce kuralların (yemek saatleri gibi) belirlenmiş olması gerekir. Kuralı belirlenmeyen bir davranışın, bedeli olmaz.

Ama bedel, davranışın doğal bir sonucu olarak sunulmalıdır. Kızgın bir ses tonuyla sunulursa, çocuk onu ceza olarak algılar. Yemekten sonra gelen çocuğa, sert bir ses tonuyla, "Yemeği kaçırdın, aç kalacaksın!" denirse çocuk bunu ceza olarak algılar. Ama yumuşak bir ses tonuyla "Oğlum biz yemeği yedik. Şimdi sohbet ediyoruz. Şu anda hazırlayamam. Sen gir yemeğini hazırla ya da diğer yemek saatini bekle" denirse, çocuk bunu ceza olarak algılamaz. Sonuçta amacınız, çocuğa acı çektirmek değil, sorumluluk almasını öğretmek. Bedel ödetme, doğal bir sonuç olarak sunulmalıdır.

Aileler çoğu zaman bana, "Çocuğum ödevini yapmıyorsa bunun nasıl bir bedeli olmalı?" diye soruyor. Düşünmemiz gereken en son şey, bedel olmalıdır. İlk iki adım geçilmediyse bedel düşünülmez. Dahası anlamsız davranışların bedeli olmaz. Mesela, size Mars'a gitmeyi yasaklasam, etkilenmezsiniz çünkü zaten sizin için anlamlı değildir. Aynı şekilde ödevin de çoğu zaman bedeli olmaz çünkü çoğu çocuk ödevi zaten anlamlı bulmaz. Ödev sorunu için birinci ve ikinci adımların çözülmesi gerekir.

Kısacası, ödül ile sorumluluk kazandırmak çok zordur. Ama aile evde bir düzen kurarsa ve o düzen içinde ona özerklik verirse, çocuk sorumluluk kazanmaya başlar. Çocuk düzene uymayan hareketler yaparsa, bu durumda ceza gibi kontrol mekanizması kullanmak yanlıştır. Önemli olan çocuğun davranışını anlamak ve sorunu, ondan sorumluluğu almadan çözmektir. Sorun hâlâ çözülmüyorsa, çocuk davranışlarının sonucunu deneyimlemelidir. Böyle bir durumda ailenin zaten ödül kullanmasına gerek kalmaz.

Özet

- Ödülle çocuğu motive etmek yerine, ona sorumluluk kazandırmak gerekir. Bu durumda zaten çocuk sorumluluğunu bilir ve kontrol edilmesine gerek kalmaz.
- Sorumluluk kazandırmanın temelinde de demokratik aile olmak yatar. Demokrat aile hem çocuğuna bir düzen sunar hem de özerklik verir.
- Bunu yapmanın da üç temel adımı vardır. İlk önce evde, kurallar ve rutinler yoluyla düzen kurulacak, daha sonra bu düzen içinde çocuğa seçme hakkı verilecek.
- Çocuk kurallara uymazsa tehdit, ödül gibi mekanizmalara başvurulmayacak. Problemin temeli anlaşılacak ve problem çözülecek.
- Ailenin çocuk adına problemi çözmesi yerine, bunu çözme sorumluluğu yaşına uygun şekilde çocuğa verilecek; tabii ailenin rehberliğinde.
- Problemi çözmek mümkün değilse ya da bir zorunluluk söz konusuysa, çocuktan kurala uyması istenecek ama bu durumda onun duygusu onaylanacak.
- Çocuk tüm bunlara rağmen sorumluluğunu yerine getirmezse, yine ceza ya da ödül verilmeyecek, davranışın bedeli ödetilecek.
- Bedel, davranışın doğal sonucudur. Cezadan çok farklıdır.

Sonsöz

Kitapta bilimsel araştırmalardan ve deneyimlerden yola çıkarak ödülün zararlarını anlattım. Ama unutmayın! Ödül, sadece bir araçtır. Tehlikeli bir düşünce yapısının ürünüdür. O düşünce yapısı nedir? Kontrol ve manipülasyon. Zaten bundan dolayı kültürümüzde korku ve sevgisizlik yok mu? Bundan dolayı insanlar "El ne der?" diye yaşamıyor mu? Bundan dolayı gösteriş ve statü kaygısı yok mu? Bundan dolayı insanlar kendilerinden uzaklaşmıyor mu? Peki, çocukları neden kontrol etmeye çalışıyoruz? Çünkü onlara güvenmiyoruz. Hayatı onların kararına bırakırsak, hayata hazırlanamayacaklarını düşünüyoruz. Bu düşünceyi çocuk nasıl algılıyor? Güçsüzlük olarak. Çocuğa sen güçsüzsün mesajı gidiyor. Onlar, kendi hayatlarını değil, bizim hayatımızı yaşasın istiyoruz. Onların yaşamlarına koşul koyuyoruz.

Özgüvensiz çocuklar yetiştiriyoruz. Amacımız özgüveni yüksek çocuklar yetiştirmek değil mi? Özgüvenli çocuk nasıl yetiştirilir?

Zaten, özgüveni oluşturan öğeleri kitabın son dört bölümünde tek tek ele aldım. Neydi, bunlar?

1- **Model Olma:** Kendisine güvenmeyen bir ebeveyn, özgüveni yüksek çocuk yetiştiremez. Kendisini beğenmeyen bir annenin kızı da kendisini beğenmez. Çünkü çocuk ailesini modeller. Özgüvenli aile, özgüvenli çocuk yetiştirir. Aile çocuğu değil kendisini değiştirmelidir. Onun için özgüvenin yapıtaşlarından biri, ailenin çocuğuna model olmasıdır.

2- **İlişki Kurma:** Çocuğuyla gerçek ilişki kuran aile, çocuğun gerçek duygularını ve ihtiyaçlarını anlar. Bu durumda çocuk, "Ben, ben olduğum için kabul görüyorum ve değerliyim" der. Bu da özgüvenin en önemli yapıtaşıdır. "Ben, ben olduğum için kabul görüyorum ve değerliyim" diyen çocuk, başarısızlıktan korkmaz. Neden? Çünkü başarısız olsa da değeri düşmez. Ama başarısıyla kabul gördüğünü düşünen çocuk, başarısız olma ihtimali olan durumlardan kaçar. Neden? Çünkü başarısız olursa, değeri düşecek zanneder. Yani, bu çocuklar özgüvensiz olur. Aynı şekilde dış görünüşüyle kabul gördüğünü düşünen çocuk, iyi görünmediği zaman hemen mutsuz olur. "Ben, ben olduğum için kabul görüyorum" diyen çocuk, kötü görünse de değerinin düşmeyeceğini bilir. Onun için özgüvenin yapıtaşlarından ikincisi, ailenin çocuğunu olduğu gibi kabul etmesi, yani onunla güçlü ilişki kurmasıdır.

3- Gelişim: Çocuğunun yaptığı işleri övüp bağımlılık ve onaylanma ihtiyacı yaratmaktansa, geribildirim ve özdeğerlendirme yöntemleriyle çocuğunu geliştiren aile, özgüveni yüksek çocuk yetiştirir. Çünkü gelişim gösteren çocuğun özgüveni yüksek olur. Onun için özgüvenin yapıtaşlarından üçüncüsü de, çocuğun gelişim göstermesidir.

4- Özerklik: Kendisine seçme hakkı verilmeyen bir çocuğun özgüveni düşük olur. Çünkü seçim yapmak demek, kendi tercihlerini ve isteklerini öğrenmek demektir. Yani, birey olmak demektir. Seçme hakkı verilmeyen çocuk, hayatta kendi kararlarını veremez, başkalarının kararlarına bağımlı olur. Ama kendisine seçme hakkı verilen çocuğun pusulası diğer insanlar değil, kendisi olur. Zaten özgüvenli olmak demek, başkalarının değil, kendi değer yargılarına bağlı olmak değil midir? Kim olduğunu bilmek değil midir? Onun için özgüvenin yapıtaşlarından dördüncüsü, ailenin çocuğuna seçme hakkı vermesidir.

Sonuç olarak, ödülle kontrol edilen çocuk değil; birey olarak kabul gören, seçme hakkı verilen, gelişim gösteren çocuğun özgüveni yüksek olur. Özgüveni yüksek olan çocuk, mutlu ve başarılı bir çocuktur. Ama bu tür çocuklar yetiştirmek istiyorsak, çocuğu değil, kendi düşünce yapımızı değiştirmeliyiz. Çocukları kontrol edilmesi gereken küçük insanlar değil, güvenilmesi gereken iç dünyası geniş bireyler olarak görmeliyiz. Sahip olmak istediğimiz değil, sahip olduğumuz çocukları yetiştirmeliyiz. Bunu yaptığımız an, düşünce tarzımız değişecek ve zaten doğal olarak ödül, ceza, övgü veya rekabet gibi kontrol araçlarını kullanmamıza gerek kalmayacak. Çocuğumuz kendine güvenildiğini hissettiği an, çiçek gibi açmaya başlayacak. İstediğimiz de bu değil mi?

Kısacası ne olursa olsun, çocuğun mayası iyi olsun. Koşulsuz sevginizle bunu sağlayın; gerisi teferruat. Halil Cibran'ın, ***Ermiş*** adlı kitabında çocuklar üzerine söylediği bu sözler rehberiniz olsun:

Çocuklarınız sizin çocuklarınız değil,
Onlar kendi yolunu izleyen Hayat'ın oğulları ve kızları.
Sizin aracılığınızla geldiler ama sizden gelmediler
Ve sizinle birlikte olsalar da sizin değiller.
Onlara sevginizi verebilirsiniz, düşüncelerinizi değil.
Çünkü onların da kendi düşünceleri vardır.
Bedenlerini tutabilirsiniz, ruhlarını değil.
Çünkü ruhlar yarındadır,
Siz ise yarını düşlerinizde bile göremezsiniz.
Siz onlar gibi olmaya çalışabilirsiniz ama sakın onları
Kendiniz gibi olmaya zorlamayın.
Çünkü hayat geriye dönmez, dünle de bir alışverişi yoktur.
Siz yaysınız, çocuklarınız ise sizden çok ilerilere atılmış oklar.
Okçu, sonsuzluk yolundaki hedefi görür
Ve o yüce gücü ile yayı eğerek okun uzaklara uçmasını sağlar.
Okçunun önünde kıvançla eğilin
Çünkü okçu, uzaklara giden oku sevdiği kadar
Başını dimdik tutarak kalan yayı da sever.

Kaynakça

KISIM I / Ödül çocukları nasıl etkiler?

1. bölüm

Deci, E. (1996). *Why We Do What We Do: Understanding Self-Motivation.* New York: Penguin Books.

Kohn, A. (1997). *Punished by Rewards: The Trouble with Gold Stars, Incentive Plans, A's, Praise, and Other Bribes.* Boston: Houghton Mifflin.

Lepper, M.R.-Greene, D. (Eds.). (1978). *The hidden costs of reward*. Hillsdale, NJ: Erlbaum.

2. bölüm

Edward, L.D.-Koestner, R.-Ryan, R. (2001). Extrinsic Rewards and Intrinsic Motivation in Education: Reconsidered Once Again. *Review of Educational Research*, Vol. 71(1), 1-27.

Lepper, M.R.-Greene, D.-Nisbett, R. (1973). Undermining Children's Intrinsic Interest with Extrinsic Reward: A Test of the "Overjustification" Hypothesis. *Journal of Personality and Social Psychology*, 28,129–37.

Ross, M. (1975). Salience of Reward and Intrinsic Motivation. *Journal of Personality and Social Psychology,* 32, 245–54.

Schultz, W.-Apicella, P.-Ljungberg, T. (1993). Responses of monkey dopamine neurons to reward and conditioned stimuli during successive steps of learning a delayed response task. *Journal of Neuroscience,* 13(3), 900-13.

Schultz, W.-Dayan P, Montague PR. (1997). A neural substrate of prediction and reward. *Science*, 275(5306),1593-9.

Waelti, P.-Dickinson A.-Schultz, W. (2001). Dopamine responses comply with basic assumptions of formal learning theory. *Nature,* 412(6842), 43-8.

3. bölüm

Birch, L.-Marlin, D.-Rotter, J. (1984). Eating as the "Means" Activity in a Contingency: Effects on Young Children's Food Preference. *Child Development*, 55(2), 431-439.

Comer, R.-Laird, J. (1975). Choosing to suffer as a consequence of expecting to suffer: Why do people do it? *Journal of Personality and Social Psychology*, 32(1), 92-101.

Festinger, L. (1957). *A Theory of Cognitive Dissonance.* Stanford, CA: Stanford University Press.

Festinger, L.-Carlsmith, J. M. (1959). Cognitive consequences of forced compliance. *The Journal of Abnormal and Social Psychology, 58* (2), 203-210.

Freedman, J. L.-Fraser, S. C. (1966). Compliance Without Pressure: The Foot-in-the-Door Technique. *Journal of Personality & Social Psychology,* 4(2), 195–202.

Murayama, K.-Matsumoto, M.-Izuma, K.-Matsumoto, K. (2010). Neural basis of the undermining effect of monetary reward on intrinsic motivation. PNAS, 107(49), 20911-20916.

Newman, J.-Taylor, A. (1992). Effect of a means-end contingency on young children's food preferences. *Journal of Experimental Child Psychology*, 53:200-216.

Zuckerman, H. (1967). Nobel laureates in science: Patterns of productivity, collaboration, and authorship. *American Sociological Review, 32,* 391-403.

4. bölüm

Lepper, M.R.-Henderlong, J. (2000). Turning "play" into "work" and "work" into "play": 25 years of research on intrinsic versus extrinsic motivation. In C. Sansone, C., and Harackiewicz, J.M. (2000). *Intrinsic and extrinsic motivation: The search for optimal motivation and performance. San Diego, CA: Academic Press*.

Lepper, M.R.-Sagotsky, G.-Dafoe, J.L.-Greene, D. (1982). Consequences of superfluous social constraints: Effects on young children's social inferences and subsequent intrinsic interest. *Journal of Personality and Social Psychology*, 42, 51-64.

Lepper, M.-Greene, D. (1975). Turning play into work: Effects of adult surveillance and extrinsic rewards on children's intrinsic motivation. *Journal of Personality and Social Psychology*, 31(3), 479-486.

Newman, J.-Taylor, A. (1992). Effect of a means-end contingency on young children's food preferences. *Journal of Experimental Child Psychology*, 53(2), 200-216.

Smith, W.E. (1974). *The effects of social and monetary rewards on intrinsic motivation.* Unpublished doctoral dissertation, Cornell University, Ithaca, N.Y.

5. bölüm

Deci, E.L.-Ryan, R.M. (1999). A meta-analytic review of experiments examining the effects of extrinsic rewards on intrinsic motivation. *Psychological. Bulletin,* 125, 627-668.

Mischel, W.-Ebbesen, E.-Raskoff Zeiss, A. (1972). Cognitive and attentional mechanisms in delay of gratification. *Journal of Personality and Social Psychology*, 21(2), 204-218.

Rotter, J.B. (1966). Generalized expectancies of internal versus external control of reinforcements. *Psychological Monographs.* 80, *609.*

Ryan, R.M.-Deci, E L. (2000). Intrinsic and Extrinsic Motivations: Classic Definitions and New Directions. *Contemporary Educational Psychology*, 25, 54-67.

Walter, M.-Yuichi, S.-Rodriguzez, M, L. (1989). Delay of gratification in children. *Science,* 244, 933-938.

6. bölüm

Abler, B.-Walter-H. Erk, S.-Kammerer, H.-Spitzer, M. (2006). Prediction error as a linear function of reward probability is coded in human nucleus accumbens. *Neuroimage*, 31, 790-795.

Abler, B.-Walter, H.-Erk, S. (2005). Neural correlates of frustration. *Brain Imaging*, 16(7), 669-672.

Ariely, D.U.-Gneezy, G. Lowenstein- Mazar, N. (2009). Large Stakes and Big Mistakes. *Review of Economic Studies.* 76, 451-469.

Brickman, P.-Campbell, D. (1971). Hedonic relativism and planning the good society. In M. H. Apley (Ed.), *Adaptation-level theory: A symposium*. New York: Academic Press. 287-302.

Murayama, K.-Matsumoto, M.-Izuma, K.-Matsumoto, K. (2010). Neural basis of the undermining effect of monetary reward on intrinsic motivation. PNAS, 107(49), 20911-20916.

Newby, T. (1991). Classroom Motivation: Strategies of First-Year Teachers. *Journal of Educational Psychology,* 83(2),195-200.

Schultz, W., Dayan, P.-Montague P. R. (1997). A neural substrate of prediction and reward, *Science,* 275(5306),1593-9.

Schultz, W.-Apicella, P.L. (1993). Responses of monkey dopamine neurons to reward and conditioned stimuli during successive steps of learning a delayed response task, *Journal of Neuroscience,* 13(3), 900-13.

Uri, G.-Aldo, R. (2000). Pay Enough or Don't Pay at All. *The Quarterly Journal of Economics*, 2000, Vol. 115(3), 791-810.

Waelti, P.-Dickinson, A.-Schultz, W. (2001). *"Dopamine responses comply with basic assumptions of formal learning theory*. *Science*, 412(6842), 43-8.

7. bölüm

Lazear, E.P. (2000). Performance Pay and Productivity. *The American Economic Review*. Vol. 90, 1346-1361.

Meyer, D.R., Bahrick, H.P.-Fitts, P.M. (1953). Incentive, anxiety, and the human blink rate. *Journal of Experimental Psychology*. Vol. 45(3), 183-187.

Amabile, T. (1985). Social Influences on Creativity: Interactive Effects of Reward and Choice. *Paper presented at the Annual Convention of the American Psychological Association.*

Amabile, T.M.-Gitomer, J. (1984). Children's Artistic Creativity: Effects of Choice in Task Materials. *Personality & Social Psychology Bulletin*. 10(2), 209-215.

Amabile, T.M. (1979). Effects of external evaluation on artistic creativity. *Journal of Personality and Social Psychology*, Vol. 37(2), 221-233.

Amabile, T.M. (1985). Motivation and Creativity: Effects of Motivational Orientation on Creative Writers. *Journal of Personality and Social Psychology* 48(2), 393.

Amabile, T.M.-Hennessey, B.A.-Grossman, B.S. (1986). Social influences on creativity: The effects of contracted-for reward. *Journal of Personality and Social Psychology,* 50, 14-23.

Amabile,T.M.-Philips, E.-Collins, M.A. (1993). Person and Environment in Talent Development: The Case of Creativity in Talent Development. *Proceedings from the Henry B., and Jocelyn Wallace National Research Symposium on Talent Development.* Dayton: Ohio Psychology Press. 273-74.

Bahrick H.P. (1954). Incidental learning under two incentive conditions. *Journal of Experimental Psychology.* 47(3), 170.

Fredrickson, B.L. (2009). *Positivity.* New York: Three Rivers Press.

Kruglanski, A.W.-Friedman, I.-Zeevi, G. (1971). The effects of extrinsic incentive on some qualitative aspects of task performance. *Journal of Personality*, 39, 606-617.

Loveland, K.K.-Olley, J.G. (1979). The effect of external reward on interest and quality of task performance in children of high and low intrinsic motivation. *Child Development*, 50, 1207-1210.

Ward, W.C. (1969). Rate and uniqueness in children's creative responding. *Child Development,* 40, 869-878.

Wetsby. E.-Dawson, V.L. (1995). Creativity: Asset or Burden in the Classroom? *Creativity Research Journal*, 8(1).

Angrist, J.-Lavy, V. (2009). The Effects of High Stakes High School Achievement Awards: Evidence from a Randomized Trial. *American Economic Review*. 99(4), 1384.

Behrman, J. R.-Sengupta, P.-Todd, P. (2005). Progressing through PROGRESA: An Impact Assessment of a School Subsidy Experiment. *Economic Development and Cultural Change,* 54(1), 237.

Bettinger, E. (2010). Paying to Learn: The Effect of Financial Incentives on Elementary School Test Scores. *NBER Working Papers.*

Condry, J.-Chambers, J. (1978). Intrinsic motivation and the process of learning. In Lepper and Greene (eds.), *The hidden costs of rewards. NJ: Lawrence Erlbaum Associates,* 61-84.

Cornwell, C.-Mustard, D.B.-Sridhar, D. (2006). The enrollment effects of merit-based financial aid: Evidence from Georgia's HOPE program. *Journal of Labor Economics,* 24(4), 761.

Edwin, L.-Osteerbeck, H.-Klaauw, B. (2010). The Effect of Financial Rewards on Studentsevement Awards: Evidence from a Randomized Trial.gia *Journal of the European Economic Association*. 8(6), 1243.

Fryer, R.G. (2010). Financial Incentives and Student Achievement: Evidence from Randomized Trials. *NBER Working Paper.*

Joshua, A.-Bettinger, E.-Kremer, M. (2006). Long-Term Educational Consequences of Secondary School Vouchers: Evidence from Administrative Records in Colombia. *American Economic Review*. 96(3), 847.

Kenneth O, M.- Fiala, J. (1982). Undermining the Zeigarnik Effect: Another Hidden Cost of Reward. *Journal of Personality*, 50, 58-66.

Kenneth O, M.- McCullers, J. C. (1979). Evidence of a Detrimental Effect of Extrinsic Incentives on Breaking a Mental Set. *Journal of Experimental Social Psychology*. 15(3), 285-294.

Mccleland, D. (1999). *The Achieving Society. Ney work: The free press.*

Anesi, V. (2008). Incentives and prosocial behavior in democratic societies. *Journal of Economic Psychology*. Vol. 29(6), 849-55.

Ariely, D. (2010). *Predictably Irrational, Revised and Expanded Edition.* Harper Perennial.

Ariely, D.-Bracha, A.-Meier, S. (2009). Doing Good or Doing Well? Image Motivation and Monetary Incentives in Behaving Prosocially, *American Economic Review*, 99(1), 544-55.

Donatelle, R.J.-Hudson, D.-Dobie, S.-Goodall, A.-Hunsberger, M.-Oswald, K. (2004). Incentives in Smoking Cessation: Status of the Field and Implications for Research and Practice With Pregnant Smokers. *Nicotine and Tobacco Research*, 6, 163-179.

Eastlund, T. (1998). Monetary blood donation incentives and the risk of transfusion-transmitted infection. *Transfusion.* 38, 874–882.

Fabes, R.A.-Fultz, J.-Eisenberg, N.-May-Plumlee, T.-Christopher, F.S. (1989). Effects of Rewards on Children's Prosocial Motivation: A Socialization Study. *Developmental Psychology,* 25, 509-515.

Frey, B.S.-Oberholzer-Gee, F. (1997). The Cost of Price Incentives: An Empirical Analysis of Motivation Crowding-Out. *American Economic Review.* 87(4), 746.

Garbarino, J. (1973). *The impact of reward on cross-age tutoring*. Doctoral dissertation, Cornell University.

Gneezy, U., Meier, S.-Rey-Biel, P. (2011). When and why incentives (don't) work to modify behavior. *The Journal of Economic Perspectives,* Vol. 25(4), 191-209.

Henderlong, J.-Lepper, M. (2002). The Effects of Praise on Children's Intrinsic Motivation: A Review and Synthesis. *Psychological Bulletin*, 128, 774-795.

Hepach, R.-Vaish, A.-Tomasello, M. (2013). *A new look at children's prosocial motivation*. *Infancy,* Vol.18(1), 67-90.

Heyman J.-Ariely, D. (2004). Effort for Payment: A Tale of Two Markets, *Psychological Science,* vol. 15 no. 11, 787-793.

Mellström, C.-Johannesson, M. (2008). Crowding Out in Blood Donation: Was Titmuss Right?. *Journal of the European Economic Association*. Vol. 6(4), 845-63.

Niza, C., Tung, B.-Marteau, T.M. (2013). Incentivizing blood donation: systematic review and meta-analysis to test Titmuss's hypotheses. *Health Psychology*, 32(9). 941-949.

Pommerehne, W.-Frey, B. S. (1992). The effects of tax administration on tax morale, Retrieved from ideas.repec.org.

Titmuss, R.M. (1970). *The Gift Relationship.* London: Allen and Unwin.

Warneken, F.-Tomasello, M. (2008). Extrinsic rewards undermine altruistic tendencies in 20-month-olds. *Developmental Psychology*, 44(6), 1785–1788.

11. bölüm

Chen, C, Dong, W.-Shen, J.J.-Cochran, C.-Wang, Y. (2014). Is the prescribing behavior of Chinese physicians driven by financial incentives? *Social Science & Medicine,* 120, 40.

Festinger, L.-Carlsmith, J.M. (1959). Cognitive consequences of forced compliance. *Journal of Abnormal and Social Psychology*. 58, 203-210.

Lazear, E.P. (2000). Performance Pay and Productivity. *The American Economic Review*. Vol. 90(5), 1346-1361.

Norton, E.C. (1992). Incentive regulation of nursing homes. *Journal of Health Economy*, 11, 105-28.

Schweitzer, M.E., Ordóñez, L.-Douma, B. (2004). Goal Setting as a Motivator of Unethical Behavior. *Academy of Management Journal,* 47(3), 422-432.

Shen, Y. (2003). Selection incentives in a performance-based contracting system. *Health Serv Res,* 38:535-52.

Siebert, H. (2002). *Der Kobra-Effekt*. Wie man Irrwege der Wirtschaftspolitik vermeidet.

Steven, L.-Grover, C. (2005). How Job Pressures And Extrinsic Rewards Affect Lying Behavior, *International Journal of Conflict Management,* Vol. 16(3), 287 – 300.

Vann, M. G. (2003). Of Rats, Rice-Race: The Great Hanoi Rat Massacre, an Episode in French Colonial History. *French Colonial History.* 4, 191.

Woolhandler, S.-Himmelstein, D.U. (2015). Collateral Damage: Pay-for-Performance Initiatives and Safety-Net Hospitals. *M.D. Annals of Internal Medicine*. Online.

12. bölüm

Ames. C.-Ames. R.-Felker. D.W. (1977). Effects of competitive reward structure and valence outcome on children's achievement attributions. *Journal of Educational Psychology,* 69(1). 1-8.

Ames. C.-Felker, D.W. (1979). An examination of children's attributions and achievement related evaluations in competitive. Cooperative and individualistic reward structures. *Journal of Educational Psychology,* 71(4). 413-420.

Helliwell, J.-Huang, H. (2011). Well-Being and Trust in the Workplace. *Journal of Happiness Studies*, Vol. 12(5), 747-767.

Kosfeld, M.-Heinrichs, M.-Zak, P. J.-Fischbacher, U.-Fehr, E. (2005). Oxytocin increases trust in humans. *Nature*, 435, 673-676.

Sherif, M.-Harvey, O. J.-White, B. J. Hood, W. R.-Sherif, C.W. (1961). *Intergroup conflict and cooperation: The Robbers Cave experiment*.

Zak, P.J.-Kurzban, R.-Matzner, W.T. (2005). Oxytocin is associated with human trustworthiness. *Hormones and behavior,* 48(5), 522-527.

Zak, PJ. (2012). *The moral molecule: The source of love and prosperity.* Dutton.

13. bölüm

Gottman, J. (1993). *What Predicts Divorce? The Relationship Between Marital Processes and Marital Outcomes.* Seattle: Psychology Press.

Kahneman, D.-Krueger, A.B.-Schkade, D.A.-Schwarz,

N.-Stone, A.A. (2004). A survey method for characterizing daily life experience: the day reconstruction method. *Science,* 306(5702), 1776-1780.

14. bölüm

Barankay, I. (2012). Rankings and Social Tournaments: Evidence from a Crowd-Sourcing Experiment. *Mimeo, University of Pennsylvania.*

Hopkins, A.-Maslen, S. (2015). *Risky Rewards: how company bonuses affect safety.* Surrey: Ashgate.

Oriana, B. Barankay, I.-Rasul, I. (2013). Team Incentives: Evidence from a Field Experiment. *Journal of the European Economic Association.* 11(5):1079–1114.

15. bölüm

Adams, J. S. (1963). Toward an understanding of inequity. *Journal of Abnormal and, Social Psychology*, 67(5), 422-436.

Bloom, M. (1999). The performance effects of pay dispersion on individuals and organizations. *Academy of Management Journal.* 42. 25-40.

Bucciol, A.-Foss, N.J.-Piovesan M. (2014). Pay Dispersion and Performance in Teams. *PLoS ONE,* 9(11).

Camerer, C.-Babcock, L.-Loewenstein, G.-Thaler, R. (1997). Labor Supply Of New York City Cabdrivers: One Day At A Time. *Quarterly Journal of Economics,* 407-441.

Cohn, A.-Fehr, E.-Herrmann, B.-Schneider, F. (2011). Social comparison in the workplace: Evidence from a field experiment. *Discussion paper.*

Lieberman, M. (2013). *Social: Why Our Brains Are Wired to Connect.* Crown.

Mellers, B. A.-Schwartz, A.-Ho, K.-Ritov, I. (1997). Decision affect theory: Emotional reactions of the outcomes of risky options. *Psychological Science*, 8 (6), 423-429.

Qi X., et al. (2014). Relationship between effort-reward imbalance and hair cortisol concentration in female kindergarten teachers. *Journal of Psychosomatic Research,* 76(4). 329-32.

16. bölüm

Babcock, P.-Hartman, J. (2010). Exercising in Herds: Treatment Size and Status Specific Peer Effects in a Randomized Exercise Intervention. *Unpublished paper.*

Becker, B. E.-Huselid, M. (1992). The incentive effects of tournament compensation systems. *Administrative Science Quarterly.* 37, 336.

Cameron, J.-Pierce, W.D. (1994). Reinforcement, reward, and intrinsic motivation: A meta-analysis. *Review of Educational Research*, 64, 363-423.

Cameron, J.-Pierce, W.D. (2002). *Rewards and Intrinsic Motivation: Resolving the controversy.* Information Age Publishing.

Charness, G.-Uri G. (2009). Incentives to Exercise. *Econometrica*, 77(3), 909-931.

Edward, L.D.-Koestner, R.-Ryan, R. (2001). Extrinsic Rewards and Intrinsic Motivation in Education: Reconsidered Once Again. *Review of Educational Research*, Vol. 71(1), 1-27.

KISIM II / Ödül yerine ne yapmalı?

1. bölüm

Deci, E. (1975). *Intrinsic Motivation (Perspectives in Social Psychology, Vol. 1).* Plenum Press.

Deci, E.-Ryan, R. (1985). *Intrinsic Motivation and Self-Determination in Human Behavior (Perspectives in Social Psychology).* Springer.

Kohn, A. (2006) Unconditional Pareting: *Moving from Reward and Punishments to Love and Resason.* Atria Books.

2. bölüm

Bandura, A. (1963). *Social learning and personality development*. Englewood Cliffs, NJ: Prentice-Hall.

Grusec, J.E.-Redler, E. (1980). Attribution, reinforcement, and altruism: A developmental analysis. *Developmental Psychology*, Vol. 16(5), 525-534.

Horner, V.-Whiten, A. (2005). Causal knowledge and imitation/emulation switching in chimpanzees (Pan troglodytes) and children (Homo sapiens). *Animal Cognition.* 8, 164-181.

Rice, M.E.-Grusec, J.E. (1975). Saying and doing: Effects on observer performance. *Journal of Personality and Social Psychology*, Vol. 32(4), 584-593.

3. bölüm

Fisher, R.-Ury, W.L.-Patton, B. (2011). *Getting to Yes: Negotiating Agreement Without Giving In.* Houghton Mifflin Harcourt.

Marshall B.R. (2015). *Nonviolent Communication: A Language of Life*. Puddledancer Press.

Stone D.-Patton, B. (2010). *Difficult Conversations: How to Discuss What Matters Most.* Penguin Books.

4. bölüm

Amabile, T.-Kramer, S. (2011). *The Progress Principle: Using Small Wins to Ignite Joy, Engagement, and Creativity at Work.* Harvard Business Review Press.

Csikszentmihalyi, M. (1990). *Flow: the psychology of optimal experience.* New york: Harper & Row.

Deci, E. (1996). *Why We Do What We Do: Understanding Self-Motivation*. New York: Penguin Books.

Gallimore R.-Tharp, R. (2004). What a Coach Can Teach a Teacher, 1975-2004: Reflections and Reanalysis of John Wooden's Teaching Practices. *The Sport Psychologist,* Vol. 18, 119-137.

Hopkins, A.-Maslen, S. (2015). *Risky Rewards: how company bonuses affect safety.* Surrey: Ashgate.

Ryan, R.M.-Rigby, C.S.-Przybylski, A. (2006). The Motivational Pull of Video Games: A Self-Determination Theory Approach. *Motiv Emot*, 30, 347:377.

Wrzesniewski, A.-McCauley, C.-Rozin, P.-Schwartz, B. (1997). Jobs, career, and callings: People's relation to work. *Journal of Research in Personality,* 31(1), 21-33.

5. bölüm

Abler, B.-Walter, H.-Erk, S. (2005). Neural correlates of frustration. *Brain Imaging*, 16(7), 669-672.

Baumrind, D. (1966). Effects of Authoritative Parental Control on Child Behavior, *Child Development, 37(4)*, 887-907.

Deci, E. (1996). *Why We Do What We Do: Understanding Self-Motivation*. New York: Penguin Books.

Delgado, M. R., Nystrom, L. E., Fissell, C., Noll, D. C.-Fiez, J.A. (2000). Tracking the hemodynamic responses to reward and punishment in the striatum. *Journal of Neurophysiology*. 84, 3072-3077.

Delgado, M.R.-Stenger, V.A.-Fiez, J. A. (2004). Motivation-dependent responses in the human caudate nucleus. *Cerabral Cortex*, Vol. 14 (9), 1022-1030.

Koestner, Richard.-Ryan, R.M.-Bernieri, F. (1984). Setting limits on children's behavior: The differential effects of controlling vs. informational styles on intrinsic motivation and creativity. *Journal of Personality,* 52(3), 233-248.

Zuckerman, M. Porac, J. Lathin, D. Smith, R.-Deci, E.L. (1978). On the important of self-determination for intrinsically motivated behavior. *Personality and Social Psychology Bulletin*. 4, 443-446.